KB057013

문화로 보는 **세상**
문화로 읽는 **미래**

■일러두기

영어 및 한자 병기는 본문 안에 고딕 서체의 작은 글씨로 처리하였습니다.

인명 및 작품명은 국립국어원의 외래어 표기법에 따라 표기하였습니다.

문화로 보는 세상
문화로 읽는 미래

김성곤 지음

문학사상

문화, 새로운 미래를 말하다

방민호(서울대 교수·문학평론가)

'어린아이'의 사상을
뛰어넘은 사람들

새로운 책을 만나는 것처럼 즐거운 충격도 없다. 이 책의 인상적인 문장에 관한 이야기로 논의를 시작해보자. 성聖 빅토르의 휴고가 말했다는 문장이 이 책에 소개되어 있다.

"자신의 고국이 소중하게 느껴지는 사람은 아직 어린아이와 같다. 세계 어디를 가도 자기 고국처럼 느끼는 사람은 강한 사람이다. 그러나 모든 곳을 다 타국처럼 느끼는 사람이야말로 완벽한 사람이다."

이 문장을 에드워드 사이드의 명저 《오리엔탈리즘》에서 다시 보았던 기억이 난다. 그는 동양에 대한 서양의 인식론적 담론 체계로서 오리엔탈리즘을 논의하기 위해 먼저 이 문장을 끌어왔었다.

나는 생각한다. '과연, 나는 어린아이인가? 강한 사람인가? 아니면 완벽한 사람인가?' 강한 사람도 완벽한 사람도 아닌 것은 분명하다. 하지만 안타까운 것은 결국 나는 '어린아이'에 불과하다는 사실을 인정하고 수긍할 수밖에 없다는 점이다.

이런 나에게도 어떤 안간힘 같은 것이 있어 고국만을 사랑하지 않으려고 애쓴 시간들이 있었다. 타국을 고국처럼 가깝게 또는 타국의 입장에서 고국을 보려고 애쓴 시간들이 있었다는 말이다. 그러나 마르크시즘에 대해 나는 '노동자는 못되는 사람'이었음을 인정하지 않을 수 없었듯, 모든 개방된 노마드nomad적 사유들에 대해 이 한반도의 들판에서 출생하여 살아온 사람임을 수긍하지 않을 수 없었다.

그런데 나와 같지 않은 유형의 사람들이 있다.

영국의 현대 비평을 열었다는 매슈 아널드는 영국주의를 주장하는 당대의 좁은 지식인들을 향해 영국은 대륙을 여전히 더 알아야 한다고 일깔했다. 그러면서 문화에는 헤브라이즘적인 것과 헬레니즘적인 것이 있는데, 영국에 필요한 것은 후자라고 했다. 보편을 향한 혼합과 개방에서 문명의 가능성과 미래를 보고자 한 것이다.

한국에서는 김환태 같은 비평가가 바로 그러했다. 그는 일본 도시샤대학을 거쳐 큐슈제국대학에서 영문학을 공부했고, 매슈 아널드와 월터 페이터의 문예비평에 관한 논문을 썼다. 공부하는 사람은 두 개의 외국어 정도는 통달해야 한다고 주장한 그는 영문학에 조예가 깊은 보편주의자였다. 그는 자기를 지키기 위해서는 이 나라 이 민족을 사랑해야 한다는 '어린아이'의 사상을 뛰어넘어야 한다고 생각했다. 즉, 모든 보편적 사상을 자기 것으로 끌어안을 수 있어야 한다고 생각했던 것이다. 물론 이는 민족주의 일반을 비판하고자 함은 아니다.

또 한 사람의 예를 해방 이후에서 찾자면 비평가 이어령이 있다. 전후라는 불모와 폐허의 땅을 딛고 서서 그는 전통이란 지방주의자, 토속주의자의 구석진 전통만이 전통일 수 없다고 하였다. 작가 이상李箱을 한국현대문학을 대표하는 작가로 호명, 그를 새로운 보편주의적 전통으로 일으켜 세웠다. 실제로 작가 이상은 제국적 담론을 그냥 받아 적는 사람이 아니라, 되받아 쓰고 비틀어 자기를 새롭게 구성하고자 몸부림친 고독한 영혼의 소유자였다.

이 책의 저자 김성곤 교수를 나는 바로 그러한 타입의 학자라고 생각한다. 미국에서 에드워드 사이드 문하에서 공부한 그가 한국문학에 던지는 질문과 해답은 모든 닫힌 사람들에게 깨우치는 바가 크다. 자기 자신에게 갇히지 않고 바깥의 입장에 서려는 태도나 노력은 이 시대의 지식인이 갖추어야 할 덕목이지 않을까.

**이분법적 세계의 종말과
문화의 미래**

김성곤 교수의 이번 저작은 그가 지난난 시대에 펴낸《포스트모던 소설과 비평》(1993),《하이브리드 시대의 문학》(2009) 등의 저작들에 이어 신선한 울림을 선사한다. 청신한 새 원고 파일에 꽉 찬 새로운 용어와 개념 들은 낡고 오랜 사고에 머물러 있는 사람들을 일깨워 생동하는 현재와 움트고 있는 미래를 향해 나아가게 한다. 그는 이 저작에서 포스트모더니즘에서 더 나아가 포스트 포스트모더니즘 시대의 새로운 문제들을 체계적이고도 명쾌하게 설명해낸다.

예를 들어 트랜스휴머니즘이 있다. 그것은 '인문학과 과학기술의 통섭과 융합, 또는 인간과 기계의 조화와 합일'을 추구하는 새로운 경향이다. 또 그것은 '기술적, 실용적 측면에서 인간과 기계의 융합을 추구하는 사조'이기도 하다. 휴머노이드 안드로이드 로봇 같은 것을 둘러싼 새로운 사유적 창조와 비평 영역이다.

트랜스내셔널리즘이라는 것도 있다. 나라와 나라 사이의 고정된 경계를 넘어, 고국home country과 이민국host country이 양자택일적 문제가 되지 않도록 하는 것이다. 이민자, 이주노동자, 디아스포라의 문제들을 이민immigration과 이주migration의 문제로까지 사고를 확장하고자 하는 담론이다. 여기서 저자는 수키 김의《평양의 영어 선생님Without You, There Is No Us》, 테레사 차학경의《딕테Dictee》, 김명미의 〈깃발 아래서Under Flag〉, 이창래의《영원한 이방인》, 단 리의《옐로Yellow》등을 폭넓게 논의한다.

저자의 논의는 더 나아가 영화와 문학의 새로운 관계를 논의하고, 이른바 '서브 소설'이 어떻게 새로운 조명 아래 서게 되었는가를 밝히기도 한다. 스파이소설이나 추리소설 같은 것이 어떻게 해서 새로운 조명을 받게 되었는가를 이야기하는 대목도 《헝거 게임》 3부작에 이르면 흥미를 더한다. 여기서 니체의 유명한 문구가 재등장한다. "괴물과 싸우는 사람은 자기도 괴물이 되지 않도록 조심해야 한다. 어두운 심연을 오래 들여다보면, 어두운 심연이 너를 들여다보게 된다."

저자의 관심은 여기서 다시 포스트휴머니즘과 디지털 인문학을 논의하는 데로 나아가 트랜스휴머니즘과 포스트휴머니즘의 관계도 명쾌하게 설명한다. 그에 따르면 포스트휴머니즘이란 인간을 만물의 영장이 아닌 대자연의 일부로 보는 많은 사유들을 통합하는 이름이 될 수 있다. 그러한 의미에서 포스트휴머니티 posthumanity란 '삼라만상을 포용하고 만물을 인간처럼 대하는 태도와 성정'을 가리킨다. 하이퍼텍스트 연구에서의 '정독'과 '디스턴트 리딩distant reading', 포스트페미니즘과 페미니즘의 차이에 대한 논의, 이분법적 세계의 '종말', 열려 있는 여성적 원리를 추구하는 포스트페미니즘의 위상에 대한 이야기도 저자의 박람한 지적 세계를 잘 보여준다.

열려 있는 세계를 위한
새로운 '지식 쌓기' 안내서

저자는 "종래의 포스트모더니즘으로는 이제 더 이상 급변하는 전자시대의 상황이나 리얼리티를 담아낼 수 없게 되었다"는 의미에서 포스트 포스트모더니즘Post-postmodernism에 대해 설명한다. 이것은 이른바 '포스트' 담론의 유효성에 대한 시사점을 던지기에 충분하며 낡은 사고틀에서 벗어나야 할 필요성을 새롭게 일깨운다. 탈식민주의 경향에 대한 설명 부분은 '제국의 되받아 쓰기 The Empire Writes Back'에 관한 가장 좋은 접근 문장이 될 것이다. 저자는 이 탈식민주의적 글쓰기 전략을 "제국의 작가들이 무의식적으로 써놓은 제국주의적 사고방식이나 제국의 이데올로기적 모순을 찾아내어 그들의 작품을 비판적으로 읽고 그들의 편견을 해체하는 것", "제국의 무기를 이용해서 스스로 제국을 공격하게 만드는 것"으로 간결하게 정리한다.

문화연구, 독자반응비평, 탈구조주의, 해체이론, 푸코의 담론 이론 같은 것들이 이 저작에서 제각기 적절한 위치를 할당받는 모습도 보기 좋다.

저자는 그 외에도 포스트모더니즘 이후의 숱한 문화 예술적 현상들을 이리저리 체계 있게 짝지우고 갈래 지우고 요약하고 논단한다. 저자의 식견은 이 책이 얼마나 유용할 수 있는가를 웅변하고도 남음이 있다.

이 책은 포스트모더니즘 이후의 문화예술 현상을 가장 명쾌하게 서술하고 있는 짜임새 좋은 책이라고 단언한다. 공부가 미진하여 열려 있는 세계를 향해 돌아앉은 사람, 이제 막 창작과 비평의 새로운 세계에 입문한 사람, 새로운 생각의 정리가 필요한 사람에게 이 책만큼 좋은 안내서도 없으리라 믿어진다.

마지막으로 한 가지 부연해둘 것이 있다.

김성곤 교수의 번역 목록을 보면, 지금 이 책에서 설명하고 있는 작품들이 다수 포괄되어 있음을 알 수 있다는 사실이다. 그는 단순히 요약하고 있는 것이 아니라 자신이 실제로 '완전히' 파악하고 있는 것을 밝게 알려주고 있는 것이다.

차례

문화를 알면 미래가 보인다

탈경계의 시대

모더니즘의 종언을 선언하며 1950년대와 1960년대에 혜성처럼 등장한 포스트모더니즘은 20세기 후반의 문단과 학계에 코페르니 쿠스적 인식의 변화를 초래했다. 특히 문학에서 일어난 포스트모 더니즘은 탈중심·탈정전을 주창했고, 중심의 특권을 해체했으며, 그동안 소외되어온 주변부의 문화와 문학을 새롭게 조명해 중심 부로 데려왔다. 그 과정에서 다문화주의가 부상했으며, 서구 강대 국의 문화만 군림하던 예전과는 달리, 한국의 대중문화이자 동서 혼합문화인 한류도 세계 각국에서 조명받고 각광받게 되었다.

포스트모더니즘은 또 탈절대·탈진리도 주창함으로써, 그동안 우리가 절대적인 진리라고 믿어왔던 것들을 의심하고 회의하도 록 해주었다. 미셸 푸코Michel Foucault가 진리란 절대적인 것이 아니라, 당대의 지식과 권력이 만들어내는 담론이라고 한 것도 바로 그런 맥락에서였다. 1971년 〈인간의 본성: 정의와 권력〉이라는 제목으로 진행된 네덜란드의 TV 대담에서 사회자가 "인간이 정치적 폭력에 맞서 싸워야 하는 이유가 무엇인가?"라고 물었을 때, 노엄 촘스키Noam Chomsky는 "정의를 위해서"라고 대답했지만, 푸코는 "나는 정의라는 말 자체에 회의적입니다"라고 대답했다. 즉, 정의라는 말은 독재자도 자기 합리화를 위해서 사용할 수 있고, 반독재 운동가들도 투쟁의 명분으로 이용할 수 있다는 것이었다. 포스트모던한 사고를 갖고 있었던 푸코는, 자기가 절대적 진리와 정의라고 생각하는 순간, 그것은 곧 타자에 대한 횡포가 되고 폭력이 된다는 것을 지적한 것이다.

더 나아가, 포스트모더니즘은 탈경계를 천명함으로써 모든 것의 경계가 무너지는 시대를 불러왔다. 포스트모더니즘 시대에 사람들은 문화적 경계 해체뿐 아니라, 국민국가nation-state의 경계 소멸도 목도하게 되었다. 예컨대 포스트모더니즘 문화의 아이콘이었던 마이클 잭슨은 의도적으로 흑인과 백인, 어른과 아이, 그리고 남자와 여자의 경계를 넘나드는 외모를 하고 다녔다. EU는 포스트모더니즘 시대의 대표적 현상인 '국민국가의 경계 소멸'을 극명하게 보여주었다.

포스트모더니즘의 위 세 가지 특성으로 인해 이제는 많은 것의 경계가 소멸하기 시작했다. 예컨대 진실과 허위, 사실과 허구, 정전과 비정전, 정통과 비정통, 정상과 비정상, 영혼과 몸, 프로와 아마추어, 그리고 동양과 서양 사이의 구분도 이제는 더 이상 명확하지 않게 되었다. 다양한 문화가 뒤섞인 퓨전문화와 하이브리드문화도 등장하게 되었고, 순수문화와 대중문화 또는 순수문학과 대중문학의 경계도 사라지게 되었다. 장르 사이의 경계도 무너져서 SF나 추리소설, 판타지 같은 소위 장르문학이 부상하게 되었다.

포스트모더니즘 이후의 변화

1960년 대 이후, 포스트모더니즘은 우리의 인식과 생활 속에 깊숙이 침윤해서 이제는 일상화되기에 이르렀다. 그리고 전 세계적으로 확산된 포스트모던적인 인식에 힘입어 크고 많은 문예사조가 생겨났다. 그리고 그 문예사조들은 각 분야에서 우리의 앎과 삶에 혁명적인 변화를 가져다주었다. 그래서 포스트모더니즘 이후에 등장한 사조들을 잘 모르면, 세계인들과의 교류가 어렵게 되고 대화를 나누기도 힘들어지게 되었다. 즉, 시대에 뒤처지게 된 것이다.

예컨대 최근 대두된 '트랜스내셔널리즘transnationalism'은 이민자들에게 '홈 컨트리home country'는 포기하고 '호스트 컨트리host country'에만 충성을 강요했던 예전과는 달리, 태어난 나라와 이민 간 나라 모두에 충성심을 갖는 것을 허용한다. 그런 변화를 모르면 해외에 나가서 실수도 하게 되고, 학문의 흐름에서도 뒤처지게 된다. 또 '트랜스휴머니즘transhumanism'은 인간과 기계의 합일, 유전자 변형을 긍정적으로 보는 사조인데 그걸 모르면 댄 브라운Dan

Brown의《인페르노Inferno》를 이해하지 못하게 된다. 또 '포스트휴머니즘posthumanism'은 인간을 기계나 동식물과 똑같이 자연 생태계를 이루는 동등한 존재로 취급하는데, 그걸 모르고 르네상스식 인본주의에 근거한 휴머니즘만 알고 있으면 본질적으로 변한 현재 학문의 방향을 잘 모르게 된다. 또한 LGBTQ 연구라 불리는 게이, 레즈비언, 바이섹슈얼, 트랜스젠더, 퀴어 이론을 모르면 동성애에 대해서 자칫 실언을 하기 쉽다. 또 게임이론, 번역학 연구, 그래픽 노블, 그리고 인공지능 및 증강 현실을 모르면, 최근 세계적으로 어떤 변화가 진행되고 있는지에 무지하게 되어 4차 산업의 도래에도 대비할 수 없게 된다.

  필자가 1980년대 초에 미국에서 포스트모더니즘 연구로 박사 학위를 받고 서울대학교에 부임했을 때만 해도, 포스트모더니즘이 무엇인지 아는 사람은 거의 없었다. 그러나 그 후 한국에는 포스트모더니즘의 붐이 일었고, 오늘날 포스트모더니즘은 한국사회의 전반에 스며들어가 있다.

  그런데 포스트모더니즘만 알면 되었던 80년대와는 달리, 21세기에 들어선 지금은 포스트모더니즘 이후에 어떤 사조가 등장했고, 어떠한 변화가 전 세계에 일어났는지를 아는 것이 중요한 시대가 되었다. 그동안 엄청난 변화가 사회 및 문화 전반에 걸쳐 전 지구적으로 일어났기 때문이다. 이 책이 그러한 시대적 변화를 알리는 일을 할 수 있다면, 더 이상 바랄 것이 없겠다.

김성곤

제1장

새로운 미래를 열다
포스트모더니즘과 문학

글로벌 시대의 도래

잘 알려진 대로, 포스트모더니즘은 절대적 진리에 대한 회의와 탈중심 및 주변부 조명, 그리고 사물의 경계 해체를 주창했다. 그리고 그러한 획기적인 사고의 전환은 글로벌 시대의 도래를 불러왔다. 글로벌 시대는 중심과 주변이 해체되고 모든 것의 경계가 허물어지며, 세계가 하나의 지구촌global village이 되는 시대를 일컫는다. 즉, 세계가 하나의 마을로 좁아진 시대를 의미한다. 예컨대 초고속 대형 제트기의 출현과 그로 인해 용이해지고 빈번해진 해외여행, 인터넷을 통한 정보의 확산, 다국적기업의 등장과 무역의 확대, 그리고 국경의 해체(유럽연합)와 문화적 경계의 소멸 등은 세계를 하나의 생활권으로 좁혀 놓았다. 또한 세계인들로 하여금 공동의 가치관과 공통의 문화 상품을 소유하게 해 주었다.

물론 그런 현상에는 부작용도 따른다. 경계 해체는 외부로 문을 열어 놓는 것이어서, 메르스나 사스 같은 전염병이 삽시간에 국내로 들어오거나 전 세계로 퍼질 수 있다. 부정확한 정보가 확산될 수도 있으며, 외국 기업이 국내 기업을 잠식할 수도 있다. 그러나 이러한 부작용이 있다고 해서 경계를 긋고 문을 닫으면 누구나 속절없이 고립되고 말 것이다. 시대의 대세를 막는 것은 불가능하다. 세계는 이제 하나의 촌락이 되었기 때문이다.

절대적 진리에 대한 회의

글로벌 시대에 살게 된 사람들은 우선 그동안 자신들이 절대적 진리라고 믿어온 것에 대해 회의를 갖기 시작했다. 미셸 푸코는 "진리란 신성하고 절대적인 것이 아니라, 단지 당대의 권력과 지식이 결합해서 만들어낸 담론일 뿐이다"라고 말했다. 사람들은 이제 한 시대의 진리가 다음 시대에서는 허위가 될 수도 있고, 정권에 따라 진실과 허위가 전도될 수도 있다는 사실을 깨닫게 되었다. 더 나아가, 푸코는 인류 역사에서 보면 지식과 권력을 가진 쪽이 문명이 되었고, 그렇지 못한 쪽은 야만이나 광기로 몰려 밀려났다는 흥미 있는 이론도 펼치고 있다. 또한 푸코는 죄수에 대해 간수가, 또는 환자에 대해 의사가 막강한 권력을 갖는 이유는 상대방에 대한 지식을 갖고 있기 때문이고, 그 지식이 곧 권력을 부여해주기 때문이라고 말한다. 그래서 사람들은 이제 그동안 스스로를 절대적 진리로 내세운 권력자들이 사실은 허위일 수도 있으며, 절대적 진리는 자칫 다른 것을 인정하지 않는 독선으로 전락할 수도 있다는 사실을 깨닫게 되었다.

이 세상에는 우리가 알고 있는 단 하나의 절대적 진리만 있는 것이 아니라 여러 가지 상대적 진리도 있을 수 있고, 승자의 기록인 역사에도 감추어졌거나 찢겨져 나간 페이지가 있을 수 있다는 것을 깨닫기 시작한 것이 바로 그 순간이었다. 그리고 우리가 알아온 절대적 진리에 회의를 던지며, 그동안 억압되어온 또 다른 진리를 탐색하는 소설들이 출현한 것도 바로 그 시점이었다. 예컨대 움베르토 에코의 《장미의 이름Il nome della rosa》, 댄 브라운의 《다빈치 코드The Da Vinci code》와 《천사와 악마Angels and Demons》, 매튜 펄의 《단테 클럽The Dante Club》, 또는 제드 러벤펠드의 《살인의 해석The Interpretation of Murder》 등은 모두 그동안 알려진 절대적 진리를 회의하고, 또 다른 진리를 탐색하는 소설이다.

절대적 진리가 무너지자 사람들은 탈중심과 주변부의 조명에 관심을 갖기 시작했다. 자크 데리다의 '해체 이론'은 중심을 내부에서 해체하고, 중심과 주변부의 부단한 자리 바꿈을 제안함으로써 이러한 인식 변화의 첨병 역할을 했다. 신은 지구와 우주를 둥그렇게 만듦으로써 위와 아래, 또는 중심과 주변의 구분을 없앴다. 그러나 제국주의 시대에 유럽은 스스로를 세상의 중심이라고 생각하고, 자기네로부터 멀리 떨어진 지역은 극동, 중간 지역은 중동, 그리고 가까이 있으면 근동이라고 불렀다. 하지만 포스트모더니즘이 등장한 이후, 이제는 그러한 사고방식이 더 이상 통하지 않게 된 것이다.

중심의 해체와 주변부 조명

포스트모더니즘의 등장 이후에 대두된 두 번째 주요 변화는 모든 것의 중심이 해체되고, 그동안 주변부로 밀려나 억압받고 소외된 것들이 새롭게 조명받기 시작한 것이다. 그래서 예전에는 서양이나 강대국이 중심이고 동양이나 약소국은 주변부였으나, 이제는 동양도 조명을 받게 되고 작은 나라도 관심의 대상이 되었다. 한류가 전 세계로 확산될 수 있었던 것도 바로 이러한 인식의 변화와 긴밀하게 맞물려 있다. 그래서 20세기 초반이나 중반 같으면 불가능한 현상이 일어나게 된 것이다.

그러한 변화는 문학에서도 일어났다. 예전에는 순수문학이 중심이고 서브 장르문학은 주변부로 밀려나 있었지만, 이제는 추리소설, 판타지, SF, 스파이소설뿐 아니라 무협소설도 당당히 문학의 중심으로 부상했다. 만화도 '그래픽 노블'이라는 이름으로 소설과 어깨를 나란히 하게 되었다. 심지어는 젊은 싱글 여성의 사랑을 다루는 '칙릿chick lit소설'도 당당하게 열풍을 몰고 등장했다. 학계에서도 그동안 주변부에서 맴돌던 소수인종문학 연구, 대중문학 연구, 젠더 연구, LGBTQ 연구, 탈식민주의 연구, 서벌턴 Subaltern 연구 같은 것들이 중심부로 떠오르기 시작했다.

또 예전에는 '인문학'이 모든 학문의 중심이라고 생각했지만, 이제 인문학은 여러 학문 중의 하나로 그 위상이 축소되었다. '문학 연구' 또한 인문학의 중심이라고 생각했지만, 지금은 문학도 문화 텍스트의 일부로 보는 문화 연구가 대세가 되었다. 과거의 문학자들은 모든 예술 중에 문학이 으뜸이라고 생각했지만, 이제는 문학도 여러 예술 중 하나이며, 그것도 가장 돈과 힘이 없는 예술양식이라는 것을 깨닫게 되었다. 한 흥미 있는 예가 2000년대 초, 서울대학교에서 있었던 사건이다. 서울대학교 교직원 수첩에는 원래 인문대, 사회대, 자연대가 앞에 나오고, 그다음에 가나다 순으로 경영대, 공대 식으로 교수 명단이 작성되어 있었다. 그런데 당시 공대 교수 출신인 총장이 그걸 가나다순으로 바꾸어 경영대와 공대가 맨 앞에 오고 인문대가 뒤로 밀려났다. 그러자 인문대 교수들이 들고 일어나 수첩을 반납해 다시 인쇄한 일이 있었다. 인문대 교수들의 분노가 시대착오적인 것이었는지, 아니면 인문학의 자존심을 지키기 위한 마지막 제스처였는지는 후대가 판단할 일이다. 하지만 시대의 변화가 인문학과 순수문학의 입지를 좁히고 있다는 것만큼은 부인할 수 없는 현실이 되었다.

사물의 경계 해체

포스트모더니즘이 초래한 세 번째 변화는 사물의 경계 해체다. 이탈리아의 기호학자이자 작가인 움베르토 에코는 자기 소설《장미의 이름》의 서문에서, 이 소설이 자신의 창작이 아니라 번역이며 그것도 삼중 번역이라고 썼다. 즉, 14세기 독일의 수도승이 라틴어로 쓴 것을 19세기 프랑스의 수도승이 프랑스어로 번역했는데, 그 프랑스어본 번역서를 자기가 우연히 부에노스아이레스의 서점에서 발견해 이탈리아어로 번역했다는 것이다. 이와 같은 설정을 통해 에코는 원본과 번역본(또는 복사본)의 경계를 의도적으로 해체하면서, 번역본이나 복사본도 원본과 똑같이 소중하다는 것을 시사하고 있다. 이 소설에서 에코는 원본만 소중하게 여기며, 그 원본을 지키려고 (또는 절대적 진리를 수호하고, 금서로 지정된 도서를 읽지 못하게 하려고) 살인까지 하는 사람의 전형으로 독선적인 장님 장서관장 호르헤를 제시한다.

포스트모던 현상 중 하나인 문화의 경계 해체는 한류의 세계화를 가능하게 해준 또 다른 요인이 되었다. 예컨대 K-Pop이 서양 노래와 우리 춤의 혼합이라는 점, 경계 해체로 인해 요즘 세계 젊은이들에게 타문화에 대한 거부감이 없어졌다는 점, 또 요즘은 국적을 초월해 공동의 문화 상품을 공유한다는 점 등이 한류의 확산에 크게 기여했기 때문이다. 그래서 프랑스의 문명평론가 기 소르망은, "한류가 꼭 한국적인 것이어서 프랑스인들이 좋아한다기보다는, 세계의 젊은이들이 좋아하는 글로벌 문화 상품에 한국인 가수가 출연하는 것"이라고 말한다.

문화적 경계 해체를 의도적으로 외모에 드러내고 다닌 사람으로 팝가수 마이클 잭슨이 있다. 예컨대 잭슨의 외모는 흑인과 백인, 여성과 남성, 그리고 어른과 아이의 경계가 불분명한데, 그는 자신의 외모를 의도적으로 그렇게 꾸몄던 당대의 대표적 문화 아이콘이었다. 마돈나 역시 또 다른 경계 해체의 문화적 표상이었다. 그녀는 원래 댄서였지만, 가수, 배우, 뮤직비디오 감독, 에이즈 퇴치 운동가 등 수많은 정체성을 가짐으로써 고정된 정체성을 거부하고 모든 것의 경계를 넘나들었다. 또한 자신의 첫 뮤직비디오 제목인 〈경계선Borderline〉이 보여주듯이, 마돈나의 춤이나 비디오는 주로 인종 간, 문화 간의 경계를 초월하자는 메시지를 담고 있다.

포스트모던적인 인식이 초래한 문화적, 인종적 경계 해체는 한국의 세계 진출에도 좋은 결과를 가져다주었다. 최근 할리우드 영화에 한국 배우들의 출연이 많아졌는데, 예전에는 상상하기 어려운 일이었다. 예컨대 한국배우 이병헌은 〈지.아이.조: 전쟁의 서막G.I.Joe: The Rise Of Cobra〉에서 스톰 쉐도우 역을 맡았고, 〈레드 2: 레전드RED2〉에서는 킬러인 한 조 바이 역을 맡아 브루스 윌리스와 함께 출연했다. 최근 서울에서도 촬영한 〈어벤져스: 에이지 오브 울트론Avengers: Age of Ultron〉에서는 김수현이 헬런 조 박사로 출연했다. 뿐만 아니라 미국 텔레비전 드라마에도 한국계 미국인 배우들이 대거 진출하고 있다. 좀비 드라마인 〈워킹 데드The Walking Dead〉 시리즈에는 스티븐 연이 출연해 많은 사랑을 받았으며, 〈하와이 파이브-0Hawaii Five-0〉에는 네 명의 주인공 중 그레이스 박과 대니얼 대 김, 두 사람이 한국계다. 한국영화 역시 해외에서 인기가 좋아서 미국 대학에 한국영화 과목이 개설되면 많은 학생이 몰려와 수강한다고 알려져 있다. 갱 영화로 유명한 마틴 스콜세지 감독도 박찬욱 감독의 영화를 좋아해서, 캘리포니아대학교 어바인 캠퍼스의 김경현 교수가 쓴 한국영화 저서의 서문을 써주기도 했다.

또한 미국의 미키 마우스나 일본의 헬로 키티처럼 최근 한국의 애니메이션 캐릭터인 아기 펭귄 '뽀로로'가 국제적인 각광을 받고 있는데, 일 년에 대략 일억 달러의 수익을 해외에서 올리고 있다. 한국은 최근 무역 규모와 외국인이 많이 배우는 언어에서 이탈리아를 앞서고 있다. 한국어능력시험인 TOPIK을 보는 외국인의 수가 매해 증가해, 2017년 현재 연 20만에서 25만 명의 외국인들이 이 시험을 보고 있다고 알려져 있다. 이 모든 것은 포스트모더니즘이 등장하기 이전에는 불가능한 일이었다.

인종 간, 문화 간의 경계 해체는 다문화사회와 국제결혼도 활성화시켰다. 인종 간 결혼은 오늘날 세계적인 현상이 되었고, 한국에서도 국제결혼이 많이 이루어지고 있다. 대표적인 할리우드 배우 니콜라스 케이지와 웨슬리 스나입스의 부인이 한국계라는 것은 유명한 이야기다. 또 해마다 약 8천 명의 외국인 신부가 한국에 입국해 한국 남자와 결혼하며, 그 결과 현재 16만 명가량의 외국인 신부가 국내에서 살고 있다. 그러나 한국이 다문화사회인가에 대해서는 논란의 여지가 있다. 왜냐하면 다문화사회는 다양한 문화를 동등하게 인정해주는 것인데, 우리는 그들이 우리 문화에 동화되고 흡수되기를 바라기 때문이다. 그래서 우리는 국제결혼 가정을 다문화가정이라고 칭한다.

또한 포스트모더니즘은 사람들에게 적과 우리 편의 경계가 불분명하다는 사실을 깨닫게 해주었다. 예컨대 1970년대 이란의 국왕과 미국의 사이가 좋을 때는 미국과 이라크의 사이가 별로 좋지 않았다. 그러나 1979년 팔라비 왕조가 몰락하고 반미주의자인 호메이니가 집권하자 미국과 이란의 외교는 단절되었고, 미국은 사담 후세인이 집권한 이라크와 친구가 되었다. 그러나 호메이니가 죽고 후세인이 독재자가 되자 미국은 다시 이라크와 적이 되고 이란과는 친구가 된다. 그 후 이라크 전쟁에서 후세인을 축출한 미국은 다시 이라크와 친해지고, 핵무기를 개발한 이란과는 적대적 관계가 된다. 최근에는 온건파 지도자 아래 핵무기를 포기한 이란과 다시 가까워지고 있다.

그래서 포스트모던적인 인식은 우리로 하여금 흑백논리인 '이것 아니면 저것either or mentality'의 이분법적 사고방식에서 벗어나, '이것도 그리고 저것도both and mentality'의 포용적 사고를 해야 한다고 말한다. 그런 사고방식의 변화는 문학에도 중요한 영향을 끼쳤다. 미국 작가 토머스 핀천은 소설 《브이를 찾아서v.》에서 이렇게 말한다. "20세기에 우리에게는 두 가지 선택밖에 없었다. 좌파와 우파, 또는 거리와 온실이 그것이다. 우파는 과거의 온실 속에서 살고 움직였으며, 좌파는 거리에서 폭력을 통해 문제를 해결하려고 했다." 핀천은 다른 소설 《제49호 품목의 경매The Crying of Lot 49》에서는 이렇게 말했다. "마르크시즘과 산업자본주의는 둘 다 끔찍한 공포일 뿐이다." 그래서 핀천은 이것도 저것도 아닌 제3의 길을 찾아야 한다고 말한다. "우리는 0과 1 사이에 있는 제3의 길을 찾아야만 한다."

그런데 우리에게는 아직도 '이것이냐 아니면 저것이냐'의 흑백논리로 사태를 예단하는 경향이 있다. 예컨대 '중국이냐 미국이냐' 또는 '중국이냐 일본이냐' 같은 선택적 사고방식이 바로 그것이다. 최선의 답은, 비록 강도는 다르더라도 그 둘을 다 포용하는 데 있을 것이다.

평생 서구 제국주의에 대항해 싸웠던 《오리엔탈리즘Orientalism》의 저자 에드워드 사이드도 이렇게 말했다. "서구 제국주의와 제

3세계의 국수주의는 서로를 좀먹어 들어간다." 즉, 그 둘은 똑같이 나쁘다는 것이다. 핀천 역시 인류 문명을 절멸시키는 것은 서구 제국주의와 제3세계의 극단적 민족주의라고 말한 바 있다. 그래서 사이드는 서구 제국주의뿐 아니라 아랍 근본주의자들의 테러리즘도 똑같이 비판한다. 《문화와 제국주의Culture and Imperialism》에서 사이드는 이렇게 말한다.

문화란 여러 가지 정치적·이념적 명분들이 서로 뒤섞이는 일종의 극장이라고도 할 수 있다. 아폴로적인 점잖음의 온화한 영역과는 거리가 먼 채, 문화는 대외 명분들을 백주에 드러내 놓고 싸우는 전장이 될 수도 있다. 예컨대 타국의 고전보다는 자국의 고전을 먼저 읽도록 배운 미국과 프랑스와 인도의 학생들이 거의 무비판적으로 자기 나라와 자기 전통을 받아들이고 거기에 충성스럽게 속해 있는 반면, 타국의 문화나 전통은 격하시키거나 대항해 싸우는 싸움터가 될 수도 있다는 것이다. (《문화와 제국주의》, 에드워드 사이드, 김성곤·정정호 역, 창, 24쪽)

"우리는 우리의 목소리를 들리게 할 생각에만 급급한 나머지, 이 세상이 복합적인 곳이라는 사실을 망각하곤 한다. 만일 우리가 각자 자신의 주장만 순수하고 옳다고 주장한다면, 우리 모두는 끝없는 투쟁과 피가 튀는 정치적 혼란 속에 빠져들고 말 것이다."(《문화와 제국주의》, 에드워드 사이드, 김성곤·정정호 역, 창, 34~35쪽)

이 분쟁의 시대에 사이드는 관용과 포용의 중요성을 역설하고 있다.

모더니즘과 포스트모더니즘의 차이

20세기 초를 풍미했던 모더니즘은 원본을 중시했고, 절대적 진리를 신봉했으며, 사물의 경계를 믿었고, 질서와 통일성과 총체성을 중요시했다. 그래서 모더니스트들은 파편적이고 무질서한 현대 문명을 슬퍼했으며, 총체성과 질서가 있었던 고전 시대를 숭상하고 그리워했다. 모더니스트들은 또 순수문학과 귀족문화와 예술소설을 숭상했고, 서브 장르소설이나 대중문화를 열등한 것으로 취급했다. 그리고 예술가는 보통 사람과는 다른 특별한 존재로 본 반면, 독자는 예술가의 영감과 깨달음에서 배우는 수동적이고 열등한 존재로 보았다.

또한 모더니스트들은 순수와 미의 영속을 원했지만 시간이 지나면 순수성과 아름다움이 사라져가기에 시간을 붙잡아두고 싶어 했다. 따라서 시간에 대해 강박관념을 갖고 있었다. 시간이 거꾸로 가는 F. 스콧 피츠제럴드의 소설 〈벤자민 버튼의 흥미로운 사건The Curious Case of Benjamin Button〉이나 T. S. 엘리엇의 시 〈황무지The Waste Land〉에서 '서둘러라, 시간이 다 되었다'가 계속해서 대문자로 반복되는 것은 그 좋은 예라고 할 수 있다. 모더니즘은 또 범세계적인 보편성을 주장하기는 했지만, 모더니즘이 보편적 문화라고 포장해 전 세계에 퍼뜨린 것은 사실 서구문화와 서구문물이었다.

20세기 후반에 등장한 포스트모더니즘은 바로 그와 같은 모더니즘적 요소를 전면 비판하면서 시작되었다. 우선 포스트모더니즘은 절대적 진리를 인정하지 않았고, 중심보다 주변부를 조명했으며, 모든 것의 경계를 해체했다. 또한 포스트모더니스트들은 무질서를 포용했고, 불협화음을 인정했으며, 파편성을 용인했다. 더 나아가 포스트모더니즘은 엘리트문화 대신 대중문화를 옹호했으며, 서브 장르소설이나 영화, 만화까지도 문학과 동등한 문화 텍스트로 포용했다. 동시에 순수문학의 종언을 선언하고, 대중문학과 서브 장르소설 시대의 도래를 선언했다. 또한 포스트모더니스트들은 저자의 특권을 인정하지 않고 오히려 저자의 죽음을 선언했으며, 독자의 반응을 중요시하는 '독자반응비평'을 창출했다. 그래서 포스트모더니즘시대의 독자들은 이제 같은 텍스트라고 해도 자신의 경험이나 배경에 입각해 각자 달리 해석할 수 있게 되었다.

포스트모더니스트들은 순수성과 미의 영속을 믿지 않았으며, 예술을 위한 예술이 아닌, 현실 속의 예술을 주창했다. 그들에게 있어서 순수성과 아름다움은 결코 영속할 수 없는 것이었다. 따라서 포스트모더니스트들은 예술의 상품화도 어쩔 수 없는 현실로 받아들였다. (그렇다고 해서 예술의 상품화를 지지하거나 추구한 것은 아니었다.) 또한 포스트모더니즘은 전 세계를 서구문화로 획일화시킨 모더니즘과는 달리 보편성과 고유성, 전통과 혁신, 또는 동양과 서양, 모두를 수용했다. 또한 전자 매체, 영상 매체, 그리고 다매체 시대에 글을 써야 했던 포스트모더니즘 작가들은 그런 시대에 어떻게 하면 문학의 위기를 타파하고 문학의 융성을 가져올 수 있을 것인가를 고민했다. 글쓰기에 대해 치열하게 고뇌했으며 새로운 문학 양식 창출을 위해 실험을 거듭했다. 그 결과, 이제는 인터넷으로 쓰는 하이퍼 픽션과 그림이 들어가는 비주얼 노블까지도 새로운 문학 장르로 등장하게 되었다.

20세기 후반에 등장한 포스트모더니즘과 포스트모던적인 인식은 이렇게 우리의 사고와 사회를 바꾸어놓았으며, 문학에도 본질적인 변화를 초래했다. 글쓰기와 책읽기에도 놀랄 만한 다양성을 가져다주었다. 또한 포스트모더니즘의 등장은 수많은 새로운 문예사조─탈식민주의 문화 연구, 포스트휴머니즘, 포스트페미니즘, 포스트포스트모더니즘, 트랜스휴머니즘 등─를 창출해냈다. 이러한 새로운 사조들이 앞으로 어떤 형태의 새로운 문학을 산출할 것인지는 좀 더 두고 보아야만 할 것이다.

제2장

인간과 기계의 조화를 추구하다

트랜스휴머니즘

future culture

트랜스휴머니즘의 등장

제1장에서도 언급했지만, 20세기 중반에 등장한 포스트모더니즘은 전 세계에 급격한 인식의 변화를 불러왔다. 그중 가장 중요한 세 가지를 꼽는다면, 첫째는 탈중심적 사고방식과 소외된 주변부의 조명, 둘째는 절대적 진리에 대한 회의와 숨겨진 또 다른 진리의 탐색, 셋째는 사물의 경계 소멸에 대한 인정이 바로 그것이다. 그러한 인식의 변화는 문화의 우열과 경계가 사라지고 세계가 하나의 지구촌이 되는 '글로벌 시대'를 불러왔고, 세상을 보는 우리의 시각을 본질적으로 바꾸어놓았다.

종래의 견고했던 위계질서와 경계가 해체되자, 순수와 비순수 또는 고급문화와 대중문화의 경계도 소멸하기 시작했다. 예컨대 문화가 국경을 넘어 뒤섞이면서 퓨전문화와 하이브리드문화가 생겨났고, 도처에서 중심부와 주변부의 자리바꿈이 일어났으며, 학계와 문단에서도 경계 넘기가 시작되었다. 그에 따라 이제는 인문학도 상아탑에서 벗어나, 사회학, 법학, 환경생태학, 자연과학, 공학 등 모든 실용학문 분야와 협업하게 되었다. 문학 또한 온실에서 거리로 나와서 영상 매체나 전자 매체 또는 장르소설과 제휴하게 되었다.

그러한 인식의 변화 속에서 특히 인문학과 과학 기술의 통섭과 융합, 또는 인간과 기계의 조화와 합일을 추구한 사조가 바로 트랜스휴머니즘transhumanism이다. 트랜스휴머니즘은 과학 기술을 이용하면 인간의 능력과 한계를 무한히 확장할 수 있다고 믿는다. 예컨대 컴퓨터 기술은 팔다리를 잃은 사람들에게는 실물과 다름없는 정교한 인조 수족을 만들어주었으며, 심장이 약한 사람들에게는 페이스메이커pacemaker, 심장에 주기적으로 전기 자극을 주어 수축시킴으로써 심장의 박동을 정상으로 유지하는 장치를 제공해서 수명을 늘려주었다. 마찬가지로, 만일 인간의 두뇌에 컴퓨터 칩을 내장한다면, 인간의 기억력과 계산 능력도 현저히 향상될 것이고, 치매 문제도 해결될 것이며, 외국어를 배우느라 고생할 필요도 없어질 것이다. 영화 〈007 어나더데이Die Another Day〉에서는 북한의 고위급 군인이 테크놀로지를 이용해 외모도 백인으로 바꾸고 영어도 단기에 습득하는 장면이 나온다. 이러한 결과를 기대하며 트랜스휴머니스트들은 테크놀로지에 의한 인간의 능력 확장을 낙관적으로 본다. 과학 기술은 인간에게 초인적인 힘을 부여해 거의 신적인 존재로 만들 수도 있기 때문이다.

아르헨티나의 작가인 호르헤 루이스 보르헤스는 "인간이 발명한 것 중 가장 놀랄 만한 것은 책이다. 다른 발명들은 신체의 확장이다. 예컨대 현미경과 망원경은 눈의 확장이고, 삽과 호미는 팔의 확장이며, 지팡이는 다리의 확장이다. 그러나 책은 기억과 상상력의 확장이다"라고 말했다. 그러나 트랜스휴머니스트들은 "인간이 만든 가장 놀랄 만한 것은 과학 기술이다. 테크놀로지는 신체의 확장일 뿐 아니라, 우리 두뇌의 확장이다"라고 말한다.

문학과 과학의 융합과 통섭

과학자들이 트랜스휴머니즘에 낙관적이라면, 문학자들이나 작가들은 대개 그것을 비판적으로 보고 문제점을 지적한다. 사실 문학자의 역할이 바로 그런 비판적 성찰이기 때문에 그러한 태도는 필요하고 또 바람직하다고 볼 수 있다. 문학에도 과학적 추론과 분석 및 실증이 필요하듯이 과학에도 (인)문학적 사고와 성찰과 상상력이 필요하기 때문이다. 그런 의미에서 인문학과 과학은 서로 반대 방향을 바라보지만, 두 개가 합해질 때만 화폐의 가치가 창출되는 동전의 양면과도 같다. 그래서인지 예전에는 예술가나 인문학자가 과학자를 겸하거나 수학자가 철학자를 겸하는 경우가 많았다. 예컨대 기원전의 피타고라스나 16세기의 데카르트가 그랬고, 르네상스 시대의 다빈치나 미켈란젤로 같은 사람들이 그랬다. 그래서 오늘날에도 그 두 분야를 다 잘하는 바람직한 사람을 우리는 '르네상스 맨'이라고 부른다.

문학이 과학을 불신하는 이유 중 하나는 과학이 휴머니즘을 결여하고 있으며 테크놀로지를 오용할 수 있고, 윤리보다 기술 발전을 앞세워 생태계를 교란하거나 파괴한다고 보기 때문이다. 반면에 과학은 문학이 추상적이고 비실용적이라고 비판한다. 둘 다 맞는 말이다. 그러나 사실 과학이나 문학은 그렇게 단순하게 흑백 논리로 나눌 수 있는 것이 아니다. 문학은 인간을 연구하고, 과학은 자연을 연구한다는 생각도 사실은 대단히 단순한 발상이다. 왜냐하면 문학도 자연을 연구하고, 과학도 인간을 연구하기 때문이다.

그래서 문학과 과학의 융합과 통섭은 필요하고 중요하다. 유연한 문학적 상상력과 정밀한 과학 기술이 결합하면 보다 더 바람직한 결과를 도출해낼 수 있기 때문이다. 그렇게 되면 레오 막스의 책 제목처럼 목가적 꿈과 과학 기술이 서로를 필요로 하고 조화를 이루는 '정원 속의 기계The Machine in the Garden'라는 이상적 상황이 성취될 수 있을 것이다. 이 책의 표지에는 녹색의 정원에 기관차가 들어와 있는 그림이 그려져 있다. 사실 정원을 가꾸기 위해서는 잔디를 깎는 기계가 필수적인 것처럼 정원과 기계는 서로를 적대시하는 존재가 아니라, 서로를 필요로 하는 상호 보완적 존재라는 사실을 깨닫는 것은 중요하다.

문제는 오늘날 우리가 테크놀로지와 기계, 그리고 그것이 가져다주는 안락함에 취해, 소중한 (인)문학적 상상력과 목가적 꿈을 잃어버린 채 살고 있다는 것이다. 영화 〈레인 맨Rain Man〉이나 〈귀여운 여인Pretty Woman〉은 바로 그런 현대인의 문제를 잘 탐색하고 있다. 두 영화의 주인공은 따뜻한 인간성과 유연성을 상실하고 기계와 돈만을 추구해온 사람들이다. 그러던 어느 날, 두 사람의 인생에 순수의 상징 같은 사람이 들어오게 되고, 그 순수한 사람과의 조우를 통해 그들의 삶은 완전히 변한다. 이제 두 주인공은 그동안 자신들이 잃어버린 소중한 것이 무엇인가를 비로소 깨닫게 된다.

트랜스휴머니즘은 기술적·신체적·실용적인 측면에서 인간과 기계의 융합을 추구하는 사조다. 즉, 트랜스휴머니즘은 테크놀로지를 활용해 인간의 능력 향상과 인류 복지에 공헌하는 것이다. 그리고 휴머노이드 또는 안드로이드 로봇이 인간을 돕는 것을 긍정적으로 본다. 기계와 인간의 합일을 긍정적으로 보는 미국 영화들이 제작되는 것도 바로 그런 트랜스휴머니즘적 맥락에서다. 예컨대 인간을 위험으로부터 지키고 인류 문명을 파멸에서 구하기 위해 자살하는 충직한 사이보그 'T-800'(《터미네이터 2》), 인간 지도자를 위해 자신의 심장을 기증하고 죽는 기계 인간 '마커스'(《터미네이터 4》) 같은 경우는 모두 기계와 인간의 바람직한 조화를 보여주고 있으며, 인간보다 더 인간적인 기계의 모습을 제시해주고 있다.

그러나 동시에 작가들은 컴퓨터나 기계에 너무 과도하게 의존할 때의 부작용에 대해서도 지적한다. 예컨대 SF 작가 아서 C. 클라크와 영화감독 스탠리 큐브릭이 만든 기념비적 영화 〈2001: 스페이스 오디세이2001: A Space Odyssey〉에서는 '헬 9000'이라고 불리는 우주선의 컴퓨터가 자신이 받은 명령과 자신이 수행해야 하는 의무가 일치하지 않자 우주인들의 지시에 따르지 않고, 그들을 살해하려고 하는 상황이 벌어진다. 인간이 한없이 무력해지는 우주 공간에서의 컴퓨터의 반란은 극심한 좌절감과 공포감을 자아낸다. 비슷한 주제를 다룬 또 다른 SF 단편소설에서는, 컴퓨터를 좋아하고 자신의 분신처럼 여기는 주인공이 컴퓨터의 도움을 받아 자료를 분석해 자신에게 가장 잘 맞는 이상적인 애인을 찾아내는 데 성공한다. 하지만 그 과정에서 자기도 그 여자를 좋아하게 된 컴퓨터가 여자를 차지하기 위해 주인공을 살해한다.

트랜스휴머니즘을 다룬 문학 작품들

그렇다면 최근 문학은 트랜스휴머니즘을 어떻게 바라보고 있을까? 트랜스휴머니즘을 직접적으로 다루고 있는 작품 중 가장 두드러진 것은 댄 브라운의 최근 소설《인페르노》라고 할 수 있다. 이 소설에서 댄 브라운은 트랜스휴머니즘의 낙관론에 제동을 걸면서, 그것의 오용 가능성을 경고하고 있다.《인페르노》에 등장하는 트랜스휴머니스트 과학자인 버트런드 조브리스트는 인구의 증가가 환경 생태계의 파괴와 식량 부족을 초래해 종국에는 지구의 파멸을 앞당기리라 예측한다. 그래서 자신이 개발한 불임 바이러스를 물속에 집어넣어 전 세계로 퍼뜨림으로써 지구 인구를 3분의 2로 줄이려고 한다. 비록 그러한 우려는 타당하지만 과학 기술을 이용해 인위적으로 생명의 탄생을 막는다는 점에서, 그리고 테크놀로지를 이용해 좋은 유전인자를 가진 인간의 후손만 세상에 퍼뜨리기를 바란다는 점에서 조브리스트의 트랜스휴머니즘은 과학 기술의 심각한 오용이며 대단히 위험한 발상이라고 할 수 있다. 그런 점에서 조브리스트는 열등 민족의 인종청소와 순종 아리안의 세상을 추구했던 전체주의적 독재자 히틀러를 연상시킨다.

마이클 크라이튼의 《넥스트Next》도 트랜스휴머니즘의 문제점을 성찰한 소설이다. 이 소설에는 인간의 DNA를 주입받아 인간의 지능을 갖고 말을 할 줄 아는 앵무새와 침팬지가 등장한다. 앵무새는 주인집 아이의 과외 선생 역할을 훌륭하게 수행하고, 침팬지는 주인집 자녀와 같이 학교에 다니며 동물적 본능으로 그 아이를 보호한다. 이 소설은 트랜스제닉transgenic, 유전적으로 전혀 관계가 없는 종의 유전자를 삽입시켜 새로운 형질을 갖도록 만든 식물이나 동물 생명체들이 긍정적인 역할도 하지만, 과연 가족의 일원으로 받아들여질 수 있는가, 또 그들이 사회에 적응할 때는 어떠한 문제가 발생하는가, 그리고 그들에 대한 인간의 편견은 어떠한가, 같은 문제들을 다각도로 심도 있게 성찰하고 있다.

비슷한 맥락의 작품으로 영화화되어 유명해진 것으로는 인간 복제의 문제점을 다룬 〈6번째 날The 6th Day〉과 〈멀티플리시티Multiplicity〉가 있다. 이 두 영화는 모두 과학 기술의 발달로 복제 인간을 만들었을 때 발생하는 문제점을 다루고 있다. 예컨대 복제 인간은 과연 원본과 동일한 존재인가, 복제 인간은 수명이 짧은데 죽은 후에 또다시 계속해서 복제를 해야만 하는가, 그리고 우리 중 과연 누가 복제 인간인지 알 수 있는가, 하는 것들이 바로 그것이다. 또 다른 작품 〈아일랜드The Island〉는 장기이식을 위해 부자들이 의뢰해 만든 복제 인간들이 수용소를 탈출하는 이야기다. 트랜스휴머니즘 시대의 '바이오 윤리' 문제를 다루고 있다. 이 영화는 전혀 구별이 안 되는 원본 인간과 복제 인간 사이에 과연 진실과 허위의 구분이 가능한가, 장기이식을 위해 자신의 복제 인간을 만들어도 되는 것인가, 그리고 복제 인간의 인권은 법적 보호의 대상인가, 하는 트랜스휴머니즘 시대의 절실한 질문을 던지고 있다.

미국이 배출한 최고의 SF 작가라는 평가를 받는 필립 K. 딕 역시 트랜스휴머니즘의 문제점에 대해 꾸준히 천착해왔다. 〈블레이드 러너Blade Runner〉라는 제목의 영화로 만들어져 유명해진《안드로이드는 전기 양을 꿈꾸는가?Do Androids dream of electric sheep?》는 암울한 미래소설이다. 핵전쟁으로 지구는 황폐해지고, 동물들은 멸종되어 주인공은 집에서 진짜 양이 아닌 전기 양을 키우고 있다. 피와 살을 가진 평화로운 양은 대부분 사라지고, 테크놀로지인 전기로 움직이는 인조 양의 시대가 도래한 것이다.

그러한 암울한 상황에서 인간은 우주의 식민지 개척을 위해 인간과 똑같은 안드로이드를 만드는데, 그들 중 지능이 고도로 발달한 여섯 명의 '넥서스 6'이라는 최신형 안드로이드가 탈출해 지구로 숨어들어 온다. 현상금 사냥꾼 릭 데커드는 그들을 찾아내어 제거하는 임무를 맡는다. 그들을 제거하는 과정에서 데커드는 인간과 휴머노이드 중 과연 누가 더 인간적인가, 인간이라는 이유만으로 특권을 갖고 휴머노이드를 죽일 수 있는 것인가, 그리고 과연 인간과 휴머노이드를 구별해주는 경계가 있는가, 라고 회의하게 된다. 심지어 데커드는 휴머노이드인 레이첼과 사랑에 빠지기도 한다. 그리고 작품의 마지막에는 어쩌면 휴머노이드 사냥꾼인 데커드조차 사실은 인간이 아니라 휴머노이드일 수도 있다는 암시가 나온다. 테크놀로지가 발달해서 휴머노이드의 외모나 지능이 인간과 구별되지 않는 상황에 이르면, 휴머노이드는 자신이 인간이라는 착각을 하게 될 수도 있고, 우리도 우리 중 과연 누가 인간이고 누가 휴머노이드인지 모르게 될 수도 있다는 것이다. 이러한 깨달음은 우리 인식에 엄청난 변화를 가져다준다.

다른 단편들과 합쳐져서 영화로도 제작된 필립 K. 딕의 초기 단편인 〈사기꾼 로봇Impostor〉은 트랜스휴머니즘에 대한 비판적 성찰이면서 동시에 정치 이데올로기가 사람을 어떻게 바꾸어놓는가를 은유적으로 묘사하고 있는 작품이다. 미래 사회에 외계인들이 지구인을 죽인 다음 똑같이 생긴 가짜를 남겨놓는데, 그 가짜의 몸속에는 폭탄이 들어 있어서 필요할 때 폭발하도록 되어 있다. 주인공은 정부를 위해 무기를 제조하는 기관에서 일한다. 그러다 어느 날 억울하게도 외계인이 보낸 가짜 인간으로 오인받고 국가 정보기관에 쫓기는 신세가 된다. 그러나 마지막 순간, 자신을 추격해온 정부의 요원 옆에서 그는 자신의 시체를 발견하고 경악한다. 그는 그동안 자신이 외계인이 만들어놓고 간 가짜 인간이라는 사실을 전혀 모르고 있었던 것이다. 이는 정치 이데올로기가 세뇌로써 바꾸어놓은 허수아비 같은 사람들에 대한 좋은 은유처럼 보인다. 물론 당사자들은 자기가 세뇌된 허수아비라는 사실을 전혀 모르고 있다는 데 아이러니가 있다. 〈사기꾼 로봇〉이 미국에서 매카시즘과 좌파 정치 이데올로기의 충돌이 한창이던 1950년에 쓰였다는 사실은 그러한 작가의 의도를 짐작하게 해준다.

2054년의 워싱턴을 배경으로 하는 필립 K. 딕의 또 다른 단편소설 〈마이너리티 리포트The Minority Report〉는 곧 일어나게 될 범죄를 세 명의 예지자가 예언하여 프리크라임Pre-Crime 경찰들이 출동해 미리 막는 이야기를 다루고 있다. 그러나 그 과정에서 오류가 있을 수도 있다는 예지자 중 한 사람의 마이너리티 리포트는 무시된다. 그 결과, 무고한 사람이 잡혀가기도 한다. 주인공인 존 앤더튼은 자신이 하는 일이 옳다는 확신을 갖고 일하는 사람이다. 그러나 어느 날 예지자들이 앤더튼 자신이 범죄를 저지를 것이라고 예언하자, 그는 졸지에 도망자 신세가 된다. 이제야 비로소 그는 자신의 행동이 얼마나 근거가 미약한 가설에 의거해 있었는가, 그리고 자신들의 예지도 틀릴 수 있다는 마이너리티 리포트의 가치가 얼마나 중요한가를 깨닫게 된다. 이 작품의 중요한 주제 중 하나는, 일종의 트랜스휴머니즘적 존재인 예지자들이 결코 완벽한 존재가 아니라는 것, 따라서 그들에 대한 절대적 신뢰에는 문제가 있다는 것이다.

트랜스휴머니즘의 맥락에서 읽을 수 있는 또 다른 소설로는 스티븐 킹Stephen King의 《셀Cell》이 있다. 《셀》은 전 세계를 하나로 연결하는 편리한 휴대폰을 누군가가 악용하면 그것이 인간을 지배하는 전체주의적 기기가 될 수도 있다는 섬뜩한 사실을 은유적으로 잘 묘사하고 있다. 주인공인 소설가 클레이튼 리델은 책의 계약을 위해 보스턴에 왔다가, 누군가로부터 걸려온 전화를 받은 사람들이 갑자기 집단 살인자로 변해 서로를 죽이는 악몽 같은 상황을 목격한다. 누군가가 휴대폰 네트워크를 장악하고 휴대폰으로 전화를 받는 사람들에게 사악한 '펄스'를 방출해서 좀비처럼 만든 것이다. 이 작품은 휴대폰 테크놀로지를 오용하면, 전 세계 사람들을 통제할 수도 있다는 것을 강력하게 시사해주고 있다. 마지막에 리델은 자기 아들도 휴대폰에 중독되었다는 사실을 발견한다. 그는 한 번 더 펄스를 맞으면 아들이 치유될지도 모른다는 희망을 갖고, 이열치열의 수법으로 자기 아들의 휴대폰에 전화를 걸어서 치료하려고 한다. 그러나 독자에게 그 결과는 공개되지 않고 소설은 끝난다.

《셀》이 묘사하고 있는 것은 '모두가 휴대폰을 갖고는 있지만, 진정한 교류는 이루어지지 않는 암울한 세상'이다. 이 소설에서 킹은 인간에게 편리한 테크놀로지가 자칫 인간을 파멸시키는 치명적인 수단이 될 수도 있다고 경고한다. '셀'이라는 단어에는 '셀폰Cellphone' 즉, 휴대폰이라는 뜻 외에도 '세포 조직'이라는 의미가 있다. 공산주의 사회가 세포 조직으로 운영된다는 것은 이미 널리 알려진 사실이다. 세포 조직은 인간을 서로 보이지 않게 연결해서 좀비처럼 만들어 통제하는 데 가장 효과적인 방법이다.

스티븐 킹이 이 소설을 쓴 후, 팜 컴퓨터palm computer인 스마트폰이 나왔고, 오늘날 사람들은 급속도로 스마트폰의 노예가 되어가고 있다. 과연 주위를 둘러보면 지하철에서, 회의장에서, 강연장에서 사람들은 모두 스마트폰을 꺼내놓고 끊임없이 무엇인가를 하고 있다. 이제는 스마트폰이 있으면 모든 것을 할 수 있고, 반대로 그것이 없으면 아무것도 할 수 없는 세상이 되었다. 인간이 자기도 모르는 사이에 스마트폰의 통제와 조종을 받게 된 것이다.

정치선동가들은 스마트폰을 이용해 사람들을 데모 장소로 불러 모으고, 유권자들은 스마트폰으로 투표도 한다. 뿐만 아니라 신용카드 기능이 탑재되어 스마트폰만으로도 결제를 할 수 있으며, 은행 업무까지 볼 수가 있다. 그 외에도 스마트폰은 수많은 것들을 대체했다. 컴퓨터, 전화, 텔레비전, 스테레오, 신문, 잡지, 사전, 책, 극장, 전화번호부, 메모장, 일정표, 달력, 알람 시계 등 나열하자면 끝이 없을 정도다. 그러한 상황에서 누군가가 기지국을 장악해서 강력한 전파를 내보내면 모든 사람들을 최면에 빠뜨려 지시받은 대로 행동하는 좀비로 만들 수도 있을 것이다.

컴퓨터의 인공지능이 발달해서 언젠가 인간을 조종하거나 지배하게 되는 날이 올 수도 있다는 것을 경고하는 작품도 있다. 영화로도 제작되어 유명해진 아이작 아시모프의 《아이, 로봇, Robot》은 인간의 편의를 위해 만든 인공지능과 휴머노이드 로봇이 인간에 대해 반기를 들고 인간을 조종하려고 하는 악몽 같은 상황을 잘 묘사하고 있다. 영화 〈아이, 로봇〉은 1950년에 출간된 아시모프의 아홉 개의 단편을 원작으로 제작되어서 내레이터도 다르고, 스토리 전개도 원작과는 많이 다르지만 궁극적인 주제는 소설과 같다. 즉, 로봇에게는 인간을 보호해야 한다는 로봇 3원칙이 있지만, 만일 로봇들이 그것을 무시하고 반란을 일으킨다면 어떤 일이 일어날 것인가, 하는 문제가 논의의 핵심 주제이다. 컴퓨터의 지능이 계속 발달하는 상황에서 기계가 언제까지나 인간에게 친절하고 인간을 위해 봉사하리라는 보장은 없기 때문이다. 《아이, 로봇》에서는 인공지능을 가진 컴퓨터와 로봇에게 오류가 발생해, 인류를 보호하기 위해서는 자기네가 인간을 지배해야 한다고 생각하게 되면서 사건이 발생한다. 인간의 결점인 독선이 로봇에게도 생겨난 것이다.

인공지능이 발달하면, 그리고 인간이 어리석은 짓을 하려고 하면 언젠가는 컴퓨터와 로봇이 인간에게 반기를 들고 일어나거나 인간을 지배하려 할 수도 있다는 사실을 무시할 수는 없다. 〈터미네이터The Terminator〉에서는 핵전쟁으로 세상을 파멸시키는 인간들에 대항해 컴퓨터 전산망 스카이넷의 반란이 일어나고, 시종일관 암울한 분위기의 영화 〈매트릭스The Matrix〉에서는 인공지능이 인간을 지배하고 있다. 《프로페션Profession》이라는 작품에서 아시모프는 인간이 컴퓨터에 너무 많이 의존하다가 드디어는 컴퓨터에 의해 교육받는 미래를 비판적으로 예시하고 있다. 미래에는 인간이 책을 읽으려고 하지도 않고 다만 컴퓨터에 의존하게 되며, 그 결과 컴퓨터가 인간을 가르치는 스승과 멘토가 된다는 것이다. 《권력의 느낌The Feeling of Power》이라는 또 다른 작품에서 아시모프는 계산 능력을 사용하지 않아 퇴화된 인간이 무척 간단한 계산조차도 컴퓨터에 의존할 때 생기는 문제를 성찰하고 있다. 오늘날 우리는 단순한 계산까지도 계산기를 사용함으로써 급속도로 연산 능력을 상실해가고 있는데, 이는 컴퓨터에 의한 인간의 종속이라는 심각한 결과를 초래할 수도 있다는 것이다.

트랜스휴머니즘의 전망과 미래

물론 트랜스휴머니즘은 과학 기술을 이용해 인간의 한계를 극복하고 살기 좋은 세상을 만들고자 한다는 점에서 그 자체가 나쁜 것은 아니다. 다만 그것이 악용되거나 오용될 수도 있다는 점은 우려해야만 한다. 사실, 인공 장기를 이식한 수많은 사람들은 모두 다 테크놀로지의 도움을 받아 수명을 연장했기 때문에 트랜스휴머니즘의 수혜자라고 할 수 있다. 그래서 아시모프는《아이, 로봇》처럼 트랜스휴머니즘에 비판적인 소설도 썼지만, 그것의 장점과 가능성을 예시하는 긍정적인 작품도 썼다. 예컨대《바이센테니얼 맨Bicentennial Man》에서 그는 인간의 감정과 지능을 가진 안드로이드 로봇 앤드류가 인간보다 얼마나 더 진실하고 신뢰할 만한 존재인가를 설득력 있게 묘사하고 있다. 그는 불멸의 인조인간이지만 스스로 수명이 유한한 인간이 되기를 원하고, 인간 여자와 사랑에 빠지며, 결국은 인간처럼 죽어간다. 짐승만도 못하고 기계보다 더 경직된 인간들이 많은 세상에서 앤드류는 비록 기계이지만 인간보다 더 인간적인 모습을 보여준다.

영화〈트랜스포머Transformers〉시리즈도 일종의 트랜스휴머니즘 영화라고 할 수 있다. 이 영화에 등장하는 외계인들은 모두 고도의 지능을 가진 기계 로봇이다. 그중 옵티머스 프라임이 이끄는 오토봇은 지구인을 위해 싸우는 로봇들이고, 디셉티콘이 이끄는 외계 로봇은 지구를 멸망시키려는 사악한 존재들이다. 이 외계의 존재들은 스스로의 외양을 바꿀 수 있다는 점에서 경직되지 않은 유연성을 갖고 있다. 만일 우리가 오토봇처럼 바람직한 기계와 과학 기술을 우리 편으로 만들어 인류에게 유익하게 사용하고, 인간에게 위협이 되는 디셉티콘 같은 사악한 테크놀로지는 멀리하고 경계한다면, 그건 인류의 미래를 위해 바람직한 선택이 될 것이다.

트랜스휴머니즘의 공과는 앞으로 좀 더 두고 보아야 할 것이다. 다만 그때까지는 문학자들과 작가들이 그것의 가능성과 문제점을 부단히 천착해야만 할 것이다.

제3장

국민/국가의 패러다임을 극복하다

트랜스내셔널리즘

future culture

트랜스내셔널리즘이란 무엇인가?

예전에는 한 번 이민을 가면 다시는 고국으로 돌아오지 못하는 것으로 생각했고, 고국과는 영원히 단절된다고 여겼다. 가장 큰 고민은 이민을 가는 나라에 제대로 동화될 수 있을는지의 문제와 새로운 문화에 어떻게 적응해야 할 것인지 하는 문제였다. 그러다 보니 고국home country과 이민국host country 중 어느 곳이 진정한 자기 나라인지, 그리고 둘 중에서 어느 것을 선택해야 할지 괴로워했다.

그때는 고국에 있는 친척에게 전화를 하려고 해도 국제전화 비용이 비싸서 힘들었고, 고국을 방문하려고 해도 고가의 항공료와 오랜 여행시간 때문에 쉽지 않던 시절이었다. 또한 정치적으로도 고국 방문이 불안했던 시절이었다. 고국 소식을 접할 수 있는 길은 교포신문에 실리는 다소 늦은 뉴스가 전부였다.

또한 그때는 나라와 나라 사이의 경계가 확실했고, 국경을 넘는 것이 어려웠던 시절이었다. 한국에서 쿠데타로 정변이 일어나도 그것이 세계에 알려지는 것은 한참이나 지난 후였다. 아직 첨단 테크놀로지가 일반화되지 않던 시절이어서 정보의 확산이 느렸기 때문이었다.

그러나 세계가 글로벌화되고 국경이 사라지면서 세상은 변했다. 이제는 국민국가nation-state의 경계가 사라지는 시대가 되었다. 유럽은 나라 간의 국경이 사라졌고, 다른 지역도 점차 그런 추세로 가고 있다. 또한 SNS의 확산으로 인해 정보가 실시간으로 전세계로 퍼져 나가며, 문화적 국경도 사라져서 퓨전문화 또는 하이브리드문화가 생겨나는 시대가 되었다. 한류가 국경을 넘어 세계로 진출할 수 있었던 저변에도 바로 그와 같은 시대적 배경이 있었다.

첨단 테크놀로지의 등장과 인식의 변화는 우리의 삶을 혁신적으로 바꾸어놓았다. 예컨대 인터넷 덕분에 이제는 외국에 있는 사람과 페이스타임이나 스카이프로 서로 얼굴을 보면서 무료로 오랜 시간 대화를 할 수 있게 되었고, 역시 무료인 카카오톡으로 몇 시간이고 음성 통화를 할 수 있게 되었다. 페이스타임으로 대화할 때는 상대방이 설거지를 하면 수돗물 떨어지는 소리가 바로 옆에서 나는 것 같은 착각이 들 정도로 음질이 생생하고 화질도 좋다. 카카오톡이나 문자로는 24시간 실시간으로 해외의 친지와 소식을 주고받을 수 있게 되었다. 즉, 이제는 전 세계가 하나로 연결되었기 때문에 그 사람이 현재 어디에 있는가는 전혀 중요하지 않은 시대가 된 것이다. 고국의 소식 또한 스마트폰으로 실시간 접할 수 있게 되었고, 고국에 가고 싶을 때면 직항기가 저렴한 운임으로 고국까지 데려다준다.

무선 인터넷과 IT 테크놀로지는 정보 및 문화의 국경을 없앴고, 다국적 기업과 글로벌 이코노미는 자본의 국경을 해체했으며, 첨단 항공기는 나라와 나라 사이의 이동을 수월하게 해 주었다. 오늘날, 사람들은 자기 나라를 벗어나 지구촌이라는 국경 없는 새로운 공간에서 만나 소통하고 교류하게 되었다. 이제는 하나의 장소에 얽매이거나 한 곳에만 있을 필요가 없어진 것이다. 그러자 이민자나 이주노동자, 디아스포라Diaspora, 흩어진 사람들이라는 뜻으로, 팔레스타인을 떠나 온 세계에 흩어져 살면서 유대교의 규범과 생활 관습을 유지하는 유대인가 새로운 조명을 받게 되었다. 사람과 장소 사이의 관계가 완전히 새로운 국면을 맞게 되었기 때문이다. 그리고 낯선 장소로 이주하는 것이 이제 더 이상 슬프고 힘든 일만은 아닌, 도전해볼 만한 모험이라는 것을 사람들이 깨닫게 되었기 때문이다.

그래서 지금은 한국에서 공부한 사람이 외국의 대학에 지원해서 교수가 되기도 하고, 국내에서 대학을 졸업하고 바로 해외에 있는 직장에 자리를 잡을 수도 있는 글로벌 시대가 되었다. 더구나 다문화주의와 소수인종문화 연구의 확산으로 인해, 이민자들의 문화도 존중해주기 때문에 이제는 이민자들이 호스트 컨트리로의 동화 문제에 대해 그렇게 고민하지 않아도 되는 시대가 되었다. 즉, 홈 컨트리와 호스트 컨트리 중 하나를 선택할 필요가 없어지고, 두 나라에 다 충성하며 두 나라를 마음대로 오가도 되는 시대에 살게 된 것이다. 트랜스내셔널리즘transnationalism은 바로 그러한 상황, 즉 한 나라의 공간에 갇혀 있을 필요가 없어지고, 국경을 넘어 전 세계가 활동 공간이 되는 지구의 글로벌화와 그에 따른 인식의 변화가 초래한 산물이다.

트랜스내셔널리즘은 이민immigration뿐 아니라 이주migration에도 해당된다. 다른 나라로 영구히 삶의 터전을 옮기는 '이민'도 있지만, 글로벌 네트워크를 통해 여러 나라를 돌아다니는 '이주', 즉 임시 거주지 이동도 있을 수 있는데, 그것도 국경을 넘기 때문에 트랜스내셔널리즘의 관심의 대상이 된다는 것이다. 예컨대 한국인들처럼 나이 들면 고국으로 돌아오는 역이민 현상도 있을 수 있고, 고국에서 태어나 교육받은 사람이 이민 간 나라에서 직장을 갖고 아이들을 양육한 후, 은퇴 후에는 또 다른 나라에 가서 살게 될 수도 있는데, 이 모든 것이 다 트랜스내셔널리즘의 연구 대상이 된다는 것이다.

그러한 시각을 확대해보면, 비단 이민을 가지 않는다 해도 우리 모두는 트랜스내셔널리즘의 주체이자 에이전트가 된다고 볼 수 있다. 해외에 자녀나 친척이나 친구가 살고 있으며, 고국에 살고 있어도 해외로 이민을 갔거나 이주해 간 사람들과 글로벌 네트워크를 이루며 살고 있기 때문이다. 또한 우리 자신도 나름 해외여행을 자주하며 세계 여러 나라와 교류하면서 살고 있기 때문이다.

그런 의미에서 트랜스내셔널리즘은 12세기 유럽의 사상가 성聖빅토르의 휴고가《디다스칼리콘The Didascalicon》에서 한 말을 연상시킨다. "자신의 고국이 소중하게 느껴지는 사람은 아직 어린아이와 같다. 세계 어디를 가도 자기 고국처럼 느끼는 사람은 강한 사

람이다. 그러나 모든 곳을 다 타국처럼 느끼는 사람이야말로 완벽
한 사람이다.”

트랜스내셔널리즘은 ‘고국’이라는 좁은 공간에서 벗어나 ‘글로
벌 공간’으로 나가야 한다고 제안한다. 이 세상은 우리만 사는 곳
이 아니라, 다른 사람들과 더불어 사는 곳이기 때문이다.

문학에 나타난 트랜스내셔널리즘

수키 김의《평양의 영어 선생님Without You, There Is No Us》은 트랜
스내셔널리즘적 시각으로 읽을 수 있는 작품이다. 저자는 한국에
서 중학교 1학년을 마치고 열세 살 때 부모를 따라 미국으로 이민
을 갔고, 이민 1.5세대로서 갈등을 겪었다. 책에서 그녀는 이렇게
쓰고 있다.

나는 아직 아이였고 하루아침에 벌어진 물리적 환경의 엄청난
변화들이 모두 겁이 날 정도로 생소했다. 나는 내가 더는 한국에
있지 않다는 것을 알았지만, 영원히 고향과 이별했다는 것은 이
해하지 못했다. 받아들이기에 시간이 걸렸던 또 하나의 이국적
개념은 내가 이제 ‘동양인’이라는 점이었는데, 그것은 사회 수업
시간에나 듣던 단어였다. 내 나라에서 노랑은 매년 봄마다 우리
집과 언덕 아래 집들을 구분 짓는 담장을 따라 피어난 개나리의
색깔이었다. 나는 절대 내 피부색이 노랑과 같은 색이라고 생각
해본 적이 없었다. 그 시절은 또한 침묵으로 특징지어졌다. 내 모

국어는 갑자기 사라졌고, 영어라는 낯선 소리들이 대신 내 자리
를 차지했다.

한국이 정치적 불안과 경제적 격변에 시달리던 1980년대 초
아버지의 사업 실패로 인해 미국으로 이민 간 수키 김은 감수성
예민한 사춘기의 나이에 전혀 다른 언어를 사용하는 생소한 나라
에 내던져진다. 그런 환경에서 중·고등학교와 컬럼비아대학교를
졸업한 그녀는 미국의 근원인 영국으로 옮겨간 후, 런던대학원에
서 동양문학을 전공하며 자신의 뿌리를 탐색한다. 그러나 여전히
채워지지 않는 갈증으로 인해 방황하던 그녀는 비록 한반도에 공
존하고는 있지만 남한과는 너무나 다른, 또 다른 한국인 북한으로
간다. 결국 그녀의 방황은 1980년대 극우파의 나라였던 한국에
서 시작해 극좌파의 나라인 북한으로, 그리고 세계에서 가장 개방
된 나라인 미국에서 가장 폐쇄적인 나라인 북한으로 그녀를 데리
고 간다. 거기에 영국까지 합하면 수키 김의 여정은 4개국에 걸쳐
이루어진다. 그녀는 자신의 정신적 방황과, 자신이 영어 선생으로
있었던 평양과학기술대학교의 생활을 담은 책을 출간한다. 탈북
자들에 대한 관심도 지대했던 수키 김은 그 책의 서문에서 북한의
실상과 더불어 탈북자들에 대해 다음과 같이 쓰고 있다.

나는 이 책이 북한의 전체상을 전해준다고는 할 수 없더라도
보기 드문 일상을 제공해준다고 믿는다. 나는 리서치를 하는 동
안 탈북자들의 일반적인 탈출 루트인 중국, 남한, 몽골, 태국, 라

오스 국경을 찾아다녔고, 탈북 브로커들과 탈북자 지원 단체 간부들은 물론이고 60명 이상의 탈북자들과 인터뷰를 해왔다.

닫힌 체제인 북한에서 자유를 찾아 해외로 도망치는 탈북자들은 또 다른 의미에서의 강제이주자들이자 디아스포라 이산가족이라고 할 수 있다. 물론 표면적으로는 그것이 자의에 의한 자발적 탈북이지만, 본질적으로는 사람이 살 수 없는 상황에서 살아남기 위한 마지막 수단이라는 점에서 타의에 의해 강요된 이주라고도 볼 수 있다. 목숨을 건 탈북을 부추긴 사람은 다름 아닌 북한의 독재자들이기 때문이다.

그래서 작가 수키 김 자신의 정신적 방황과 여정은 궁극적으로 탈북자들의 북한 탈출과 맞물린다. 과연 그녀는 자기 나라를 떠날 수밖에 없는 탈북자들의 (강제) 이주와 이산을, 역시 야반도주로 자신의 나라를 떠날 수밖에 없었던 자신의 (강제) 이민과 긴밀하게 병치시키고 있다. 그리고 마지막에는 자신도 탈북자가 되어 북한을 떠난다. 그녀가 평양과학기술대학교를 떠나는 날, 그동안 정들었던 학생들은 영어 선생님과의 석별의 정을 나누는 대신 위대한 지도자 김정일의 죽음을 슬퍼하느라 정신이 없다. 인간의 정보다는 정치 이데올로기가 더 중요한 나라인 북한을 떠나, 그녀는 미국으로 돌아간다. 수많은 국경 넘기를 통해 수키 김은 고국이라는 하나의 공간에 안주하는 대신, 국가의 경계를 넘어 각기 다른 공간에서 살아봄으로써 비로소 글로벌하고 트랜스내셔널한 시각을 갖게 된다. 자신의 뿌리와 근원을 찾아 다른 공간으로 떠났던 정신적 여정을 마치고 돌아온 그녀는 이제 더 이상 방황을 계속하지 않아도 될 것이다.

1980년대 초, 뉴욕에서 비극적으로 요절한 한국계 작가 테레사 차학경의 《딕테Dictee》도 트랜스내셔널리즘적 시각으로 볼 수 있는 작품이다. 열두 살 때 미국으로 건너간 차학경은 갑자기 자신의 언어를 잃어버리고 영어라는 낯선 언어의 세계에 던져진다. 모국어를 훌륭하게 말할 수 있음에도 불구하고 그녀는 갑자기 수업 시간에 말 못하는 벙어리가 되고 바보가 되어, 오직 교사가 불러주는 대로 받아 적는 사람이 된다. 딕테, 즉 받아쓰기는 스펠링이 틀리면 교사에게 수정 지시를 받는, 그래서 자신의 의지가 완전히 박탈된 수동적 학습 행위다. 그럼에도 불구하고 자신의 언어를 박탈당한 외국 학생은 현지인 교사가 불러주는 대로 낯선 언어를 받아쓸 수밖에 없다.

《딕테》에서 테레사는 자신의 그런 상황을 주권과 자유와 모국어를 잃어버린 일제강점기의 조선인에 비유한다. 그래서 이 작품에는 유관순의 그림과 태극기도 나온다. 그녀는 《딕테》를 쓰면서 자신이 캘리포니아에서 학교 다닐 때 배운 프랑스어도 사용하는데, 이는 한국·일본·미국·프랑스라는 네 개의 각기 다른 공간의 경계를 넘어 자신의 정체성을 탐색하는 좋은 장치라고 할 수 있다. 현재 미국 대학에서 탈식민주의 교재로 인기리에 사용되고 있는 《딕테》는 뉴욕의 김명미 시인의 대표 시 〈깃발 아래서Under Flag〉와 더불어 모국어를 빼앗긴 이민자들의 상황과 방황을 그린 최고의 수작으로 알려져 있다.

김명미의 〈깃발 아래서〉는 홈 컨트리와 호스트 컨트리의 깃발 중 과연 어느 것에 충성을 바쳐야 하는지에 대한 이민자들의 고뇌를 설득력 있게 그리고 있다. 또한 김명미에게 있어서 모국어 포기와 영어 습득은 곧 호스트 컨트리인 미국에서의 사회적 권력과 동화와 받아들여짐을 의미한다.

영어를 쓰고 말할 수 있는가?

예 _____

아니오 _____

내가 부르는 대로 다음 문장을 영어로 받아쓰시오.

길에는 개가 있다.

비가 온다.

이 나라 외에 다른 나라에 대해 충성하지 않기로 서약하겠는가?

차학경의 《딕테》를 연상시키는 위 시에서 화자는 불러주는 대로 받아써야만 하는 사람이다. 그런데 불러주는 문장이 너무나 초보적이고 유치하다. 미국 시민권 취득 지원 시에 물어보는 질문을 차용한 위 시구는 이민 온 화자에게 영어를 말할 수 있는지를 다그치고, 미국에 대한 충성을 강요하는 상황을 잘 묘사하고 있다. 김명미의 〈깃발 아래서〉는 단 하나의 나라와 공간에만 충성하는 것을 거부하고 또 다른 공간에 대한 인정을 요구한다는 점에서 단순히 정체성 탐색을 주제로 했다기보다는, 경계의 초월을 포용하는 트랜스내셔널리즘적 작품이라고 할 수 있다.

이창래의 데뷔작《영원한 이방인Native Speaker》은 정체성 문제와 충성 문제, 그리고 호스트 컨트리에의 사회적·문화적 동화 문제를 설득력 있게 다루고 있는 좋은 작품이다. 미국인으로 인정받고 싶어 하는 산업스파이 헨리 박은 한국계 정치인을 감시하는 정치스파이로서의 역할도 맡게 되는데, 그 과정에서 그는 한국과 미국 두 나라로부터 동시에 소외감을 느낀다. 그는 자신이 비록 영어를 사용하는 원어민이지만, 아무리 노력해도 결국은 완전한 네이티브 스피커로서 미국사회에 받아들여지지 않고 한국계라는 주어진 정체성에서 벗어나지 못한다는 사실을 깨닫게 된다.

이창래의 두 번째 소설《척하는 삶A Gesture Life》의 주인공은 처음에는 한국계 일본인이었다가, 나중에는 한국계 미국인이 되는 프랭크 구로하타다. 어렸을 때 일본인 가정에 입양된 구로하타는 천황폐하의 충실한 일본신민이 되기 위해 최선을 다한다. 그는 의대 출신은 아니지만 의무 훈련을 받은 후 의무장교로 일본군에 복무하는데, 그 사이 그는 일본인들에게 잘 보이기 위해 자신이 좋아하던 위안부 여인의 목숨을 구하는 것조차 포기한다.

일본의 패전 후 미국으로 이민을 간 구로하타는 마을에서 의료기기 상점을 운영한다. 마을 사람들은 그를 의사라고 부르지만, 사실 그는 정식 의사가 아니라 의료 기술을 익힌 의료 기술자일 뿐이다. 미국에 살면서 이번에는 미국인으로 받아들여지기 위해 구로하타는 열심히 잔디밭을 가꾼다. 미국사회에서 마을 사람들에게 받아들여지려면 잔디밭이 깔끔하게 관리되어야 하기 때문이다. 그리고는 미국인으로 인정받는 가장 빠른 지름길인 미국 여성과의 동거를 시작한다.

이제 은퇴를 맞은 구로하타는 자신의 삶을 돌이켜보면서 자신의 인생이 단지 '척하는 삶'일 뿐이었다는 사실을 깨닫게 된다. 그는 자신이 구하지 못한 위안부 한국여성에 대한 죄의식과 한국에 대한 미안함을 완화하기 위해 써니(한국 이름으로는 순이)라는 한인 소녀를 입양해보지만, 그 역시 제스처에 그칠 뿐 성공하지 못한다. 이 소설은 세 나라의 국경을 넘어 세 개의 공간에서 벌어지는 정체성의 문제를 설득력 있게 탐색하고 있다.

이후 이창래의 소설들은 정체성 탐구라는 주제에서 벗어나, 국가의 경계와 시공의 경계, 그리고 인종의 경계를 넘나드는 작품들을 써내기 시작했다. 예컨대《가족Aloft》에서는 후기 자본주의 시대를 살고 있는 미국 중산층 가정의 허상과 가족의 의미를 천착했고,《생존자The Surrendered》에서는 한국전쟁을 통해 조우하는 준과 헥터와 실비의 이야기를 통해 전쟁의 참상을 그리고 있다. 최근작인《만조의 바다 위에서On Such a Full Sea》에서는 미래의 가상세계에 사는 중국계 소녀, 판의 이야기를 통해 자유와 개성을 억압하는 디스토피아 사회를 묘사하고 있다. 이창래의 소설은 후기로 오면서 시간과 공간, 그리고 나라와 나라의 경계를 넘나드는 트랜스내셔널리즘의 특성을 띠고 있다.

트랜스내셔널리즘의 새로운 가능성

또 다른 차원에서 트랜스내셔널리즘의 새로운 가능성을 잘 보여주고 있는 작가는 한국계 이민 3세인 단 리다. 자신의 단편집 《옐로Yellow》에서 단 리는 교포작가들의 단골 주제인 정체성의 위기 문제와 미국사회에의 동화 문제에서 벗어나, 이미 미국에 동화된 아시아계 미국인이 미국사회 내에서 겪는 또 다른 문제들을 심도 있게 천착하고 있다. 그런 의미에서 단 리는 아주 특이한 교포작가이며, 진정한 트랜스내셔널리즘을 구현하는 작품을 써내고 있다고 볼 수 있다.

우선 《옐로》에서 단 리는 제임스 조이스의 《더블린 사람들 Dubliners》의 등장인물들처럼 자기들끼리만 모여 살지 말고 인종적 경계를 넘어 미국사회로 들어가라고 권고한다. 단 리의 등장인물들인 아시아계 미국인들은 샌프란시스코 근교의 로사리타 베이라는 가공의 마을에 모여서 산다. 그곳은 들어가는 길과 나오는 길이 하나밖에 없는 닫힌 사회다. 이를 통해 단 리는 코리아타운이나 차이나타운이나 재팬타운이 필요는 하겠지만, 그 속에서만 폐쇄적으로 살고 있으면 필연적으로 미국사회로부터 고립되고 소외된다고 지적한다. 그는 고립은 곧 오해를 낳게 되고, 오해는 곧 편견으로 이어진다고 경고한다. 예컨대 아시아인에게 편견을 갖고 있는 백인도 있겠지만, 때로는 우리의 틀린 짐작일 뿐 그렇지 않은 경우도 많다는 것이다.

타이틀 스토리인 《옐로》의 주인공 대니는 완전한 미국인이 되려 하지만, 학생 때 인종에 대한 편견을 경험하고 좌절한다. 백인 애인 제니와 캠퍼스를 걸어가는데, 백인 여학생들이 지나가는 동양 학생들을 보며 속은 희고 겉은 노란색이라는 조롱의 뜻에서

'바나나'라고 부르는 것을 목격한 것이다. 졸업 후 대니는 보스턴의 한 회사에 취직한다. 나중에 대니는 그 회사에서 이사 자리를 놓고 백인인 케빈과 경쟁한다. 대니는 회사에서 당연히 케빈에게 이사 자리를 주리라고 생각한다. 그러나 그의 추측은 근거 없는 편견이었음이 드러난다. 케빈이 아니라 대니가 승진하게 된 것이다. 여기서 단 리는 우리가 인종차별을 과도하게 의식하면, 사실은 별것 아닌 것도 인종차별로 느껴질 수 있다는 점을 지적한다. 단 리는 아시아계 미국인을 다루면서도 다른 교포작가들과는 차원이 다른 접근을 하고 있으며, 부단히 경계 넘기를 시도하고 있다는 점에서 대단히 흥미로운 트랜스내셔널리즘 작가의 모습을 보여주고 있다.

　물론 단 리도 미국사회의 편견은 인정한다. 예컨대《도모 아리가토Domo Arigato》에서 주인공 유진은 백인 여성 니키와 결혼하려 하지만, 그녀의 부모가 한국인과 일본인에 대해 인종적 편견을 갖고 있는 것을 발견하고 그녀와 헤어진다. 또 다른 단편에서는 미국에서 태어난 한국계 주인공이 백인 여자친구의 집에 갔을 때, 여자의 할머니가 주인공을 보트피플boat people, 베트남 전쟁 발발 후 생겨난 전쟁 난민로 생각하고, "미국에 오니까 좋지?"라고 물어보는 장면이 나온다. 또《옐로》의 주인공 대니는 매기 하트만이라는 백인 여자가 한국인들은 부지런하고 아이들 교육을 잘 시켜서 아이비리그에 많이 보내며, 식료품 가게의 채소도 싱싱해서 좋다고 칭찬하는 이면에 숨어 있는 우월감과 인종적 편견을 느낀다.

　새로운 사조인 트랜스내셔널리즘은 종래의 정체성의 위기와 동화 문제만 주로 다루었던 교포문학의 한계를 크게 확대시켜 주었다는 긍정적인 평가를 받는다. 또한 국민국가의 경계가 급속도로 소멸해가고 있는 이 시대에 트랜스내셔널리즘은 우리에게 고국의 공간과 경계를 초월해 또 다른 공간, 즉 타자들과 공존하는 글로벌 공간에서 살아볼 기회를 준다는 점에서 중요한 사조라고 할 수 있다. 앞으로 트랜스내셔널리즘은 비단 교포문학뿐 아니라 한국문학의 지평도 크게 넓혀 줄 수 있을 것이며, 한국문학을 세계문학으로 발전시키는 데에도 지대한 공헌을 할 수 있을 것으로 기대된다.

제4장

영화로 문화를 읽다

영화 속의 문화,
문화 속의 영화

문화 텍스트와 사회 문서로서의 영화

포스트모더니즘 이후 문화계 및 학계에서 가장 크게 부상한 분야는 아마도 '영화'일 것이다. 예로 시카고대학교 영문과는 영화학Film Studies 프로그램을 만들었다가 학생들이 대거 몰려 너무 커지는 바람에 영문과로부터 독립해서 나갔고, 캘리포니아대학교 UCLA, UC Berkeley, UC Irvine나 뉴욕주립대학교, 애리조나주립대학교 같은 미국 내 다른 대학들에서도 영화는 이제 문학보다 훨씬 더 인기 있는 과목이 되었다. 국내 대학들도 상황은 마찬가지여서, 요즘 인문대학 어문학과에서 영화 텍스트를 교재나 부교재로 사용하는 것은 거의 관례처럼 되어 있다. 이런 상황에서 '문학과 영화' 같은 과목들이 전성기를 누리게 된 것은 너무나 당연한 일이다.

이렇게 된 배경에는 우선 컬러 TV의 등장과 컴퓨터의 확산으로 인해 발생한 활자 매체에서 영상 매체로의 전이가 자리 잡고 있다. 태어나면서부터 스크린 앞에 앉아온 젊은 세대에게는 종이책이나 활자 매체보다는 전자책이나 영상 매체가 훨씬 더 친숙하기 때문이다. 더구나 젊은이들의 필수품인 태블릿 PC와 스마트폰이 책과 극장을 대체하면서 이제 전자 매체와 스크린은 활자 매체와 종이를 대체하는 새로운 매체로 부상하게 되었다.

영상 매체가 부상하게 된 또 다른 이유는, 영화가 한 나라의 문화를 반영하는 훌륭한 문화 텍스트cultural text이자 한 시대의 사회적 특징을 충실히 기록하는 중요한 사회 문서social document이기 때문이다. 그래서 사람들은 이제 영화 텍스트를 통해서 그 나라의 문화와 사회를 고찰할 수 있게 되었다. 특히 당대의 시대상을 잘 담아내는 할리우드 영화는 미국의 문화와 사회를 연구하는 데 대단히 중요한 텍스트의 역할을 하고 있다.

영상 매체가 전성기를 누리게 된 또 다른 이유가 있는데, 그것은 1980년대 후반에 영국 버밍엄대학교에서 시작되어 전 세계로 확산된 새로운 문예사조인 '문화 연구Cultural Studies'가 영화를 문학과 똑같이 중요한 문화 텍스트로 격상시켰기 때문이다. 문화 연구는 비단 영화 뿐 아니라 만화(그래픽 노블), 팝송, 그림, 컴퓨터 게임, 애니메이션 등을 문학과 동등한 문화 텍스트로 격상시켰다. 그리고 더 나아가 대중문학이나 장르문학도 순수문학과 동급으로 올려놓았다. 예전에 문학이 하던 기능은 이제 만화나 컴퓨터 게임으로 넘어갔고, 전에는 죄의식을 갖고 몰래 숨어서 읽던 판타지나 추리소설이나 SF도 이제는 거리낌 없이 읽을 수 있게 되었다. 스스로를 지고한 순수예술이라고 생각해왔던 문학으로서는 자존심 상하는 일이지만, 포스트모더니즘적 인식으로 인한 시대의 변화가 대중문학의 지위를 현저하게 격상시킨 것이다. 그 결과, 순수문학이 대중의 관심에서 멀어지는 대신, 대중문학이나 장르문학이 영화로 만들어져 전 세계로 퍼져나가게 되었다.

최근 할리우드에서는 예전 영화의 속편이나 리메이크가 유행인데, 이는 우선 흥행이 보장되기 때문일 것이다. 다음으로는 새로운 것을 만들어낼 상상력이 고갈되었기 때문일 수도 있다. 그래서인지 할리우드에서는 DC 코믹스나 마블이 만든 만화를 계속해서 영화로 만들고 있는데, 〈아이언 맨Iron Man〉, 〈토르Thor〉, 〈캡틴 아메리카Captain America〉, 〈어벤져스The Avengers〉 등은 그 대표적인 예로서, 흥행에도 크게 성공하고 있다. 즉, 이제는 영화와 만화와 문학이 서로 손을 잡고 협업하는 시대가 온 것이다.

사실 영화는 문학을 위해서 중요한 역할을 하고 있다. 예컨대 문학 작품의 출간이 영화 개봉과 맞물리면 베스트셀러가 되기도 하고, 영화를 본 후에 원작을 찾아서 읽게 되는 경우도 많다. 또 영화가 작가를 널리 알리는 경우도 있는데, 중국의 노벨문학상 수상 작가인 모옌의 경우가 그 대표적 예일 것이다. 모옌의 작품을 안 읽은 사람은 많지만, 그의 원작으로 만든 영화인 〈붉은 수수밭紅高粱〉이나 〈패왕별희覇王別姬〉를 안 본 사람은 별로 없기 때문이다. 즉, 모옌은 영화 덕분에 국제적으로 널리 알려진 작가가 되었다고 볼 수 있다. 그렇다면 영화는 문학의 적이 아니라 오히려 든든한 후원자라고 볼 수도 있을 것이다.

영화에 나타난 정치 이데올로기

영화는 한 나라의 문화와 사회를 반영하는 좋은 텍스트이므로 영화를 통해 그 나라의 문화와 사회를 읽어낼 수 있다. 또한 영화는 자국민에게 문화적 자부심을 심어주거나 자국의 문화를 해외에 홍보하는 수단으로 사용되기도 한다. 예로 중국은 최근 수많은 사극을 만들어서 중국의 역사와 문화를 세계에 알리고 있다. 서양 관객에게 크게 어필한 〈와호장룡臥虎藏龙〉, 〈영웅英雄〉, 〈연인L'Amant〉 같은 영화를 비롯해, 중국판 햄릿인 〈야연夜宴〉 그리고 〈소림사전기少林寺传奇〉, 〈남소림사南少林荡倭英豪〉, 〈적벽대전赤壁〉, 〈조조銅雀台〉 〈공자孔子〉, 〈묵공墨攻〉, 〈연의 황후江山美人〉, 〈삼국지三國志〉, 〈무인 곽원갑霍元甲〉, 〈엽문葉問〉 같은 영화들이 제작되었다. 또한 중국 문화를 알리는 수많은 텔레비전 드라마가 만들어졌다. 〈천룡팔부天龙八部〉나 〈의천도룡기倚天屠龙记〉 같은 김용의 소설을 원작으로 한 드라마들은 대부분 리메이크 되었으며, 〈수호지水滸传〉, 〈서유기西遊記〉, 〈초한지楚漢志〉, 〈손자병법孫子兵法〉을 비롯해 〈수당영웅隋唐英雄〉, 〈설산비호雪山飛虎〉, 〈항왜협려抗倭俠侶〉, 〈적인걸狄仁杰〉 등 무수히 많은 중국 역사 드라마들이 제작되었다. 중국 역사에 등장하는 영웅들은 거의 대부분 중국 영화나 텔레비전 드라마의 주인공으로 등장하고 있다고 해도 과언이 아니다.

일본 영화 역시 일본의 문화 아이콘을 십분 이용해 일본 문화를 세계에 널리 알리는 데 크게 공헌했다. 사무라이, 닌자, 게이샤, 가부키, 가라데, 스시, 데리야키 등 일본의 문화 아이콘은 비단 일본 영화뿐 아니라 할리우드 영화에도 다양하게 노출되어 서양에 일본을 알리는 데 중요한 역할을 했다. 톰 크루즈가 주연한 〈라스트 사무라이The Last Samurai〉를 비롯해 〈게이샤의 추억Memoirs of a Geisha〉, 〈엘렉트라Elektra〉, 〈가라데 키드The Karate Kid〉 그리고 각종 닌자 영화들이 그 대표적 예일 것이다.

한국은 특정한 문화 아이콘 대신, 매 시대의 사회상과 시대정신을 영화에 잘 반영해왔다. 예컨대 〈엽기적인 그녀〉는 남성이 왜소해지고 여성의 위상이 높아지기 시작하던 1990년대 말의 한국 사회를 코믹하게 잘 보여주고 있다. 김대중 대통령이 취임한 해인 1998년에는 〈쉬리〉가 개봉되어 남북 정보원의 슬픈 사랑 이야기를 통해 남북한의 화해를 촉구하며, 정부의 햇볕정책을 지지하고 있다. 2000년에 나온 〈JSA 공동경비구역〉 역시 남북은 형제라는 메시지가 강하게 담겨 있으며, 2003년에 나온 〈실미도〉와 〈태극기 휘날리며〉도 남북한의 싸움에 대한 강한 회의를 통해 남북화해와 평화의 필요성을 암시하고 있다. 노무현 정부가 들어선 직후인 2005년에 나온 〈웰컴 투 동막골〉은 한국전쟁 당시 어느 시골 마을에서 만난 남북한 낙오병들의 우정을 다루었는데, 평화로운 마을과 남북한 병사의 우정을 공중폭격으로 위협하는 적대적 세력으로 미군이 설정되어 있다. 2006년에 나온 〈괴물〉은 한강에 화학폐기물을 버린 미군 부대를 한국인들을 위협하는 괴물을 만들어낸 장본인으로 설정함으로써 당시 한국의 반미정서를 담아내고 있다.

영화가 당대의 정치적 이데올로기를 반영하는 것은 미국의 경우에도 마찬가지다. 조지 W. 부시가 대통령에 취임한 해인

2001년에 우파 보수주의 드라마라는 평을 받는 〈24〉가 보수 채널인 Fox에서 방영되기 시작했다. 대테러작전기관CTU에 근무하는 유능한 요원 잭 바우어의 활약상을 그린 〈24〉는 테러리스트들을 고문하고 폭행하는 잭의 태도로 인해 논란의 대상이 되었다. 〈24〉의 시즌 8은 잭 바우어의 국회청문회로 시작되는데, '하다드'라는 테러리스트에게 폭력을 행사한 이유를 추궁하는 의원에게 잭은 이렇게 당당하게 대답한다. "하다드는 10명의 아이들이 포함된 45명이 탄 버스를 폭파하려 했습니다. 저는 그것을 막기 위해 필요한 일을 했을 뿐입니다." 이 드라마는 부시가 물러나고 버락 오바마가 대통령에 취임한 다음 해인 2010년에 종영되었다.

부시 시절인 2006년에 방영되기 시작해서 오바마가 대통령으로 취임한 2009년에 종영된 〈유닛The Unit〉도 미국의 반테러 우파 군국주의를 반영하고 있는 드라마로 볼 수 있다. 대통령 직속 델타포스 군인들의 이야기인 이 드라마에서는 군대를 폭력 집단이라고 비난하며 부대 앞에서 데모를 하고 있는 사람들을 향해 한 델타포스의 부인이 이렇게 말한다. "군인들이 당신들의 가족을 위해 목숨 걸고 싸우고 있을 때 당신들이 한 일이 무엇인가요. 기껏 이런 데모인가요?" 이런 상황과 대사를 통해 이 드라마는 부시 행정부의 정치 이념을 지지하고 있다.

그러나 할리우드는 두 개의 얼굴을 가진 곳이며 당대 지배 이데올로기에 반대하는 영화도 제작된다. 예를 들면 마이클 모어 감독의 〈화씨 9/11Fahrenheit 9/11〉 같은 부시 비판 영화가 그 대표적인 예일 것이다. 예전에도 할리우드에서는 베트남 전쟁을 지지하는 존 웨인의 〈그린 베레The Green Beret〉와 같은 영화가 제작되면서도 동시에 그에 비판적인 〈디어 헌터The Deer Hunter〉나 〈7월 4일생Born On The Fourth Of July〉, 〈플래툰Platoon〉 같은 영화도 제작되었다.

영화에 나타난 시대정신과 사회상

영화나 만화, 그리고 문학 작품은 매 시대 그 나라의 문화와 사회를 잘 반영해주는 텍스트다. 예컨대 1930년대부터 1940년대는 정부와 경찰에 대한 미국인들의 불신이 극에 치달은 경제 공황 시기였다. 그때 만들어진 미국 영화나 만화는 자기들을 재난에서 구해줄 초인적인 구세주나 터프한 사립탐정을 주인공으로 하는 경우가 많았다. 슈퍼맨이 DC 코믹스에 처음 등장한 것도 1930년대였고, 험프리 보가트가 소위 '필름 느와르'로 불리는 흑백영화에서 터프한 사립탐정 역을 맡아 인기를 끌던 때도 1930년대와 1940년대였다.

1950년대의 미국사회는 경제 공황기에 힘을 얻었던 마르크시즘이 세력을 잃고, 매카시즘이 창궐하던 시기였다. 이제 막 경제 공황을 극복한 미국의 중산층은 교외로 집터를 옮겨 냉장고, 세탁기, 식기세척기 등을 갖춰놓았고 정원에는 약초를 재배하며 안정을 누리기 시작했다. 그런 이들에게 사유재산을 인정하지 않는 공산주의는 두려움의 대상이었고, 매카시즘은 바로 그런 미국인의 심리적 불안감을 십분 이용했다. 1952년에 제작된 프레드 진네만 감독의 〈하이 눈High Noon〉은 바로 매카시즘의 광풍을 비판한 영화였다. 이 영화에서 복수를 위해 마을을 찾아오는 흉포한 3인의 악당은 매카시즘의 상징이고, 거기에 맞서 싸우는 보안관은 폭력에 굴하지 않는 미국 정신의 상징이다.

반면 1956년에 제작된 돈 시겔 감독의 〈신체 강탈자들의 침입 Invasion of the Body Snatchers〉은 마르크시즘을 비판한 영화로 알려져 있다. 이 영화에서는 한 조그만 마을에 외계인이 침입하여 식량으로 사용할 사람을 납치하고 대신 가짜를 남겨 놓는다. 그래서 어느 날 부인은 자기 남편이, 그리고 남편은 자기 아내가 외모는 같지만 전혀 다른 사람으로 바꾸어졌다는 것을 발견하고 공포에 떤다. 외부에서 들어온 정치 이데올로기가 사람을 바꾸어 놓는다는 것을 은유적으로 비판한 이 영화의 명대사는 "우리 남편이 우리 남편이 아니에요"이다. 1980년대 초 운동권에 의해 의식화된 서울대학교 영문과 1학년 학생의 부모가 필자를 찾아와 "우리 딸이 우리 딸이 아니에요"라고 호소했을 때, 문득 이 영화의 대사가 떠올랐다. 상황이 너무나 비슷했기 때문이다. 이 영화에서는 잠들게 되면 외계인에게 납치를 당하고 본인 대신 가짜가 남겨지기 때문에 절대 잠들어서는 안 된다. 이는 곧 우리가 정신을 차리지 못하고 잠들어 있으면, 외계 정치 이데올로기의 세뇌와 지배를 받게 된다는 것을 의미한다.

1954년에 발표된 리처드 매드슨의 《나는 전설이다 I am Legend》 (영화는 1964, 1971, 2007년)도 보수주의와 진보주의의 갈등과 충돌을 은유적으로 다룬 작품이다. 미래에 암을 치료하려고 만든 바이러스가 변종되어 퍼져서 모든 인간들은 흡혈귀 혹은 좀비가 되고,

오직 주인공 로버트 네빌만 살아남는다. 자신이 이 세상에 홀로 남겨진 문명인이라고 생각하는 그는 닥치는 대로 야만의 상징인 괴물들을 죽인다. 그러던 어느 날, 괴물 중에 진화된 무리가 생겨나서 주도권을 쥐게 된다. 네빌은 그 진화된 괴물들에게 잡혀 사형 선고를 받고, 앞으로는 그들이 새로운 문명 세계를 만들 것이고 자기는 사라져가야 할 퇴물이라는 사실을 깨닫는다. 그래서 그는 "나는 전설이다", "나는 사라져가야 할 퇴물이다"라고 절규하며 자살한다.

이 소설과 영화는 보수주의자의 눈에 진보주의자는 괴물로 보일 수도 있지만, 시대가 바뀌면 진보주의가 대세가 될 수도 있다는 것을 시사해주고 있다. 주인공 네빌은 정리정돈을 잘하고 치밀한 과학자라는 점에서 보수주의자의 상징이고, 어두운 밤이 되면 떼를 지어 몰려다니며 사람이나 동물을 공격하는 괴물들은 보수주의자가 보는 진보주의자의 모습이라고 할 수 있다. 해피엔딩을 고집하는 할리우드답게 영화 버전은 둘 다 해피엔딩으로 끝난다. 하나는 주인공이 여자와 아이를 살리고 자기는 대신 괴물에게 죽임을 당하는 영웅적이고 '전설적인 인물'로 그려지고 있고, 또 다른 버전의 엔딩에서는 괴물을 치료해주어서 괴물 지도자의 호감을 산 후 네빌이 탈출하는 설정으로 되어 있다. 그러나 이 두 엔딩은 원래 저자가 의도했던 "나는 전설이다"라는 절규의 의미와는 전혀 다른 것이다.

1959년에 출간되어 1962년에 영화화된 리처드 콘돈의 〈그림자 없는 저격자The Manchurian Candidate〉도 언젠가 공산주의에 세뇌된 사람이 미국 대통령이 되면 어떻게 하나, 하는 미국인들의 은밀한 두려움을 잘 나타내고 있는 영화다. 한국전쟁 때, 포로로 잡혀 만주로 끌려간 미군 병사가 세뇌되어 미국으로 돌아와 전쟁 영웅이 된다. 그는 특정 키워드를 들으면 최면에 걸려 테러리스트로 변한다. 공산주의자인 그의 어머니는 아들에게 최면을 걸어서 미국 대통령 후보를 암살하도록 부추긴다. 그러면 부통령 후보인 자기 남편이 자동으로 대통령 후보가 되기 때문이다. 그러나 그렇게 해서 미국을 장악하려던 그들의 음모는 사태를 파악한 한 미군 장교에 의해 좌절된다.

1950년대에는 또 보수주의의 위선을 비판하는 문학 작품들과 영화들이 산출되었는데, 그중 대표적인 것이 J. D 샐린저의《호밀밭의 파수꾼The Catcher in the Rye》과 제임스 딘이 주연한 영화 〈이유 없는 반항Rebel Without a Cause〉이었다. 보수주의를 비판하면서 등장한 비트세대 작가들인 앨런 긴즈버그의 시 〈울부짖음HOWL〉과 잭 케루악의 자전적 소설인《길 위에서On the Road》도 50년대의 산물이다. 1950년대 모노크롬적인 보수주의를 비판적으로 회상하는 영화로는 〈파 프롬 헤븐Far from Heaven〉과 〈플레전트빌Pleasantville〉이 있다. 전자에서 묘사되는 1950년대는 게이를 용납하지 않고 유색인과의 사랑이 금지되던 편견의 시절이며, 후자가 보여주는 1950년대는 다양성과 선택의 여지가 없고 하나의 선택만 허용되었던 숨 막히는 시절이다.

1960년대 미국은 진보주의 및 자유주의 시대였다. 미국의 60년대 정신을 잘 드러내주는 영화로는 하퍼 리의 1960년 소설을 원작으로 한 〈앵무새 죽이기To Kill a Mockingbird〉와 에릭 시걸의 동명소설을 영화화한 〈러브 스토리Love Story〉가 있다. 전자는 인간의 편견(타인종, 외부인, 빈자, 광인, 독신 여성, 이혼 가정 자녀, 노인 등에 대한 편견)을 아이들의 눈으로 고발한 작품이고, 후자는 보수주의와 자유주의의 갈등과 충돌을 그린 작품이다. 또 1968년에 나온 조지 A. 로메로 감독의 〈살아 있는 시체들의 밤Night of the Living Dead〉도 60년대 정신을 담은 유명한 영화다. 좀비 영화의 효시인 이 영화는, 타자에 대한 불신과 두려움과 편견과 증오, 테크놀로지의 맹목적 추구(미·소의 우주선 발사 경쟁), 열림과 닫힘, 물질주의와 우파 보수주의 등에 대한 비판을 담은 수작이다.

1960년대는 또 기계와 돈을 추구하다가 잃어버린 목가적 꿈을 추구하던 시절이어서, 그때를 회상하는 작품이 많이 만들어졌다. 예컨대 〈레인 맨〉, 〈귀여운 여인〉, 〈흐르는 강물처럼A River Runs Through It〉, 〈아메리칸 뷰티American Beauty〉, 〈나의 사촌 비니My Cousin Vinny〉 등이 그 대표적인 영화들이다. 이러한 영화들은 모두 아메리칸 드림이 돈과 기계의 추구를 통한 물질적 성공이 아니라, 목가적 꿈의 탐색을 통한 인간성의 회복이라는 점을 상기시켜주고 있다. 〈레인 맨〉은 잃어버린 자폐증 형을 다시 만남으로써 아버지가 남긴 유산의 의미를 깨닫고, 돈과 기계만 추구하다가 그동안 자신이 상실한 인간성과 목가적 꿈을 되찾는 주인공 찰스 배비트의 이야기다. 〈귀여운 여인〉은 현대판 신데렐라 이야기라기보다는, 뉴욕에서 LA로 출장 온 냉혈 기업 사냥꾼이 우연히 만난 순수하고 아름다운 여자를 통해 자신이 그동안 잃어버리고 살아온 인간성과 목가적 꿈을 회복한다는 내용이다.

1980년대와 1990년대에 들어오면서 미국 사회는 급증하는 이혼 문제와 테크놀로지 문제, 그리고 동서냉전으로 인해 생긴 내부의 적에 대한 영화가 많이 제작되었다. 예컨대 〈크레이머 대 크레이머Kramer Vs. Kramer〉, 〈미세스 다웃파이어Mrs. Doubtfire〉, 〈후크 Hook〉, 〈그래서 난 도끼부인과 결혼했다So I Married an Axe Murderer〉 같은 영화들은 이혼으로 인해 붕괴해가는 미국 가정의 위기를 그렸으며, 〈멀티플리시티〉와 〈6번째 날〉과 〈아일랜드〉는 생명 공학 테크놀로지의 발전이 가능하게 한 복제 인간의 문제점을 다루고 있다. 〈로보캅Robocop〉, 〈터미네이터〉, 〈바이센테니얼 맨〉, 〈아이, 로봇〉 같은 영화는 사이보그나 로봇의 문제점을 천착한 영화들이고, 〈텔레폰Telefon〉으로부터 시작해 〈에일리언Alien〉, 〈브이〉, 〈패컬티The Faculty〉 같은 작품들은 내부의 적이 초래하는 문제점을 성찰했다. 〈텔레폰〉은 소련이 몰래 세뇌시킨 미국인들이 평소에는 평범하게 살고 있다가, 어느 날 걸려온 전화로 로버트 프로스트의 시를 들으면 최면에 걸려 테러리스트로 변한다는 내용이다. 〈에일리언〉은 진정한 적은 외부가 아닌 우리 내부에 있다는 주제의 영화이며 〈브이〉는 우리 사이에 누가 외계인인지 모른다는 현대인의 불신과 두려움을 잘 나타내주고 있다. 〈패컬티〉는 학교 교사들을 숙주로 만든 외계 생명체가 교사들을 통해 학생들도 감염시키려다가 학생들의 반발로 무산된다는 줄거리인데, 특정 정치 이데올로기에 감염된 교사들이 교육 현장을 장악하고 학생들을 세뇌시킬 수 있다는 점을 경고하는 영화다.

기계와 인간의 문제를 성찰한 〈바이센테니얼 맨〉은 언젠가는 안드로이드가 지능과 감정을 갖게 되어 인간이 될 수도 있다는 가정으로 쓴 흥미 있는 소설이며, 〈터미네이터〉는 인간보다 더 인간답고 더 신뢰할 수 있는 충실한 사이보그를 등장시키고 있다.

〈바이센테니얼 맨〉에서는 신체 장기를 인간의 것으로 바꾼 후, 인간이 되고 싶어서 청원하는 안드로이드인 앤드류에게 심사위원회의 위원장은 이렇게 말한다.

> 위원장: 넌 인간이 아냐, 앤드류.
> 앤드류: 그럼 인공 장기를 단 사람들은 무엇인가요? 위원장님
> 도 인공 신장을 다셨잖아요. 그럼 어떤 의미에서는 기
> 계가 아닌가요? 적어도 부분적으로는 말입니다.
> 위원장: 부분적으로야 그렇지.
> 앤드류: 그럼 저도 부분적으로는 인간입니다.

또 〈터미네이터 4〉에서는 자신의 심장을 반군 지도자 존 코너에게 이식하고 죽어가는 기계 인간 마커스가 이렇게 독백한다.

> 우리를 인간으로 만들어주는 것은 무엇인가? 그건 컴퓨터에 프로그램하거나 컴퓨터 칩에 넣을 수 있는 것이 아니다. 그것은 인간 심장의 힘이다. 그것이 바로 우리를 기계와 구분해주는 것이다.

물론 〈유니버설 솔져Universal Soldier〉나 〈아이, 로봇〉처럼 로봇의 항명이나 컴퓨터의 반란 또는 기계 인간의 위험성을 경고하는 영화도 제작되었다. 그리고 〈엑스맨X-Men〉처럼 우리와는 다른 초능력을 가진 존재에 대한 인간의 편견을 다룬 영화도 나왔고, 〈퍼슨 오브 인터레스트Person Of Interest〉처럼 정부가 테크놀로지와 위기 상황을 악용해 국민을 감시하는 문제를 다룬 드라마도 있다.

문학의 동반자로서의 영화

할리우드는 좋은 원작 소설을 골라 영화화하기 때문에 탄탄한 스토리와 환상적인 비주얼이 결합된 훌륭한 영화들을 만들어낸다. 예컨대 J. R. R. 톨킨의 《반지의 제왕The Lord of the Rings》이나 J. K. 롤링의 《해리 포터Harry Potter》 시리즈, 그리고 C. S. 루이스의 《나니아 연대기The Chronicles of Narnia》는 그 좋은 예라고 할 수 있다. 그리고 최근 수잔 콜린스가 쓴 《헝거 게임The Hunger Games》 3부작은 좋은 원작으로 좋은 영화를 만든 좋은 예라고 할 수 있다. 《헝거 게임》은 미국인의 은밀한 두려움— 보이지 않는 체제가 자기를 감시하고 통제하려고 할지도 모른다는—과, 그런 감시와 억압에 대한 미국인들의 시민 불복종 정신, 그리고 미국인의 모험심과 위기 극복 태도를 잘 드러내주고 있는 탁월한 문학 작품이다.

영화 덕분에 소설 《헝거 게임》은 《해리 포터》 다음으로 많이 팔린 베스트셀러가 되었다. 그렇다면 영화는 문학의 적이 아니라 오히려 문학을 도와주는 후원자가 될 수도 있을 것이다. 소설 《헝거 게임》은 마치 컴퓨터 게임처럼 진행되며 실제로 작품 여기저기 게임 요소와 게임 용어들을 삽입하고 있어서, 책을 읽는 독자가 마치 컴퓨터 게임을 하고 있다는 느낌을 갖게 해준다. 그래서 오늘날 문학과 영화와 컴퓨터 게임과 만화는 적이 아니라 서로 힘을 합하는 다국적 연합군이 되었다. 홀로 적과 싸우기를 고집하거나, 아니면 우방인 연합군을 적으로 돌리는 것은 결코 현명한 선택이 아니다. 영화나 컴퓨터 게임은 문학의 융성을 도와주는 든든한 우방이기 때문에, 협업하면 문학의 지평을 크게 넓힐 수도 있을 것이다.

물론 선택은 우리의 몫이고, 선택의 필연적인 결과 또한 우리가 감내해야만 할 것이다.

제5장

글과 그림의 경계를 허물다
그래픽 노블

만화에서 그래픽 노블로

예전에는 만화를 아이들이나 보는 유치한 것으로 생각했다. 그때는 품위 있는 사람이나 성인은 만화를 보지 않았으며, 만화방 근처에도 가지 않았다. 그래서 만화를 좋아하는 어른은 밤에 방문을 닫은 채 남몰래 만화를 읽어야만 했다.

그러나 지금은 어른들도 만화를 보는 시대가 되었다. 포스트모더니즘과 문화 연구Cultural Studies가 등장하면서, 만화도 문학과 똑같은 문화 텍스트로 격상되었기 때문이다. 그래서 이제는 어른도 떳떳하게 만화를 볼 수 있고, 마치 문학 작품처럼 만화를 통해 한 나라의 문화와 시대상을 읽어내는 시대가 되었다. 그래서 요즘 만화는 '그래픽 노블' 또는 '그래픽 내러티브'라는 무게 있고 고상한 명칭으로 불린다.

더욱이 만화는 태어나면서부터 문자보다는 그림과 영상에 익숙한 젊은 세대에게 문화는 활자책보다 더 호소력 있는 매체로 부상했다. 미국의 반스 앤 노블Barnes & Noble 같은 대형 서점에 가면 '그래픽 노블' 서가가 별도로 설치되어 있어서 아이들이 거기 모여 열심히 만화책을 읽고 있는 모습을 볼 수 있다. 우리나라의 교보문고에도 만화 섹션이 별도로 설치되어 있어서, 오늘날 만화는 인기리에 팔리고 있다는 것을 잘 알 수 있다. 30년 전에 교보문고와 종로서적에 가서 미국 만화나 고우영의 만화를 찾으면, 신성한 서점에 와서 만화책을 찾는다고 이상한 사람 취급을 당했다. 그러나 지금은 어느 서점에나 만화 섹션이 있다. 만화를 대하는 태도가 놀랄 만큼 변한 것이다.

여러 출판사에서도 문학 작품 못지않게 그래픽 노블과 만화를 출간하고 있다. 시공사에서는《슈퍼맨》,《배트맨》,《엑스맨》,《아이언 맨》,《토르》,《왓치맨》등 여러 만화가 한국어로 출간되었다. 황금가지에서도 미국 만화《워킹 데드》를 비롯한 여러 권의 그래픽 노블을 출간했으며, 학산문화사에서는 일본만화《20세기 소년》과《빌리 배트》등을 출간했다. 그리고 대원 시아이에서는 한일합작인《신 암행어사》등이 출간되었다. 서울문화사에서는《히카루의 바둑 완전판》이 출간되어 많은 사랑을 받았으며, 중앙북스에서는《무대리》가 출간되어 인기리에 팔리고 있다. 그리고 지금은 없어졌지만, 지경사에서 나온 한국 고전 만화 시리즈도 아이들에게 한국 고전을 알리는 데 큰 공헌을 했다. 최근에는 특히 많은 역사책들이 만화로 제작되어서, 요즘 아이들과 젊은이들은 만화를 통해 역사를 배우는 경우가 많다. 그래서 만화는 중요한 교양 도서와 학습 도서의 역할을 잘 수행하고 있다.

그러한 시대의 흐름에 부응해 문학 작품도 만화로 만들어지기 시작했다. 마로니에 북스에 의해 17권으로 출간된 박경리의《토지》만화본은 그 좋은 예다. 방대한 대하소설《토지》를 읽지 않은 사람이나 어린아이, 청소년도 이제는 만화로《토지》를 읽을 수 있게 되었다.《토지》의 만화본을 읽어보니 스토리가 원작에 아주 충실한 데다가 그림도 좋고 재미있어서 원작의 분위기를 잘 살려내고 있다는 느낌을 받았다. 필자가 초등학교에 다니던 한국전쟁 직후에는 거리에 만화책 좌판이 있었는데, 대부분이 세계명작을 만화로 만든 것이었다. 아마도 만화가 발달했던 일본에서 들여와 번역한 해적판이었을 것이다. 우리는 그때, 알렉상드르 뒤마의《몬테크리스토 백작Le Comte de Monte-Cristo》,《달타냥d'Artagnan Romances》3부작 같은 프랑스 고전과,《아서왕 이야기Le Morte d'Arthur》,《로빈슨 크루소 Robinson Crusoe》,《보물섬Treasure Island》,《소공녀A Little Princess》같은 영국 고전들을 비롯한 세계명작들을 모두 만화로 섭렵했다. 그것들은 그림 옆에 설명이 길게 달려 있어서, 마치 오늘날의 그래픽 노블과도 유사했다. 그러고 보면 일본 만화는 놀라울 만큼 시대를 앞서간 셈이다. 국내에서는 역사물을 많이 다루었던 김종래나 박기당 같은 화백들의 만화에 설명이 길게 붙어서 그래픽 노블이라 불릴 만했고, 고우영 화백의 만화도 훌륭한 역사서의 역할을 했다.

그래픽 노블에 나타난 당대의 사회 및 문화 반영
만화·그래픽 노블이 아이들의 전유물이 아니라 어른들에게도

인기이며, 당대의 문화와 사회를 반영하는 중요한 문화 텍스트이
자 사회 문서로 기능하는 나라로는 미국과 일본을 꼽을 수 있을
것이다. 미국의 경우, 만화·그래픽 노블계의 양대 산맥으로 마블
코믹스와 DC 코믹스가 존재하는데 이 두 회사는 미국인의 은밀
한 바람과 두려움, 그리고 매 시대 미국의 문화와 사회상을 담아
내는 중요한 매체로 작용해왔다. 예컨대 미국인들이 경제 공황을
겪으며 정부의 무능과 경찰의 부패에 실망해 초인적인 메시아를
원할 때, DC 코믹스는 '슈퍼맨'을 창조하고 터프가이 사립탐정
만화를 발간해 미국인들의 기대에 부응했다.

슈퍼맨은 원래 1933년에 작가 제리 시겔과 화가 조 슈스터가
창조한 캐릭터다. DC 코믹스로 알려진 디텍티브 코믹스Detective
Comics에 팔린 후, 1938년에 처음으로 《액션 코믹스Action Comics》
제1권에 등장해 독자들로부터 열렬한 환영을 받았다. 비평가 레
슬리 피들러는 슈퍼맨의 저자가 유대계 미국인이어서 유대인의
메시아사상을 이용해 구원자로서의 슈퍼맨을 창조했다는 흥미
있는 지적을 했다.

'배트맨'은 1939년에 DC 코믹스에서 나온 《액션 코믹스》
27권에 처음 등장하는데, 다른 만화 속 영웅들과는 달리 초능력
은 없는 대신 재산이 많아 최첨단 장비를 사용한다는 점에서 특이
한 인물이다. '스파이더맨'은 작가 스탠 리와 화가 스티브 딧코에
의해 창조되어 1962년에 마블 코믹스에서 나온 《어메이징 판타
지Amazing Fantasy》15권에 처음 등장한다. 역시 작가 스탠 리와 화
가 잭 커비가 만들어 낸 슈퍼 히어로들의 이야기인 《엑스맨》은 마

블 코믹스에서 1963년에 나온 동명의 만화 잡지에 처음 등장했다. 아이스맨, 사이클롭스, 자비에 교수, 매그니토 같은 뮤턴트 슈퍼 히어로들이 나왔다. 한편, DC 코믹스의 여성 슈퍼 영웅인 원더 우먼은 1941년 올스타 코믹스에 처음 등장했다.

미국 만화는 당대 미국인의 심리와 미국 문화를 잘 반영하는 것으로 유명하다. 칙 영이 그리다가 타계하였으나, 독자들의 열화 같은 요청으로 아들 딘 영이 계속해서 그리고 있는 만화《블론디 Blondie》는 교외에 살고 있는 미국 중산층 샐러리맨들의 애환을 잘 그려내고 있다는 평을 받는다. 1950년은 경제 공황에서 벗어난 미국 중산층들이 안정된 생활을 영유하기 시작한 보수주의의 시절이었다. 역사적으로는 유럽에서 미국으로 이주하여 열심히 일하던 이민 1세대가 죽거나 늙어가고, 미국에서 태어난 이민 2세대가 주류를 이루며 살던 시절이었다.

여주인공 블론디는 유럽적 교양과 문명, 그리고 가정과 정착의 상징이다. 한편 그녀의 남편 대그우드는 아내의 잔소리와 교화로부터 도망쳐 남성적이고 원초적인 광야로 나가고 싶어 하지만, 이미 그럴 능력을 상실한 전형적인 현대 미국 도시 남성의 모습을 잘 보여주고 있다. 집에서 매일 블론디에게 혼나고 교화의 대상이 되는 대그우드가 도망칠 수 있는 광야는 기껏해야 도시의 직장일 뿐이다. 그래서 그는 출근 때마다 직장에 나가지 않으려고 떼를 쓰며, 블론디의 채근을 받고서야 허겁지겁 뛰어나간다.

캐나다의 문화 인류학자 마셜 맥루언은 이렇게 지적한다.

블론디는 잘 다듬어지고 생기 넘치며 지략이 풍부한 여자다. 대그우드는 초라하고 축 처져 있고 어리둥절하고 연약한 부양가족일 뿐이다. 블론디는 자기를 존경하고 대그우드는 멸시하는 자녀들을 위해 산다. 대그우드는 그저 약간의 평온함과 약간의 프라이버시를 희망하며, 블론디와 아들 알렉산더로부터 약간의 애정을 기대하며 '목숨을 이어 나가고' 있다. 그는 자신을 제외하고는 모두가 건전하고 질서정연한 하숙집의 변명 많은 틈입자다. 화장실에서나 소파에서 (벽을 향한 채) 자신의 어떤 존재를 유지해 나가려는 그의 시도는 언제나 즉각 도전 당한다. 그는 자신의 자녀들이 그 의미를 완전히 깨닫고 있는 웃음거리일 뿐이다. 그는 실패했지만 아들 알렉산더는 성공할 것이다.

대그우드는 우리 시대의 교외 통근 직장인의 좌절감을 잘 표현해주고 있다. 그의 자존심 부족은 부분적으로는 그가 맡은 비천한 일들 때문이고, 또 부분적으로는 그가 성공의 법칙을 깨닫지 못하고 있는 데서 연유한다. 직장에 대한 그의 혐오는 절망이 고조되고 드디어는 요란하게 자기 집을 뛰쳐나갈 때까지 출근을 연기하는 데에서 명백히 드러난다. 아침에 일어나 출근하는 것은 그에게 있어서 스스로에게 폭력을 가하는 것 같은 정신적 상처를 입히는 경험이다.

교외의 결혼 생활에 대한 만화나 라디오 프로그램의 숫자가 점차 증가하고 있다. 그것들은 모두 같은 주제—즉, 슬픈 실업자와 얼간이를 깔고 앉은 모범적인 어머니상—를 다루고 있다. 우리는 지금 윈드렘 루이스가 모성적 결혼 생활이라고 묘사한 것과 대규모로 직면하고 있다. 매일 저녁, 남성들은 자신의 희미하게 남은 아버지로서의 역할에 부과되는 무서운 긴장을 줄이려는 희망에서뿐만 아니라, 낮에 져야만 하는 다운타운 쿼터백quota bag 의 짐으로부터 벗어나기 위해서도 어린 소년 노릇을 하는 경향이 있다.

맥루언은 블론디가 모범적인 교회 성가대 팀원이고 출세의 꿈을 갖고 있는 멋진 여성인데 반해, 대그우드는 그런 삶의 꿈을 포기하고 일요일이면 하루 종일 소파에서 개와 낮잠을 자거나, 밤이면 냉장고를 습격해 음식을 먹어대는 한심하고 정서 불안정한 남자라고 지적한다. 그런 면에서 보면 대그우드는 워싱턴 어빙의 단편에 나오는 미국 남성의 전형인 립 밴 윙클과도 닮았다. 립 역시 대그우드처럼 부인의 잔소리를 피해 개를 데리고 산으로 도망치기 때문이다.

다만 19세기 초에 살았던 립은 집을 떠나 대자연인 산에 가서 다른 남자들을 만나 술을 마시다가 20년 동안 잠이 든 다음, 자신을 교화시키려던 잔소리꾼 아내가 죽은 후에 마을로 다시 돌아온다. 하지만 20세기의 미국남자 대그우드에게는 그런 희망이 없다. 그는 다만 다람쥐 쳇바퀴 돌듯이 날마다 집에서 회사만을 오가며 부인에게 늘 잔소리를 듣는 한심한 샐러리맨일 뿐이다.

그래서 맥루언은 이 만화의 제목을 '블론디'가 아닌 '대그우드'라고 붙여야 한다고 주장한다. 이 작품의 진짜 주인공은 금발에 하이힐을 신은 미녀 블론디가 아니라, 머리카락이 늘 한 올 일어서 있는 한심한 남자 대그우드이기 때문이라는 것이다.

대표적 그래픽 노블의 주제 분석

그래픽 노블을 이야기하면서 미국 작가 아트 슈피겔만의 《쥐 Maus》와 《타워가 사라진 그림자에서In the Shadow of No Tower》를 빼놓을 수는 없을 것이다. 퓰리처상을 수상한 《쥐》는 한국에서도 번역 출간되었는데, 이 작품은 작가가 아우슈비츠 수용소에서 살아남은 아버지의 이야기를 만화로 그리고 설명을 붙인 것이다. 이 만화에서 작가는 유태인을 쥐로, 나치를 고양이로, 그리고 폴란드인을 돼지로 묘사하여 독자가 긴장을 풀고 홀로코스트를 바라볼 수 있도록 해주고 있다. 그럼에도 불구하고 극한 상황에 처한 인간의 생존 과정을 감동적으로 그려내고 있다. 그렇게 함으로써 이 뛰어난 그래픽 노블은 인간성에 대한 심오한 성찰과 나치즘과 인종 편견에 대한 저항, 그리고 강력한 문명 비판서의 역할을 하고 있다.

《타워가 사라진 그림자에서》는 슈피겔만이 맨해튼의 화실에서 작업하다가 자신이 직접 목격한 9·11 세계무역센터 빌딩의 붕괴에 대한 작품이다. 당시 그의 딸은 무역센터가 붕괴된 바로 그 자리에 있는 학교에서 수업을 하고 있어서, 슈피겔만은 부인과 함께 맨발로 무역센터 붕괴 현장까지 뛰어갔다고 한다. 이 탁월한 그래픽 노블에서 슈피겔만은 탈레반의 테러 행위와, 그것을 빌미로 국민을 겁주어 자유를 억압하려고 하는 부시 행정부를 똑같이 나쁜 집단으로 보고 신랄하게 비판하고 있다. 이 작품에서 슈피겔만은 미국은 9·11 이후에 완전히 변했다고 지적하고 있다. 과연 9·11 이후에는 미국의 장점이었던 친절함과 관대함이 사라져서, 요즘 외국인들은 입국 심사를 받는 미국 공항에서부터 테러 혐의자 취급을 받게 되었다.

몰타 태생 미국 작가 조 사코의 《안전지대 고라즈데Safe Area Gorazde》는 발칸 반도의 인종 청소를 고발하는 감동적인 그래픽 노블이다. 이 작품은 기독교와 이슬람의 충돌 과정에서 자행된 처참한 살육 속에서 유엔이 보장한다던 '안전지대'는 없었다고 말한다. 인류 역사상 가장 수치스러운 코소보 사태 또는 보스니아 내전을 생생하게 그림으로 보여주는 이 그래픽 노블은 종교 이데올로기를 앞세운 인간이 얼마나 잔인할 수 있는가를 보여줌으로써 우리를 부끄럽게 만드는 통렬한 문명 비판서다.

이란 작가 마르잔 사트라피의 그래픽 노블 《페르세폴리스 Persepolis》는 이란 여성 사트라피의 자서전이자 훌륭한 성장소설이다. 이 작품을 원작으로 만든 애니메이션 영화는 2007년 아카데미상 후보로 선정되기도 했다. 팔라비 왕조Pahlavi Dynasty가 몰락하고 루홀라 호메이니가 집권한 이란 혁명과 이란·이라크 전쟁을 피해 어린 사트라피는 14세 때 오스트리아로 도피한다. 책에서는 사트라피가 비엔나에서 고등학교를 졸업하고 다시 이란으로 돌아와서 대학교를 다니다 결혼하고 이혼하는 과정, 그리고 후에 프랑스로 건너가서 정착하는 그녀의 파란만장한 일생을 감동적으로 그려내고 있다. 이슬람 국가에서는 여성으로 살아가는 삶 그 자체가 고달프기 마련이다. 사트라피는 혁명과 전쟁과 종교 이념의 충돌 속에서도 살아남아 새로운 삶을 선택하여 전 세계 독자들의 심금을 울렸다. 페르세폴리스는 '페르시아의 도시'라는 뜻이다.

미국 작가 앨리슨 벡델의 《펀 하우스Fun House》는 동성애를 다룬 그래픽 노블이다. 이 작품에서 벡델은 성적 정체성의 혼란, 가정의 붕괴, 게이 아버지와 레즈비언 딸의 관계, 젠더의 역할, 자살 같은 주제를 여성의 시각으로 그려냄으로써 성 정체성에 눈뜨는 사춘기 소녀의 성장 과정과 현대 가정의 복합적인 문제점을 예리하게 성찰하고 있다. 이 작품은 불어로 번역되어 프랑스 신문 《리베라시옹Libération》에 연재되기도 했다. 뮤지컬로도 제작되어 토니상 후보로도 올랐으며, 내셔널북비평가상 등 여러 상의 후보로 추천되거나 수상하기도 했다. 벡델은 나중에는 어머니와 딸의 관계를 다룬 《당신이 우리 엄마인가요?Are You My Mother?》라는 그래픽 노블을 발표하기도 했다.

일본도 중요한 문학적 주제를 다루는 좋은 그래픽 노블을 산출했다. 예컨대 스티븐 킹의 《잇It》(It에는 '그것' 외에 '술래'라는 뜻도 있다)을 연상시키는 일본의 그래픽 노블 《20세기 소년20世紀少年》은 개인의 삶과 사회적 격변을 뒤섞으며 뛰어난 문명 비판을 성취하고 있는 일본의 대표적 그래픽 노블이다. 한편, 이토 준지의 호러 그래픽 노블은 현대인의 불안한 심리 묘사를 통해 인간을 소외시키는 현대 산업사회에 대한 강력한 비판으로 읽을 수 있다. 또 1960년대부터 등장한 많은 일본의 뱀파이어 그래픽 노블은 흡혈귀를 단순히 악마로 낙인찍지 않고 소외된 그들의 시각으로 인간 사회를 바라보게 해준다. 그런 점에서 중심과 주변, 또는 선과 악의 경계가 소멸되고 있다고 보는 포스트모던 시대의 인식을 잘 드러내주고 있다.

프랑스의 경우, 로마 지배 시절 골 족의 자존심을 희극적으로 다룬《아스테릭스Astérix》와 개구쟁이 프랑스 아이를 다룬《띠떼프 titeuf》가 한국에 널리 알려졌는데, 그중《아스테릭스》는 제라르 드 파르디외 주연의 영화로도 만들어졌다.

국내에도 좋은 그래픽 노블들이 나와 있다. 그중에서도 탁월한 유머감각과 멋진 그림으로 중국 역사를 그린 고우영의《초한지》, 《수호지》,《삼국지》,《서유기》,《십팔사략》, 비정규직 주인공의 불안한 회사 생활을 바둑에 비유한 윤태호의《미생》, 그림과 스토리를 결합해 한국 음식을 다룬 허영만의《식객》, 그리고 각박한 현대 사회에 살고 있는 샐러리맨의 애환을 시종일관 웃음으로 그려낸 강주배의《무대리》는 최고의 그래픽 노블로 각광을 받고 있다.

그래픽 노블과 영화와 문학

그래픽 노블이 활자 소설보다 더 호소력이 있는 이유는, 그것이 문자가 아닌 그림으로 사물과 사건을 생생하게 보여주고 있기 때문이다. 그러한 호소력은 영상화되어 더 큰 힘을 가졌는데, 최근에는 그 장점을 살려 그래픽 노블을 원작으로 하는 영화가 많이 만들어지기 시작했다. 그 대표적인 예를 들어보면, 좀비 이야기인 그래픽 노블《워킹 데드》는 텔레비전 드라마로 제작되었고, 《엑스맨》,《아이언맨》,《토르》,《어벤져스》,《캡틴 아메리카》,《트랜스포머》같은 그래픽 노블은 영화로 제작되어 큰 인기를 얻었다. 그 외에도 그래픽 노블을 원작으로 한 유명한 영화로는 〈맨 인 블랙Men in Black〉, 〈헬보이Hellboy〉, 〈저지 드레드Judge Dredd〉, 〈엘렉트라〉, 〈데어데블Daredevil〉, 〈씬 시티Sin City〉, 〈브이 포 벤데타V For Vendetta〉, 〈300〉 같은 것들이 있다. 물론 최근 계속해서 리메이크되고 있는 〈슈퍼맨〉, 〈배트맨〉, 〈스파이더맨〉도 역시 그래픽 노블에서 나온 것들이다. 그래서 그래픽 노블은 오늘날 할리우드 영화에 중요한 자료와 상상력을 제공해주고 있다. 그래픽 노블의 영화화는《페르세폴리스》처럼 애니메이션으로도 만들어지지만, 대부분은 배우들이 출연하는 본격 영화로 제작된다. 그래서 만화와 현실이 혼합되는 특이한 분위기의 영화들이 산출되고 있다.

위에 열거한 그래픽 노블들이 그렇듯이, 그래픽 노블은 글과 그림을 통해 문자로 된 문학 작품처럼 중후한 주제들을 다룰 수 있다. 예컨대 좀비로 뒤덮인 극한 상황에서 인간은 어떻게 행동하고 어떻게 변하는가(워킹 데드), 우리와 외계인과의 관계는 무엇인가(맨 인 블랙, 트랜스포머, 토르), 또는 타자에 대한 편견(엑스맨)이나, 전체주의적 억압에 대한 저항(브이 포 벤데타) 같은 중요한 문학적 주제들이 그림을 통해 제시된다. 그렇기 때문에 그래픽 노블은 글로만 써진 문학 작품보다 더 직접적인 호소력을 갖고 다가온다. 그리고 그러한 호소력은 그래픽 노블만의 장점이다.

그림은 때로 글보다 더 직접적인 영향을 끼치기도 한다. 프랑스

의 풍자 신문《샤를리 에브도Charlie Hebdo》는 모하메드를 풍자하는
시사만화를 실었다가 이슬람 극단주의자들의 분노를 일으켜 결
국 참혹한 테러로 이어지기도 했다. 비슷한 사건이 2006년 덴마
크에서도 있었는데, 그때는 시사만화에 등장하는 모하메드의 터
번에 폭탄 심지를 그려 넣은 것이 말썽이 되었다. 그림을 이용하
는 그래픽 노블의 영향력 또한 예상 외로 막강할 수 있다.

　'그래픽 노블'이라는 용어는 앨런 무어와 데이브 기븐스가 쓴
《왓치맨》이 크게 성공한 뒤부터 급속도로 퍼져나갔다. 아트 슈피
겔만 같은 작가나 힐러리 슈트 같은 그래픽 노블 연구가는 그래픽
노블이 비단 픽션뿐 아니라 논픽션도 다루고 있기 때문에, '그래
픽 내러티브'라고 불러야 한다고 주장한다. 그러나 실제로는 '그
래픽 노블'이라는 용어가 더 널리 사용되고 있다. '코믹 북'이라는
용어가 재미있고 웃기는 책이라는 뜻을 갖고 있다면, '그래픽 노
블'이라는 용어에는 그림이 곁들여진 소설이라는 의미가 함축되
어 있다.

　예전에는 만화책이 허접한 종이에 조잡하게 인쇄된 형태였는
데, 요즘의 그래픽 노블은 고급 종이에 인쇄된 고급스러운 형태로
제작되고 있다. 보관용으로 소장하는 사람도 많고, 또 그만큼 그
래픽 노블의 중요성이 커졌다고 볼 수 있다.

　오늘날 우리는 그림의 힘이 문자의 힘보다 훨씬 더 호소력 있고
강한 시대, 그래서 문자와 그림이 서로의 경계를 넘어 뒤섞이는
'그래픽 노블'의 시대에 살고 있다. 앞으로도 많은 소설들이 그래
픽 노블의 형태로 출간될 것이며, 그래픽 노블은 계속해서 영화의

원작으로 사용될 것이다. 그래서 문자 소설과 그래픽 노블과 영화
는 서로를 견제하는 적이 아니라, 앞으로 서로 힘을 합해 문학을
융성하게 하는 좋은 협력 매체로써 발전해나갈 것이다.

제6장

장르를 뛰어넘다
서브 장르소설의 부상

추리소설, 과학소설, 판타지의 재조명

순수문학과 고급문화를 중시했던 20세기 초 모더니즘 시대에는 추리소설, 판타지소설, SF, 스파이소설, 스릴러 같은 종류는 주요 문학 장르가 아니라는 뜻에서 '서브 장르소설sub-genre fiction'로 분류되었다. 이들은 값싼 누런 종이에 인쇄해서 10센트에 판매했기 때문에, '펄프 픽션pulp fiction' 또는 '다임 노블deim novel'이라고 불렸다. 그렇기 때문에 사회적 지위가 있는 사람은 혹시라도 남이 볼까 창피해서 밤에 커튼을 내리고 몰래 숨어서 추리소설이나 판타지소설을 읽었다.

그러나 난해한 예술소설의 죽음을 선언하고 순수문학과 대중문학의 경계를 해체하며 포스트모더니즘 시대가 도래했다. 그러자 갑자기 '서브 장르소설'들이 각광을 받기 시작했으며, 수준 또한 높아지게 되었다. 그 결과, 지금은 추리소설이나 스파이소설, 또는 SF나 판타지소설이 고급 종이에 호화 양장으로 인쇄되고, 순수문학보다 오히려 훨씬 더 많이 팔렸다. '서브 장르소설'을 누구나 떳떳하게 드러내놓고 읽는 시대가 된 것이다.

판타지 분야에서는 J. R. R. 톨킨의 《반지의 제왕》과 C. S. 루이스의 《나니아 연대기》를 시작으로, 필립 풀먼의 '검은 물질' 삼부작인 《황금나침반Northern Lights》, 《마법의 검The Subtle Knife》, 《호박색 망원경The Amber Spyglass》과 J. K. 롤링의 《해리 포터》 시리즈 등 수준 높은 베스트셀러들이 등장했다. SF 분야에서는 아서 C. 클라크의 《스페이스 오딧세이 2001》과 아이작 아시모프의 《바이센테니얼 맨》 같은 격조 높은 과학소설이 산출되었으며, 필립 K. 딕의 《블레이드 러너》와 《마이너리티 리포트》 같은 문제작들이 그 뒤를 이었다.

추리소설계에서는 존 그리샴의 《의뢰인The Client》, 제프리 디버의 《본 컬렉터The Bone Collector》, 마이클 코넬리의 《링컨 차를 타는 변호사The Lincoln Lawyer》, 할런 코벤의 《단 한 번의 시선Just One Look》, 데니스 루헤인의 《미스틱 리버Mystic River》, 다카노 가즈아키의 《제노사이드ジェノサイド》 같은 작품들이 화려하게 등장했다. 또 스파이소설 분야에서는 존 르 카레의 《추운 나라에서 돌아온 스파이The Spy Who Came in from the Cold》, 이언 플레밍의 《제임스 본드 James Bond》 시리즈, 프레드릭 포사이스의 《어벤저Avenger》, 톰 클랜시의 《붉은 10월The Hunt for Red October》, 빈스 플린의 《권력의 이동Transfer of Power》, 그리고 요 네스뵈의 《박쥐The Bat》와 《아들The Son》 등이 각광을 받고 있다.

의학추리소설로는 테스 게리첸의 《외과의사The Surgeon》와 퍼트

리샤 콘웰의 《스카페타Scarpetta》 시리즈와 로빈 쿡의 《제3의 바이러스Invasion》가 있고, 역사추리소설 분야에서는 댄 브라운의 《다빈치 코드》, 매튜 펄의 《단테 클럽》, 그리고 로버트 해리스의 《당신들의 조국Fatherland》 등이 크게 주목을 받았다. 과학 스릴러로는 마이클 크라이튼의 《넥스트》를 빼놓을 수 없고, 호러픽션의 경우에는 스티븐 킹의 《닥터 슬립Doctor Sleep》과 《언더 더 돔Under the Dome》이 각광받고 있다.

최근 소설과 영화, 두 분야에서 세계적인 인기를 누리고 있는 수잔 콜린스의 《헝거 게임》 3부작은 내용과 형식과 제목 모두에서 컴퓨터 게임을 소설화한 것 같은 느낌을 준다. 《헝거 게임》 3부작은 영화로도 대성공을 거두었는데, 그런 의미에서 이 소설과 영화의 성공은 앞으로 문학이 영화 및 컴퓨터 게임과 서로 협업하게 될 것이라는 것을 예시해주고 있다. 문학의 본질은 변하지 않겠지만, 문학을 담는 그릇이나 매체는 얼마든지 변할 수 있고, 문학 또한 다른 매체와 융합하면 활자 매체 때보다 그 영향력이 훨씬 더 막강해질 수 있기 때문이다.

'서브 장르소설'의 문학적 가치에 대한 논의

그렇다면 우리가 소위 대중소설 또는 '서브 장르소설'이라고 부르는 것들은 과연 문학적 가치가 약하거나 없는 것일까?

일본 작가 다카노 가즈아키의 《제노사이드》는 우리가 추리소설 또는 대중소설이라는 이유만으로 어떤 작품을 폄하하는 것이 사실은 얼마나 잘못된 것인가를 잘 보여주고 있는 좋은 예다. 우선 이 소설은 너무나 재미있어서 마지막 페이지가 끝날 때까지 책을 손에서 놓을 수 없다. 소설이 재미가 있으면 대중소설이 된다고 생각하는 사람들도 있겠지만, 그건 잘못된 생각이다.《제노사이드》처럼 재미있으면서도 진지하고 무거운 주제를 갖춘 좋은 소설이 얼마든지 있을 수 있기 때문이다. 영국 작가 서머싯 몸은 20세기 초에 이미 "소설은 모름지기 재미있어야 한다"고 말했다. 그렇다면 재미있는 소설을 폄하하는 사람들은 서머싯 몸의 시대 이전, 즉 19세기 사고방식을 가진 사람들이라고 할 수 있을 것이다. 사실 아무리 훌륭한 고급소설이라 해도 재미가 없으면 누가 그걸 읽으려 하겠는가? 그리고 아무도 읽지 않는다면 아무리 좋은 작품이라고 해도 무슨 소용이 있겠는가?

《그레이브 디거グレイヴディッガー》에서 이미 증명되었지만, 다카노 소설의 재미는 우선 탁월한 문장력과 엄청난 스피드에 있다. 《제노사이드》는 거기에 더해 국제적인 무대(일본과 미국과 아프리카와 포르투갈), 추리소설·스릴러·과학소설 기법, 그리고 타자에 대한 인간의 인종적·종교적·문화적 편견 비판이라는 중후한 주제까지 갖춤으로써 작품성과 매력을 배가시켜 주고 있다.

《제노사이드》에서 저자는, 인간은 원래 자기가 잘 모르는 것이나 자기와 다른 존재에 대해서 본능적인 두려움을 갖게 되고, 그 두려움은 곧 편견으로 이어지며 편견은 결국 제노사이드(인종 대학살)로 나타난다고 지적한다. 다카노는 그 예로 히틀러의 유대인 학살, 스탈린의 모스크바 재판 학살, 폴 포트의 킬링필드 학살, 보스니아의 인종 청소, 르완다의 인종 학살에 이어, 일본군의 남경 대학살과 관동대지진 때의 재일한국인 학살까지 거론하는 용기를 보여준다. 이 모든 인종 학살이 타자에 대한 무지와 두려움과 편견에서 비롯되었다는 것이다.

이 소설에서 다카노는 한국인을 긍정적으로 묘사하고 있다. 예컨대 일본인 주인공 고가 겐토는 한국인 친구 정훈과 힘을 합해 국제적 위기를 해결하며, 그 과정에서 동경 지하철에서 일본인을 구하고 죽은 이수현 씨에 대한 언급도 나온다. 이수현 씨 같은 사람이야말로 타국인에 대한 편견이 없고, 오히려 타국인을 위해 자기를 희생한 훌륭한 사람이라는 것이다.

이 소설의 스토리는 다음과 같다. 아프리카의 한 피그미 부부가 초인적인 지능을 가져서 미국 정부의 컴퓨터도 해킹할 수 있고 사건들을 조종해 세상을 바꾸어놓을 수도 있는 초능력을 가진 남매를 낳아서 키운다. 이 새로운 변종의 출현이 미국과 인류에게 위협이 된다고 생각한 미국 대통령은 비정하게도 그 두 아이의 살해 명령을 내린다. 저자는 국가 안보를 구실로 이처럼 비밀 암살 작전을 승인하는 정치가들의 편견을 고발하며, 그러한 살해 명령을 소규모의 제노사이드로 보고 비판한다. 다카노는 "무서운 것은 군사 무기가 아니라 그걸 사용하는 사람들의 편견과 인간성이다"라고 말한다. 그는 이 소설에서, 자기만 옳다고 생각하고 타자를 증오하는 일본의 최근 우파정치가들과 부시 행정부를 우회적으로 비판하고 있는 것처럼 보인다.

스티븐 킹은 2003년 미국 순수문학에 공헌이 큰 원로작가에게 주는 최상의 명예인 '내셔널북어워드' 메달을 수여받았다. 그것은 곧 스티븐 킹의 문학 세계를 미국 문단과 학계에서 정식으로 인정해주었다는 것을 의미한다. 스티븐 킹의 호러소설은 모두 사회적·정치적 비판이 담겨 있는 진지한 문학이라는 평을 받는다. 예컨대 《캐리Carrie》는 미국사회의 문제점 중 하나인 극단적 청교도주의와 극단적 자유주의의 갈등과 충돌을 그린 작품이며, 《살렘스 롯Salem's Lot》은 미국 뉴잉글랜드 시골의 닫힌 마을에서 일어나는 은밀한 사건을 통해 닉슨 행정부의 부패를 비판하는 작품으로 알려져 있다.

스티븐 킹의 중편 《때로 그들은 돌아온다Sometimes They Come Back》도 선거 때 잘못된 선택을 함으로써 결국 워터게이트 사건을 맞게 된 미국인들에 대한 신랄한 비판이다. 어린 시절인 1952년 형과 같이 도서관에 가면서 잘못된 길을 선택해 깡패들과 만난 주인공은 형이 깡패들에게 살해당하는 장면을 목격하고 악몽에 시달린다. 그 깡패들은 경찰의 추격에 쫓기던 중 교통사고로 사망한다. 20년 후인 1972년에 교사가 된 주인공은 그때 죽은 깡패들이 전혀 자라지 않은 상태로 자기 학교에 전학 와서 자기 반 교실에 앉아 있는 것을 발견하고 공포에 휩싸인다. 1952년은 미국인들이 평등사회를 주장했던 민주당 후보인 애들레이 E. 스티븐슨 대신, 평화와 번영을 약속한 공화당 후보인 드와이트 D. 아이젠하워를 뽑은 해이며, 1972년은 미국인들의 그러한 선택의 결과로 인해 닉슨 행정부의 워터게이트 사건이 터진 해다. 이 소설에서 스티븐 킹은 과거의 잘못된 선택은 필연적으로 악몽이 되어 다시 돌아오기 마련이라고 경고하고 있다. 그의 또 다른 소설《애완동물 공동묘지Pet Sematary》역시 우리가 선택을 잘못했을 때, 우리의 소중한 존재들이 어떻게 악몽이 되어 다시 돌아오며, 그 돌아온 악몽이 어떻게 우리를 파멸시키는가를 상징적으로 보여주고 있다.

스티븐 킹의《셀》은 '셀폰cellphone', 즉 휴대폰을 지칭하면서 동시에 정치 이데올로기가 만들어 내고 조종하는 '세포 조직'도 의미하는 것처럼 보인다. 이 소설의 배경은 보스턴이다. 걸려온 휴대폰을 받는 순간, 사람들이 갑자기 좀비가 되어 전화를 갖고 있지 않은 사람들을 공격해서 죽이기 시작한다. 누군가가 '펄스'를 활성화시켜서 전화 받는 사람들을 조종하기 때문이다. 이 소설에서는 '전화를 가진 자들phoners'이 떼 지어 다니며 전화를 갖지 않은 '정상인들normals'을 죽인다.《셀》은 누군가가 '펄스'를 이용해 휴대폰에 응답하는 사람들을 조종할 수 있다는 섬뜩한 사실을 보여준다.

또 킹의 중편소설《11/22/62》은 과거에 일어난 일은 돌이킬 수 없으며, 그걸 바꾸려고 하면 더 큰 재난을 초래한다는 주제를 다루고 있다. 이 소설의 주인공 제이크 에핑은 우연히 과거로 돌아가는 '입구'를 발견한다. 그는 1958년 술 취한 아버지에게 맞아서 불구가 된 학교의 잡역관리인 해리 더닝을 동정해서, 과거로 돌아가 그 사고가 일어나지 않도록 막는다. 그러나 다시 현재로 돌아온 그는 해리가 불구가 아니었기 때문에 베트남 전쟁에 징집되어 전사했다는 사실을 발견하고 경악한다. 스티븐 킹은 과거에 너무 집착해 과거를 바꾸려고 하면 더 큰 재난이 온다고 말한다.

그러나 제이크는 포기하지 않고 다시 과거로 돌아가 이번에는 존 F. 케네디의 암살을 막으려 한다. 만일 케네디가 죽지 않았다면 미국이 베트남 전쟁에 참전하지 않았을 것이고, 그러면 해리도 죽지 않았을 것이기 때문이다. 그래서 그는 다시 과거로 돌아가 오즈월드의 케네디 암살을 막아내는 데 성공한다. 그러나 그 과정에서 오즈월드가 오발한 총탄에 자기 애인이 죽고, 캘리포니아에서는 대지진이 일어나 많은 사람들이 사망하게 된다. 케네디는 살았지만 그 결과로 다른 사람들이 죽게 된 것이다. 현재로 돌아온 제이크는 케네디가 죽지 않았기 때문에 린든 B. 존슨 대통령이 취임하지 않았고, 따라서 1964년에 민권법도 통과되지 못했다는 것을 알게 된다. 또한 강경론자 조지 월리스가 대통령이 된 후, 핵전쟁을 일으켜 세계를 파멸에 빠뜨렸다는 사실도 발견하게 된다. 제이크는 "케네디가 죽지 않았더라면 세상이 훨씬 더 좋아졌을 것이다"라고 말하곤 했다. 그러나 이 소설은 사실 그러리라는 보장은 전혀 없다는 것을 보여준다.

이 소설은 우리에게 과거에 너무 집착하거나 과거에 일어난 일을 바꾸려고 하지 말라고 조언한다. 역사에는 '만일 그때 이랬더라면'이라는 가정이 있을 수 없다. 한 번 일어난 일은 바꿀 수 없는 법이다. 그것이 왜 우리가 어두운 과거에서 벗어나 밝은 미래를 향해 나아가야 하는가 하는 이유다. 그렇다면 킹의 이 소설은 과거에만 매달리고 있는 우리의 상황에도 절실하게 다가오는 보편적 주제를 다루고 있다고 볼 수 있을 것이다.

맥스 브룩스의 《세계 대전 Z World War Z》는 전 세계로 좀비 바이러스가 퍼진 악몽 같은 미래를 배경으로 하고 있다. 저자는 각 나라가 그 위기에 어떻게 대처하는가를 그 나라의 부정적 특징에 비유해 재미있게 제시하고 있다. 예컨대 이스라엘은 팔레스타인 거주 지역은 포기하고 자기들만 살아남기 위해 벽을 쌓는다. 핵 보유국가인 이란은 피난민의 유입을 막으려고 파키스탄과 핵전쟁을 벌이고, 전체주의 사회인 북한은 전 인민의 이를 다 뽑아서 남을 물지 못하게 하고 수많은 땅굴을 파서 숨는다. 그러나 이들의 방법은 모두 실패한다. 그와 동시에 저자는 이 소설에서 남아프리카공화국의 인종차별 정책과 중국의 장기 밀매와 미국의 오만함도 신랄하게 비판한다.

브룩스는 한 인터뷰에서 "좀비가 무서운 이유는, 그것들에게 이성과 정신이 부재하기 때문이다"라고 말하면서, "좀비는 이성이 없기 때문에 무섭다. 그것들에게는 중용도 타협도 없기 때문이다. 정신이 부재한 극단주의는 언제나 우리를 무섭게 한다. 그런데 우리는 극단주의 속에서 살고 있다"고 말했다. 한국사회에도 중도나 협상의 여지가 없는 극단적 사고방식을 가진, 혹은 무조건 본능에 따르거나 누군가에게 조종되는 좀비 같은 사람들이 많다. 그래서 이 소설은 우리에게 더욱 강렬한 호소력을 갖고 다가온다.

《헝거 게임》 3부작과 문학의 기능

미국 작가 수잔 콜린스의 《헝거 게임》 3부작은 《해리 포터》 시리즈 다음으로 많이 팔린 베스트셀러이자, 영화로도 크게 성공한 주목할 만한 작품이다. 《헝거 게임The Hunger Games》, 《캣칭 파이어 Catching Fire》, 《모킹제이Mocking Jay》로 이루어진 이 3부작 소설은 청소년소설로 분류되기도 하지만, 작가 자신은 아이와 어른 모두를 독자로 생각하고 이 작품을 썼다고 말한다.

《헝거 게임》은 미래의 어느 시점에 폐허가 된 미국에 세워진 '판엠'이라는 독재 국가에 대한 이야기다. 스노우 대통령이 지배하는 '판엠'에는 부유한 사람들이 사는 수도 '캐피톨'이 있고, 12개의 가난한 구역이 있다. 열여섯 살인 주인공 캣니스 에버딘은 엄마와 여동생 프림과 함께 가장 가난한 광산촌인 12구역에 살고 있다. 광부인 아버지가 광산 폭발사고로 죽자, 엄마는 그 충격으로 폐인이 되고 캣니스는 불법 사냥으로 가족을 먹여 살리는 소녀가장이 된다. 마을 빵집 주인의 아들 피타는 남몰래 그녀를 짝사랑한다.

오래전, 13개의 가난한 구역이 캐피톨에 대항해 혁명을 일으켰으나 실패했다. 그 결과 13번째 구역은 파괴되고, 나머지 구역은 독재자 스노우의 정치적 억압 속에 더욱 비참한 생활을 하게 된다. 반란을 일으키지 말라는 경고로 스노우 대통령은 매해 각 구역에서 '조공tributes'이라고 불리는 청춘남녀 한 쌍을 뽑아 '헝거 게임'을 시킨다. 헝거 게임은 단 한 사람의 승자만 살아남는 죽음의 게임인데, 게임 과정을 텔레비전에 중계한다. 그 게임에 출연한 사람은 자신이 살아남기 위해서는 다른 게임 참가자들을 모두 죽여야만 한다.

1부 《헝거 게임》에서는 어린 여동생 프림이 조공으로 뽑히자, 캣니스가 프림 대신 자원하여 같이 뽑힌 피타와 함께 헝거 게임에 나간다. 그녀의 저항적인 모습을 보며, 관중들은 캐피톨에 대한 저항과 단결의 표시로 가운데 세 손가락을 붙여서 들어올리는 침묵의 제스처를 한다. 실제 2014년 태국의 반정부 시위대들도 판엠 시민들의 영향을 받아 저항과 단결의 표시로 세 손가락을 들어올렸다. 소설의 마지막에 캣니스는 피타와 더불어 최후의 승리자로 살아남는다. 두 사람이 연인이라고 생각한 관중들의 열광적인 지지를 무시할 수 없는 캐피톨이 예외를 두어 캣니스와 피타 두 사람을 승자로 인정했기 때문이다. 그러는 과정에서 승자가 된 캣니스와 그녀가 찼던 모킹제이 배지는 캐피톨에 저항하는 혁명의 상징이 되고, 그녀는 혁명의 불꽃을 일으키는 도화선이 된다.

2부 《캐칭 파이어》에서는 독재자 스노우가 반란을 막으려고 캣니스를 각 구역으로 캐피톨 홍보 여행을 보내지만, 그녀의 모습은 오히려 혁명을 부추기게 된다. 그렇게 되자, 스노우는 캣니스를 죽이기 위한 음모를 꾸민다. 스노우는 헝거 게임 75주년 기념행사로 이전 승자들만으로 이루어진 '헝거 게임'을 치르겠다고 발표한다. 이제는 그런 비인간적인 게임에 나가지 않게 되었다고 안심하던 캣니스는 또다시 게임에 출전한다. 캣니스와 다른 플레이어들이 겪는 과정은 실제 컴퓨터 게임과 아주 흡사해서 젊은이들은 쉽게 이 소설의 서사 구조에 빠져 들어가게 된다. 이 소설의 마지막에 캣니스는 헝거 게임이 벌어지는 장소를 파괴하고, 13구역 반군의 호버크래프트hovercraft에 의해 구조된다. 13구역은 파괴된 것이 아니라, 그동안 지하로 숨어들어가 있었던 것이다.

3부 《모킹제이》에서 캣니스는 13구역의 반군 지도자 코인의 요청을 받아, 공식적으로 혁명의 상징인 모킹제이가 되는 것에 동의한다. 그러나 캣니스는 반군들을 이끄는 13구역이 캐피톨과 닮았고, 여성 지도자 코인 역시 독재자 스노우를 닮았다는 느낌을 갖게 된다. 예컨대 캣니스는 13구역에도 개인의 자유가 없고 모든 것이 통제되어 있으며, 사람들은 엄중한 감시 하에 있다는 것을 발견한다. 또 지도자 코인도 스노우처럼 독선적이고 자신만 옳다는 경직된 정의감에 빠졌다는 사실을 알게 된다.

드디어 최후의 결전이 벌어지고 반군은 캐피톨을 점령해 독재자 스노우를 체포한다. 반군이 스노우가 있는 곳 가까이에 도착하자, 갑자기 캐피톨의 호버크래프트가 나타나 보급품으로 위장한 폭탄을 떨어뜨려 수많은 어린아이들을 죽인다. 아이들을 치료하러 달려간 캣니스의 여동생 프림도 속임수 폭탄에 의해 살해된다. 캣니스는 나중에야 그 사건이 스노우가 아니라, 여론을 조작하기 위한 코인의 음모였다는 사실을 알게 된다. 코인은 또 스노우의 손녀와 캐피톨 시민들의 자녀들을 죽이기 위해 또 다른 헝거 게임을 시작하겠다고 말한다. 자기네가 당한 만큼 똑같이 되갚아주겠다는 것이다.

그래서 스노우를 죽이기 위해 활을 집어든 캣니스는 스노우 대신 코인을 쏘아 죽인다. 코인이 또 다른 스노우가 되어 아이들을 죽이고, 판엠을 억압하는 또 다른 독재자가 될 것이기 때문이다. 캣니스는 지지자들의 도움으로 풀려나 12구역으로 돌아온다.

20년 후, 캣니스와 피타 사이에는 두 아이가 생긴다. 헝거 게임과 전쟁을 겪은 부모세대의 희생과 투쟁 덕분에 후세의 젊은이들은 희망과 번영 속에서 성장한다.

《헝거 게임》 삼부작은 오늘날 한국의 부모세대와 젊은 세대의 모습도 상징적으로 잘 보여주고 있다. 부모세대는 전쟁과 군사 독재 정권의 억압을 겪었고, 침략자들과 독재자들에게 목숨을 걸고 저항해서 조국과 자유를 지켜냈다. 음식에 굶주렸고 자유에 목말랐던 부모세대가 겪었던 것은 문자 그대로 '헝거 게임'이었다('판엠'은 라틴어로 '빵'을 의미한다). 그들의 투쟁 덕분에 오늘날 젊은 세대는 자유와 번영 속에서 살고 있다. 하지만 오늘날 젊은이들이 어떻게 일제 강점기의 설움을, 한국전쟁의 비참함을, 그리고 군사 독재 정권 탄압의 끔찍함을 이해할 수 있겠는가? 하고 싶은 것과 하고 싶은 말을 마음대로 하고 살며, 레스토랑과 카페에서 평화스럽게 외식하고 담소하는 그들이 어찌 부모세대의 배고픔을, 그리고 자유를 위해 목숨을 걸었던 '헝거 게임'의 절박함을 알 수 있겠는가?

문학이 과거를 성찰하게 해주고, 당대를 반영하며, 미래의 비전을 제공해주는 것이라면, 《헝거 게임》은 그 어느 명작에도 뒤지지 않는 훌륭한 문학 작품이다. 《헝거 게임》은 검투사들에게 죽음의 게임을 시키고 관람을 즐기던 로마 제국을 비롯한 모든 억압적 사회체제에 대한 통렬한 비판이다. 20년 후, 이 작품의 마지막에 캣니스는 자신의 아이들이 아무것도 모른 채, 자유를 위해 투쟁하다가 죽은 사람들의 무덤 위에서 놀고 있다고 독백한다. 마찬가지로, 너무나 당연한 것처럼 자유와 번영을 누리고 있는 한국의 젊은이들이 독재에 저항하고 죽음의 '헝거 게임'에서 살아남은 부모세대의 고초를 어떻게 이해하고 또 알 수 있겠는가?

삼부작 중에서 《모킹제이》는 단연 최고의 걸작이라고 할 수 있다. 왜냐하면, 이 작품은 단순히 독재 정권의 붕괴와 독재자의 말로를 그리는 데 그치지 않고, 스스로 구원자라고 자처하고 나섰지만 자기만 옳고 다른 사람은 다 틀렸다고 생각하는 반군 지도자도 또 다른 독재자가 될 수 있다는 사실을 지적하고 있기 때문이다. 독재 타도와 정의의 투사를 자처하고 나서는 사람들 또한 결국은 똑같은 독재자였을 뿐이라는 것은 역사가 잘 보여주고 있다. 예컨대 무능한 명나라의 마지막 황제인 숭정제를 무너뜨렸지만 그 자신도 폭군이 되어 결국은 청나라에 나라를 빼앗긴 이자성李自成이 그랬고, 팔라비의 독재를 무너뜨렸으나 자신은 훨씬 더 잔혹한 독재자가 된 이란의 호메이니가 그랬다.

니체는 독재자와 싸우는 사람들에게 이렇게 경고한다. "괴물과 싸우는 사람은 자기도 괴물이 되지 않도록 조심해야 한다. 어두운 심연深淵을 오래 들여다보면, 어두운 심연이 너를 들여다보게 된다." 우리 역시 독재 정권과 싸운 민주화 투사들의 일부가 권력을 잡았을 때, 얼마나 독선적이었는지 생생하게 기억하고 있다. 그런 사람들은 반군 지도자 코인처럼 대를 위해서라면 소를 희생하는 데 익숙하기 때문에 필요하면 아이들도 이용하고, 또 다른 헝거 게임을 만들기도 한다. 독자들로 하여금 그런 복합적인 시각과 성찰을 하게 해준다는 의미에서 《헝거 게임》 삼부작은 우리 모두가 읽어야 할 훌륭한 문학 작품이다.

문학의 역할 중 하나가 인간의 인식을 바꾸어주는 것이라면, 많은 서브 장르소설들도 훌륭하게 그 일을 해내고 있다. 모든 것의 경계가 와해되고 있는 이 시대에 굳이 이분법적 가치판단인 순수소설과 대중소설로 문학을 구분할 필요가 있는지, 다시 한 번 생각해보아야만 하는 이유도 바로 거기에 있다.

제7장

인문학과 기계가 만났다

포스트휴머니즘과
디지털 인문학

포스트휴머니즘의 등장과 인식의 변화

포스트모더니즘 이후에 등장한 중요한 문예·철학사조 중 하나 는 포스트휴머니즘posthumanism이다. 포스트휴머니즘은 인간을 우 주의 중심으로 생각했던 르네상스 인본주의를 비판하면서 시작 되었다. 그래서 포스트휴머니즘은 인간을 만물의 영장이 아닌, 대 자연의 일부로 본다. 즉, 인간도 다른 동물이나 식물과 다를 바 없 는 자연의 일부라는 것인데, 이는 문화 연구에서 문학을 특권적 존재가 아닌 영화, 만화, 팝 뮤직 등과 똑같은 여러 문화 텍스트 중 의 하나로 보는 것과 같은 맥락이다.

그런 면에서 포스트휴머니즘은 환경생태주의와도 맞물린다. 인간에게는 자연을 지배하고 파괴하거나, 생태계를 교란할 권리 가 없다고 보기 때문이다. 포스트휴머니즘이 자연과 인간 생태계 를 파괴하는 전쟁에 반대하고, 인간에게 겸허함을 요구하며, 타자 에 대한 배려를 중시하는 것도 바로 그런 이유에서다. 포스트휴머니즘은 인간이 영장류나 다른 동물은 물론이고, 식물이라 할지라도 학대하거나 함부로 다루면 안 된다고 말한다. 그렇기 때문에 포스트휴머니티posthumanity는 '인간성'이라는 뜻을 함축하고 있는 휴머니티humanity와는 달리, '삼라만상을 포용하고 만물을 인간처럼 대하는 태도와 성정'을 의미한다.

더 나아가 포스트휴머니즘은 인간 지능의 유한함을 겸허하게 인정하고, 인공지능 같은 디지털 테크놀로지나 사이보그·휴머노이드를 인간과 똑같이 대우하며 받아들일 것을 제안한다. 인간이라고 해서 특권을 갖는 것은 아니기 때문에 인간이 비인간, 즉 인조인간이나 유인원보다 더 우월하다고 할 수는 없다는 것이다. 실제로 미국의 비영리단체 '비인간 권리 프로젝트Nonhuman Rights Project'는 유인원들을 포함한 비인간들의 권리 보호에 앞장서고 있다.

이 시점에서 포스트휴머니즘과 트랜스휴머니즘을 구분할 필요가 있을 것이다. 트랜스휴머니즘은 바이오 테크닉을 이용해 인간의 두뇌나 신체 기능을 업그레이드하는 데 관심이 있는 반면, 포스트휴머니즘은 자신과 자연·사회·세상의 관계를 성찰하고, 비인간도 동등하게 대우하고 포용하며, 디지털 테크놀로지가 만들어 낸 사이보그·휴머노이드도 인간처럼 대하자는 태도라고 할 수 있다. 즉, 포스트휴머니즘이 자신과 타자에 대한 성찰에 관심이 있다면, 트랜스휴머니즘은 테크놀로지를 이용한 인간의 능력— 예컨대 지능 향상, 수명 연장, 슈퍼베이비 출산 등—의 향상에 관심이 있다. 그래서 포스트휴머니즘은 인간과 닮은 사이보그·휴머노이드나 인공지능에 관심이 많고, 트랜스휴머니즘은 인간의 능력을 업그레이드해줄 수 있는 장치나 유전 공학 및 생명 공학에 더 관심이 있다.

또 포스트휴머니즘은 생체윤리학에 관심이 많은 반면, 트랜스휴머니즘은 윤리적인 문제보다는 새로운 테크놀로지를 이용해 보다 더 살기 좋은 나라와 보다 더 뛰어난 인간을 만드는 데 관심이 많다. 포스트휴머니즘은 외계인까지도 적대시하지 말고 포용할 것을 제안한다. 인문학자들이나 작가들은 포스트휴머니즘을 더 좋아하고, 과학자들은 트랜스휴머니즘을 더 선호한다. 사실 포스트휴머니스트들은 기계를 이용해 인간의 능력을 향상시키려는 트랜스휴머니즘에 대해 비판적이며 경계하고 있다. 물론 인공 심장으로 인한 수명 연장이나 컴퓨터 칩의 이식으로 인한 기억력 향상, 외국어 습득 시간의 단축 같은 것은 트랜스휴머니즘의 장점이겠지만 동시에 예측할 수 없는 부작용이 생길 수도 있기 때문이다.

예컨대 마이클 크라이튼의 《넥스트》는 보다 우수한 종을 창조하려고 유전 공학을 이용해 인간의 유전자를 동물에게 주입하는 것의 위험성과 그러한 생명체에 대한 인간의 편견을 비판적으로 성찰하고 있다. 이 소설의 등장인물들은 유전자 조작으로 인해 사람의 지능을 갖게 된 앵무새와 침팬지를 인간과 똑같은 가족으로 생각한다. 그러나 그들을 본 사람들은 "농장에 데려가 일을 시키게 나도 하나 있으면 좋겠다"고 말한다. 즉, 사람들은 편견에서 벗어나지 못하고, 그러한 새로운 생명체를 새로운 형태의 인간이 아니라 노예로 본다는 것이다.

인기 미국 텔레비전 드라마 〈퍼슨 오브 인터레스트〉도 바로 그러한 문제를 포스트휴머니즘적 시각으로 다루고 있는 작품이다. 9·11 이후 미국 정부는 테러리스트들을 색출한다는 미명하에 뉴욕 시민 전체를 모니터할 수 있는 거대한 감시 컴퓨터를 만든다. 주인공이 '기계'라고 부르는 그 전지전능한 인공지능 컴퓨터는 테러리스트들을 색출하는 과정에서 발견하는 다른 범죄자들과 피해자들은 무시한다. 주인공들은 컴퓨터가 무시하는 바로 그 범죄를 사전에 감지하고 차단함으로써 피해자들을 구해내는 일을 한다. 그 감시 카메라는 테크놀로지 측면에서 보면 감탄할 만한 기계지만, 포스트휴머니즘적 시각으로 보면 국가 안보라는 미명 아래 개인을 억압하거나 무시하는 부작용을 초래한다.

미국 작가 필립 딕의 《마이너리티 리포트》도 포스트휴머니즘적 작품이라고 할 수 있다. 이 소설에서도 세 명의 예지자들이 범죄를 미리 보고, 경찰기동대를 보내 범죄를 예방함으로써 피해자들을 구해낸다. 이 작품에 등장하는 세 명의 예지자는 어떤 면에서는 인공지능 컴퓨터와 같은 느낌을 준다. 예지자들과 범죄 예방 기동대 덕분에 비록 범죄율은 급감했지만, 예지에는 오류가 있을 수 있고 오류는 곧 인간 억압과 통제로 연결된다. 주인공인 범죄 예방 기동대 대장 존 앤더튼은 어느 날 갑자기 자신이 범죄 예정자로 몰리고서야 비로소 예지에 오류가 있을 수도 있다는 사실을 깨닫게 된다. 이 소설은 인간의 확신은 편견을 만들어내고, 편견은 살인까지도 정당화한다는 것을 가르쳐주고 있다.

스티븐 스필버그 감독의 〈A.I.〉는 인간과 똑같이 생기고 인간의 감정을 가진 인공지능 인간들이 인간과 더불어 살고 있는 미래 시대를 그린 영화다. 이 영화는 외모로는 인간과 전혀 구분이 안 되는 인공지능 소년이 인간 사회에서 느끼는 편견과 차별을 다루고 있다. 포스트휴머니즘은 인간의 지능과 감정을 갖고 있는 인공지능 인간도 인간과 똑같은 대우를 받아야 한다고 주장한다.

포스트휴머니스트 작가들을 '정보 시스템 이론information systems theory' 작가들이라고 부르기도 하는데, 이들은 사이버네틱스cybernetics나 엔트로피entropy 이론에 대한 작품을 써내고 있다. 그들은 유전 공학과 생명 공학의 부작용을 경고하고 있으나 과학 기술 자체를 반대하는 것은 아니다. 그들은 유전 공학과 생명 공학을 직접 작품 속에서 다루면서 그것의 문제점에 대해 설득력 있게 비판하고 있다. 정보 시스템 이론 작가들은 컴퓨터와 인터넷에 능숙하며, 멀티미디어와 인터페이스 및 인터렉티브적 사고방식을 갖고 있는 것이 특징이다.

정보 시스템 이론의 대표 작가인 리처드 파워스는 유전 공학자들과 컴퓨터 프로그래머들을 다룬《골드버그 변이The Gold Bug Variations》라는 소설을 썼다. 이 소설에서 파워스는 문학과 과학과 음악 사이의 경계를 해체하고 바흐의 〈골드베르크 변주곡The Goldberg Variations〉의 구성과 유전 공학 이론을 연결시키며 새로운 형태의 소설을 완성했다. 그래서《골드버그 변이》는 문학과 음악과 과학을 혼합한 형태의 소설이라고 불린다. 이 소설의 구성은 바흐의 골드베르크 변주곡처럼 첫 장과 마지막 장이 아리아이며, 그 사이에 30개의 변주곡이 삽입되어 있다. 물론 파워스의 변주곡은 바흐와는 달리 유전자의 '변이variations'를 뜻한다.

《골드버그 변이》는 또 에드거 앨런 포의《황금 벌레The Gold Bug》도 연상시킨다.《황금 벌레》의 주인공은 숫자의 다양한 변이를 통해 암호를 해독해 보물을 찾는데,《골드버그 변이》의 주인공 역시 유전자의 암호 해독과 유전자 변형을 통해 수수께끼를 풀어나간다. 파워스는 이 소설에서 유전자의 '변이'가 보물을 가져다줄 수도 있지만, 자칫하면 인류를 파멸시킬 수도 있다고 경고한다. 파워스 같은 정보 시스템 이론 작가들은 유전 공학, 생명 공학뿐 아니라 컴퓨터 과학, 정보테크놀로지 등을 문학과 융합시킨 새로운 형태의 소설을 만들어내고 있다.

포스트휴머니즘은 인간도 우주와 대자연의 일부일 뿐 특권적인 존재가 아니라고 말한다. 포스트휴머니즘에 의하면, 오늘날 인간은 다른 동물이나 식물 또는 유인원이나 인조인간과 똑같은 존재로 축소되었으며, 따라서 자연을 파괴하거나 생태계를 교란시킬 아무런 권리가 없다. 그러므로 포스트휴머니즘은 인간으로 하여금 스스로를 돌이켜볼 수 있도록 해주고, 겸허하게 세상을 바라볼 것을 제안한다. 그런 면에서 포스트휴머니즘은 인간의 삶에 커다란 인식 변화를 초래한 사조라고 할 수 있을 것이다.

디지털 인문학—테크놀로지와 인문학의 융합

디지털 휴머니티스digital humanities 또는 디지털 인문학이란 전통적인 인문학과 디지털 테크닉이 결합한 새로운 형태의 인문학이다. 예컨대 인문학을 연구하면서 컴퓨터를 이용해 데이터 마이닝 data mining, 디지털 맵핑digital mapping, 대용량 정보 탐색, 통계 자료 추출, 시각 자료 추출 등을 활용하는 것이 바로 디지털 인문학이다. 그래서 디지털 인문학은 뉴미디어 연구, 미디어 연구, 게임 연구, 하이퍼텍스트 연구 등과 연결된다. 그렇게 함으로써 인문학은 과학 기술과 융합할 수 있고, 네트워크를 통해 대중에게도 확산될 수 있다는 두 가지 장점을 갖게 된다. 또한 디지털 인문학은 디지털 미디어와 정보과학으로부터 혜택을 입는 동시에, 디지털 미디어에게 인문학적 성찰과 의문을 제공해주기도 한다는 점에서 바람직하다.

디지털 인문학은 1980년대 브라운대학교에서 시작한 하이퍼텍스트 연구가 그 단초가 되었다고 알려져 있다. 브라운대학교에서는 플라톤의 동굴 이론을 연상시키는 CAVE라는 컴퓨터 방을 만들어 그 속에 들어가서 컴퓨터를 이용해 하이퍼 픽션을 쓸 수 있도록 함으로써 하이퍼 픽션 연구의 본산지가 되었다. 현재는 미국 소설가 로버트 쿠버가 CAVE 창작 교실을 이끌고 있다.

컴퓨터가 보급되고 인문학자들의 컴퓨터 활용도가 증가하면서 초기에는 '인문학 컴퓨팅'이라는 용어가 사용되기 시작했다. 그러다가 2004년 존 언스워스 외 2인이 편집한 《디지털 휴머니티스 컴패니언A Companion to Digital Humanities》이라는 책이 나오면서 '디지털 인문학'이라는 용어가 사용되기 시작했다. 인문학 컴퓨팅은 초기에 셰익스피어 학자들이 셰익스피어 작품에 나오는 정보들을 컴퓨터 파일로 만들거나 인문학자들이 기초 자료들의 데이터

베이스를 만들면서 시작되었다. 그러던 것이 인터넷과 월드 와이드 웹www과 구글google 검색 엔진이 등장하면서 차츰 대용량 데이터 마이닝과 광범위한 정보 검색으로 확대되었다. 그리고 칭하는 용어도 디지털 인문학으로 바뀐 것이다. 그러한 과정을 거치면서 인문학 연구에 디지털 테크놀로지를 사용하는 것뿐 아니라, 디지털 미디어 연구에 인문학적 성찰과 분석을 적용하는 것도 '디지털 인문학'이라고 부르게 되었다. 그리고 더 나아가 문학 연구나 예술 연구에 인터넷을 사용하는 것도 '디지털 인문학'이라고 지칭하게 되었다.

'디지털 인문학'이 공식적으로 인정받고 널리 확산된 계기는 2006년 미국의 NEHNational Endowment for the Humanities가 디지털 인문학 지원기구를 만들고, 2008년 공식적인 '디지털 인문학 부서Office of Digital Humanities'를 창설하면서부터라고 할 수 있다. 디지털 인문학이 주목을 받게 된 또 하나의 계기는 2009년 필라델피아에서 열린 미국 MLAModern Language Association에서 디지털 인문학이 각광을 받은 것이다. 당시 인문학자들은 디지털 인문학을 차세대에 가장 뜰 새로운 연구 분야로 꼽았다.

디지털 인문학은 비단 인문학 연구에 디지털 테크놀로지를 사용한다는 차원을 넘어서, 우리의 삶에 지대한 영향을 끼치는 디지털 테크놀로지를 인문학적으로 성찰하고 분석하는 일도 한다. 즉, 디지털 테크놀로지 환경이 우리의 삶과 사회에 어떤 영향을 얼마나 미치고 있는가도 인문학적 시각으로 연구한다는 것이다. 사실, 인문학이라는 것이 인간의 삶에 대한 연구이기 때문에 디지털 시대에 그러한 탐색은 인문학의 기본 사명이라고 볼 수도 있다. 그리고 더 나아가 인문학은 디지털 환경에서 어떻게 변해야 하며, 어떻게 해야 융성할 수 있는가도 디지털 인문학의 주요 관심사 중 하나다.

그런 의미에서 보면 한국문학번역원이 2015년 2월에 개원한 전자도서관 LTI Korea Library도 일종의 디지털 인문학의 구현이라고 할 수 있을 것이다. 구글에서 한국 작가의 이름을 치면 맨 위에 LTI Korea Digital Library가 뜨는데, 그걸 클릭하면 전 세계에 존재하고 있는 그 작가에 대한 모든 정보와 자료를 링크를 통해 검색할 수 있게 되어 있다. 또 번역원이 2014년에 구축한 '작가 이름 로마자 표기 통일 데이터베이스' 역시 현재 해외에서 각기 다른 스펠링이 사용되고 있는 국내 작가들 이름의 로마자 표기를 통일했다는 점에서 디지털 인문학의 한 성과라고 할 수 있다. 또 번역원은 2014년에 국내 작가들을 해외에 알리기 위해 약 1,000건 정도를 5개 국어로 위키피디아에 올렸는데, 이 또한 디지털 인문학의 유용성을 보여주는 좋은 경우라고 할 수 있다.

오늘날 인문학은 구글을 통해 방대한 관련 자료를 검색할 수 있고, 데이터베이스를 이용하여 손쉽게 그리고 순간적으로 필요한 자료들에 접근할 수 있게 되었다. 또 인문학자는 자신이 연구 중인 인문학과 관련된 자료들을 3D 맵핑, 가상 아카이브, 비주얼 파일, 동영상 등을 통해 손쉽게 찾아볼 수 있게 되었다.

필자는 2014년에 피닉스에 있는 애리조나대학교에 갔을 때, 마침 UCLA의 '디지털 인문학 센터' 교수의 특강을 들을 기회가 있었다. 사학자인 그 교수는 1930년대 경제 공황 시대의 LA 지역 연구를 실례로 들면서, 컴퓨터로 검색하여 당시 LA의 인종 분포, 거주 지역, 빈부격차 같은 사회 상황을 찾아냈다. 그리고 PPT 스크린으로 LA의 지도와 각종 그래픽 및 다양한 기록 사진들을 보여주었다. 이는 디지털 테크닉의 도움이 없으면 불가능한 것이라고 생각되었다. 디지털 시대에는 인문학도 테크놀로지의 도움을 받으면, 시대에 맞게 변화하고 더 풍성해질 수 있다는 것을 그의 강연을 들으면서 깨닫게 되었다.

물론 디지털 인문학에 대한 비판도 있다. 예컨대 디지털 인문학의 특징으로 사람들은 비정치성을 들고 있으며 인종, 계급, 젠더에 대한 상대적 무관심을 지적하고 있다. 그러나 디지털 시대에 살고 있는 사람들의 우선적인 관심은 디지털 테크놀로지가 제공하는 무한대의 정보와 지식, 그리고 시각적 효과와 동영상이 인문학 연구에 가져다줄 수 있는 효과일 것이다. 예컨대 하이퍼 픽션이나 비주얼 노블은 문자 소설이 사운드와 비주얼과 순간적인 장면 전환이 가능한 컴퓨터의 화면에서 어떻게 변할 수 있는지를 잘 보여준다.

디지털 인문학은 최근 스탠포드대학교의 프랑코 모레티 교수가 세운 스탠포드 문학 실험실Stanford Literary Lab에서 시작된 '디스턴트 리딩Distant Reading'과도 상통한다. '정독Close Reading'과 반대되는 개념인 '디스턴트 리딩'은 우리가 인문학 텍스트를 읽을 때, 텍스트만 읽지 말고 콘텍스트context를 읽어야 한다고 말한다. 이때 디지털 테크놀로지의 활용이 필수적이다. 동시대에 나온 다른 책들을 검색해 그 그물망 속에서 특정 텍스트를 읽음으로써 그 시대를 보다 더 포괄적으로 파악할 수 있기 때문이다. 더 나아가 동시대 출간된 작품들 속에서 가장 많이 반복되는 어휘나 표현을 검색 엔진으로 찾아내면, 당대의 시대적 특징과 관심사도 효과적으로 읽어낼 수 있다.

그런 의미에서 '디스턴트 리딩'이나 '디지털 인문학'은 차세대 인문학의 모습을 보여주고 있고, 디지털 시대에 인문학이 융성하기 위해 나아가야 할 방향을 잘 보여주고 있다고 하겠다. 또한 디지털 인문학의 등장은 문학과 예술 분야에서도 컴퓨터를 이용한 새로운 형태의 작품이 나올 수 있다는 것을 시사하고 있다. 인문학이 그와 같은 변화를 외면할 수 없는 이유는, 오늘날 디지털 테크놀로지가 인문학자나 작가들조차도 더 이상 외면할 수 없는 우리 삶의 일부가 되었으며, 우리가 그 속에서 숨 쉬는 필수적인 환경이 되었기 때문이다.

디지털 인문학은 궁극적으로 포스트휴머니즘적 시각을 갖고 있다고 볼 수 있으며, 그래서 그 두 사조는 서로 긴밀하게 연관되어 있다. 인간이 기계와 다른 점은 심미적, 윤리적 측면을 갖고 있다는 점이다. 그래서 기계와 달리 인간은 생각하고 판단하는 시간이 오래 걸리며, 망설이고 주저하는 경우가 많다. 그런 점은 분명 비효율적이지만, 바로 그런 약점이 인간의 덕목과 장점일 것이다. 그래서 포스트휴머니즘은 우리로 하여금 자신을 바라보고 성찰하게 해주며, 좀 더 겸허해지라고 제안한다. 효율적이고 철저해서 주저하지 않고 판단을 내리는 디지털 시대에 비효율적이고 느린

것의 덕목을 가르쳐준다는 점에서 디지털 휴머니즘 역시 주목할 만하다.

중요한 것은 결국 인간과 기계, 또는 사람과 테크놀로지 같은 두 가지 서로 다른 요소의 궁극적 조화라고 할 수 있을 것이다. 그래서 포스트휴머니즘은 인간과 기계의 조화를 추구하고, 디지털 인문학 역시 인문학과 디지털 테크놀로지의 융합을 긍정적으로 본다. 자기와는 다른 타자를 포용하는 것은 포스트모더니즘의 기본 명제이고, 그 이후에 나온 사조들도 그러한 포스트모던 정신과 인식을 충실하게 따르고 있는 셈이다.

제8장

이분법적 세계의 종말을 고하다

포스트페미니즘과
포스트 포스트모더니즘

전통적 페미니즘의 특성

페미니즘feminism의 역사를 거슬러 올라가면《프랑켄슈타인 Frankenstein》의 저자인 메리 셸리의 어머니, 메리 울스턴크래프트 와 조우하게 된다. 그러나 현대 페미니즘 운동을 논할 때면, 학자 들은 주로《자신만의 방A Room of One's Own》과《올란도Orlando》의 저자인 버지니아 울프로부터 시작해, 1960년대 페미니즘 운동을 이끌었던 두 여성인 베티 프리단과 시몬 드 보부아르를 예로 든다.

영국의 소설가 버지니아 울프는《자신만의 방》에서 여성에게 '자신만의 방'을 허용하지 않는 빅토리아 시대 영국의 남성 중심 적 사회 분위기를 비판했다. 그녀는 남성들이 여성을 '집안의 천 사'와 '집안의 악마'로 나누어 순종적인 여자는 천사로 묘사하는 반면, 똑똑한 여성은 악마나 계모로 묘사해 부정적인 이미지를 부 여했다고 지적했다. 또《올란도》에서는 매 시대 여성에 대한 사회 의 인식이 어떻게 여성들의 권리를 박탈하고 속박했는지를 환상적이고 은유적인 기법을 통해 드러냈다.

미국의 페미니스트인 베티 프리단은《여성의 신비The Feminine Mystique》라는 기념비적 저서에서 남성들이 여성을 존엄성을 가진 동등한 인간으로 보는 대신, 왜곡하고 신비화해서 사회적·윤리적 굴레로 속박했다고 지적했다. 동시에 여성들이 신비의 베일에서 벗어나 본연의 모습으로 해방되어야 한다고 주창했다. 그녀는 미국의 여성들이 직장도 갖지 않고 현모양처가 되어 자녀들을 과보호하며 키웠고, 그 자녀들은 베트남 전쟁에 참전하게 되었을 때 심리적 충격을 받아 제대로 전투를 수행할 수 없었다고 말했다. 소위 가정적이고 순종적인 여성들의 부정적인 측면을 지적한 것이다. 프리단은 억압적인 남성 지배 사회의 종식과 변혁을 추구했고, 그것은 곧 초기 페미니즘의 특징이 되었다.

《제2의 성Le Deuxième Sexe》의 저자인 프랑스의 페미니스트 시몬 드 보부아르는 이 책에서, 아무리 털고 닦아도 도로 쌓여서 날마다 먼지와 투쟁해야만 하는 것이 여성의 운명이라고 지적하며, 그러한 일상의 속박에서 과감히 탈출할 것을 제안한다. 보부아르가 보는 여성은 언제나 첫 번째가 되지 못하는 '제2의 성'일 뿐이었다. 여성의 해방을 위해서는 이혼도 불사하던, 그래서 투쟁적으로 보이던 베티 프리단 식의 급진적 여성 운동가들과는 달리, 당대의 지성이었던 사르트르와 계약 결혼을 해서 화제가 되었던 보부아르는 지적인 저항을 추구하는 온건한 페미니스트로 평가받았다.

프리단 이후에 등장한 케이트 밀레트는 투쟁적인 초기 페미니즘에 이론적 틀을 마련해준 학자였다. 그녀는 대표 저서인《성의 정치학Sexual Politics》에서 가부장적 사회에서 남녀관계를 권력 투쟁과 이데올로기의 제도화로 파악했고, 남성이 여성을 종속시키기 위해 만든 그러한 이데올로기의 불가시성不可視性을 지적했다. 그러기 위해서 그녀는 안토니오 그람시나 루이 알튀세르, 미셸 푸코의 이론을 차용해 자신의 이론에 접목시켰다.

《여성에 대한 고찰Thinking about women》의 저자인 메리 엘만은 경직된 남성적 확정성과 고정성에 비해 여성적인 불확정성과 유연성의 장점을 강조했던 페미니스트였다. 그녀는 여성적인 것을 폄하하는 남성 중심 비평을 '남근 비평phallic criticism'이라고 비판하며, 여성성의 장점을 부각시켰다. 그 덕분에 엘만 이후에는 투쟁보다는, 여성의 이미지나 여성적인 것의 특징과 장점을 탐색하는 새로운 페미니즘이 대두되었다. 퍼트리샤 마이어 스팩스의《여성적 상상력The Female Imagination》, 일레인 쇼월터의《그들만의 문학 A Literature of Their Own》, 산드라 길버트와 수전 구바의《다락방의 미친 여자The Madwoman in the Attic》가 그 대표적인 경우라고 할 수 있다. 프랑스의 페미니스트인 엘렌 식수나 줄리아 크리스테바도 심리 분석 이론을 빌려서 경직되고 부러지기 쉬운 남성성에 대비되는 유연하고 부드러운 여성성의 장점을 부각하는 데 성공했다.

포스트페미니즘의 등장

1980년대 초에 등장한 포스트페미니즘post-feminism은 1960년대를 대표했던 페미니즘 1세대의 전투적인 페미니스트들에 반대했다. 굳이 남성에 대해 적대적이 아니어도 여성을 옹호할 수 있다고 믿었다. 즉, 보다 더 유연한 새로운 형태의 페미니즘 사조라고 할 수 있다. 1982년 수전 볼로틴이 《뉴욕타임스》에 발표한 〈포스트페미니스트 세대의 목소리Voice from the Post-Feminist Generation〉라는 글은 포스트페미니즘의 도래를 천명한 선언문 중 하나가 되었다. 페미니즘 2세대에 속하는 이 새로운 세대의 젊은 여성들은 선배 페미니스트들 덕분에 남녀가 평등한 취업과 교육의 혜택은 받았지만, 여성 문제를 정치적 투쟁의 수단으로 사용하는 것에는 반대하는 온건파에 속한다. 즉, 포스트페미니스트들은 갈등과 투쟁을 통해 여성의 평등을 쟁취하는 것을 바람직하지 않다고 생각했으며, 오히려 60년대의 과격한 여성해방운동이 나중에 부정적인 결과를 초래하기도 했다고 믿었다. 그런 의미에서 포스트페미니즘은 양극을 피하며 제3의 길을 추구했던 포스트모더니즘과 상통하는 사조라고 할 수 있다.

1960년대의 1세대 페미니스트들은 과도하게 투쟁적이어서 결혼이나 가정도 억압의 굴레로 보았으며, 거기에서 벗어나기 위해 이혼도 불사했다. 그러나 포스트페미니스트들은 선배 페미니스트들의 투쟁 덕분에 성적性的으로는 아주 자유분방하면서도 동시에 이상적인 자신만의 남자를 만나고 싶어 했다. 안젤라 맥로비 같은 비평가는 헬렌 필딩의 소설을 영화화한 〈브리짓 존스의 일기Bridget Jones's Diary〉나 인기 TV 드라마인 〈섹스 앤 더 시티Sex And the City〉 같은 미디어가 포스트페미니스트의 모습을 잘 보여주고 있다고 지적한다. 그런 영화나 드라마의 주인공들은 성적으로 자유분방하면서도 동시에 자신에게 맞는 남자를 찾아 헤맨다.

그런 의미에서 포스트페미니즘은 포스트모던적인 인식을 갖고 있다고 볼 수 있다. 포스트모더니즘처럼 남성과 여성을 이분법적으로 구분해 어느 한쪽을 적대시하지는 않기 때문이다. 또한 포스트모더니즘 문학이 독선적이고 엘리트적인 모더니즘 문학은 죽었다고 선언하면서 시작되었듯이, 포스트페미니즘 역시 종래의 관습적인 이분법적 페미니즘은 죽었다고 말한다. 인간을 굳이 남성과 여성으로 나누어 서로 반목하고 투쟁하는 것보다는 똑같은 인간으로 보고 상호 보충적인 존재로 대하자는 것이다. 오늘날 많은 젊은 여성들은 당당하게 남성들과 어깨를 겨루며 각 분야에 진출해 있고, 자유분방한 섹스를 즐기면서도 자기에게 맞는 좋은 남자를 만나기를 바라고 있다.

물론 포스트페미니즘의 그러한 인식과 태도를 나이브naive하게 보는 사람들도 있다. 그들은 아직도 사회적 관습에 의해 많은 여성들이 얽매여 있고, 억압과 차별에 시달리고 있으며, 성적 희롱이나 폭행을 당할 위험이 도처에 도사리고 있기 때문에 잠시도 방심해서는 안 되고 적극적으로 저항하고 투쟁해야 한다고 말한다. 그래서 그들은 초기 투쟁적 페미니즘과 포스트페미니즘이 적절히 조화된 형태의 새로운 페미니즘이 필요하다고 지적한다. 그런 사람들은 자신들을 '제3의 물결'이라고 부르기도 한다.

그럼에도 불구하고 포스트페미니즘의 유연함과 열려 있음은 바로 여성적 원리이자 장점이며 특징이라고 할 수 있다. 페미니즘의 진정한 정신 또한 남성을 주변부로 몰아내고 여성을 중심부에

세우는 것은 아닐 것이다. 주변부로 밀려난 소외된 여성들을 새롭게 조명하고, 중심과 주변 또는 남자와 여자의 자리를 부단히 치환하는 것이 페미니즘이 궁극적으로 추구하는 목표일 것이다. 그렇다면 포스트페미니즘은 오늘날 우리가 살고 있는 이 포스트모던 시대에 걸맞은 보다 더 바람직한 새로운 형태의 페미니즘이라고 할 수 있을 것이다.

포스트 포스트모더니즘

모더니즘은 처음에는 신선하고 혁신적이었지만, 차츰 절대적 진리와 메인스트림 정전正傳으로 경직되어 갔고 이에 대한 반발로 포스트모더니즘이 일어났다. 포스트모더니즘은 절대적 진리에 대한 형이상학적 회의와 이분법적 사고방식의 경계 해체, 그리고 소외된 주변부에 대한 조명을 명제로 내세움에 따라 전 세계인들의 인식을 혁명적으로 바꾸어놓았다. 그러한 포스트모던적인 인식에 입각해 문화예술에서는 고급문화와 대중문화의 경계가 와해되었고, 문학에서는 순수문학과 대중문학 사이의 구분이 사라졌으며 추리소설, 판타지소설, 스릴러, SF가 각광받게 되었다. 또한 학문에서는 소위 절대적 위치를 차지하고 있었던 정통 정전正傳이 사라지고, 감추어진 또 다른 역사나 소외되어온 비정전非正傳 텍스트들이 조명을 받기 시작했다.

20세기 중반에 시작된 포스트모더니즘은 등장 당시에는 분명 혁신적인 사조였다. 그러나 인터넷과 스마트폰과 SNS 시대인

21세기를 대표하기에는 이미 구식 사조가 되었다는 인식이 생겨나기 시작했다. 현재 대학이나 학원에서 문학을 배우는 학생들은 대부분 30세 이전으로서 1985년 이후에 태어났기 때문에, 그들에게는 포스트모더니즘의 명제가 하등 새로울 것이 없고 오히려 진부하게 느껴진다는 것이다. 그들은 태어나면서부터 활자 책보다는 전자 매체에 더 익숙하고, 고급문화보다는 대중문화, 그리고 순수문학보다는 서브 장르문학에 더 친밀감을 느끼며, 수많은 정보와 다양한 상대적 진실 속에서 이미 센터와 주변부의 구분이 모호해진 시대에 살고 있기 때문이다.

그런 그들에게 포스트모더니즘이 호소력이 있을 리가 없다. 더구나 시대를 앞서간 작가 토머스 핀천을 제외하고는, 소위 초기 포스트모더니즘을 대표하는 작가 중 인터넷이나 전자 매체 속에서 사는 현대인의 고뇌나 문제를 작품의 소재로 다룬 사람은 거의 없다. 핀천은 코넬대학교Cornell University에서 공대도 잠시 다녔고, 보잉사The Boeing Company에서 근무하며 과학 기술과 컴퓨터를 잘 알게 되었다. 이처럼 컴퓨터 테크놀로지에 익숙했던 핀천은《브이를 찾아서》에서는 사이보그를 다루고 있으며,《제49호 품목의 경매》에서는 컴퓨터의 0과 1의 이분법적 사고방식에서 벗어나, 그 사이에 있는 제3의 길을 찾아야 한다고 제안하고 있다. 또한《중력의 무지개Gravity's Rainbow》에서는 최첨단 영화 기법도 차용하고 있다. 물론 인터넷 시대의 문제점을 다룬 작가로《골드버그 변이》의 저자이자 정보 시스템 이론의 대표작가인 리처드 파워스가 있지만, 그는 선배 작가인 핀천보다는 한 세대 젊은 작가다.

새로 등장한 젊은 세대에게 포스트모더니즘이 호소력을 잃은 또 다른 이유는, 문학을 수용하는 독자들의 본질적인 변화 때문이다. 예컨대 포스트모더니즘이 각광받던 시대까지만 해도 사람들은 사물에 대해 비판적 성찰을 했고, 메타meta적 인식을 공유했으며, 감추어진 또 다른 진실이나 제3의 길을 찾기 위해 부단히 회의하고 고뇌했다. 그러나 지금은 마우스만 클릭하면 스크린에 다양한 사실과 새로운 세상이 펼쳐지고, 검색어만 입력하면 필요한 정보가 쏟아지며, 인터넷 서핑과 파일의 다운로드 및 업로드를 통해 모든 것이 이루어진다. 즉, 이제는 모든 것이 경계를 넘어 뒤섞이는 '트랜스'와 '하이브리드', '퓨전' 시대, 그리고 표피적이고 찰나적인 시대가 된 것이다. 또한 모든 것이 이미지나 아이콘으로 축소되는 '참을 수 없는 가벼움'의 시대가 되었으며, 모든 것이 상품화되어 시장에서 사고 팔리는 시대가 되었다.

그래서 1990년대 후반과 2000년대에 접어들면서 사람들은 포스트모더니즘 이후의 문예사조, 즉 포스트 포스트모더니즘post-postmodernism 시대의 도래를 선언하고 감지하기 시작했다. 종래의 포스트모더니즘으로는 이제 더 이상 급변하는 전자 시대의 시대 상황이나 리얼리티를 담아낼 수 없게 되었기 때문이다. 모든 것이 명료하게 드러나는 전자 시대에는 포스트모더니즘이 주장하는 불확정성이나 비결정성, 또는 절대적 진실에 대한 회의가 호소력을 갖기가 어렵고, 많은 진실이 이미 밝혀져 공개되었기 때문에 굳이 숨겨져 있는 또 다른 진실을 찾아내려고 애쓸 필요도 없다. 그러한 상황의 문제점을 지적하면서, 펜실베이니아주립대학교의 제프리 닐런은 책을 '읽으며 사색'은 하지 않고, 그저 스크린을 '보고 듣고 반응하는' 젊은 세대가 정보 테크놀로지의 바다에서 길을 잃거나 익사하지 않으려면, 그들을 인도해줄 인식론적 지도map가 필요하다고 주장한다.

포스트 포스트모더니즘을 주장하는 이론가들 중에는 마르크스주의적 시각을 가진 사람이 많은데, 그들은 이러한 포스트 포스트모더니즘적 현상이 글로벌 자본주의의 필연적인 산물이라고 말한다. 앞서 언급된 제프리 닐런이 그 대표적인 예다. 그는《포스트 포스트모더니즘: 시의적절한 자본주의 문화논리Post-Postmodernism: Or, The Cultural Logic of Just-in-Time Capitalism》라는 저서에서, 선배 마르크스주의 비평가인 프레드릭 제머슨의 저서인《포스트모더니즘: 후기 자본주의 논리Postmodernism: Or, The Cultural Logic of Late Capitalism》를 십분 활용해 포스트 포스트모더니즘 시대의 표피성과 찰나성을 글로벌 자본주의가 초래한 부작용이라고 지적하고 있다. 그는 이 책에서 이 세상은 하나의 거대한 글로벌 자본주의 시장이 되었고, 모든 것은 세상을 떠다니는 이미지로 변형·축소되었으며, 그 이미지는 판매하고 구매할 수 있는 소비상품이 되었다고 지적한다.

그는 개인뿐 아니라 기업화되고 법인화된 오늘날 대학교의 상황 역시 글로벌 자본주의가 만들어낸 부작용이라고 말한다. 그 결과는 필연적인 타락과 추락이다. 그는 일본기업이 글로벌 자본주의를 지배하려다가 2010년 도요타 리콜 사건으로 추락했다고 지적하는데, 그렇다면 2015년 독일의 자동차 회사인 폭스바겐의 추락도 그러한 시각으로 볼 수 있을 것이다.

닐런은 포스트모던 시대가 '파편화fragmentation'의 시대였다면, 포스트 포스트모더니즘 시대는 그것이 더 '강화된 시대intensification'라고 말한다. 그렇기 때문에 포스트모더니즘에 붙는 '포스트'라는 접두어는 '강화'의 의미를 갖는다고 말한다. 그러나 현대 문예사조와 문화 현상을 주로 글로벌화와 자본주의를 비판하는 마르크스주의적 시각으로만 보는 것은 닐런의 한계다.

포스트 포스트모더니즘 시대는 모든 관습적인 경계를 넘어서 자본이 인터넷의 숫자로 부단히 이동하고 전 세계로 흘러간다. 또한 모든 것이 컴퓨터 스크린의 이미지와 아이콘, 그리고 판매 및 구매가 가능한 상품으로 바꾸어지는 시대다. 또 포스트 포스트모더니즘 시대는 예전의 비판적 책 읽기나 심오한 성찰을, 전자 매체나 영상 매체를 통한 시각적 및 청각적 수용과 찰나적 반응이 대체한 시대라고 할 수 있다. 어떤 것을 알고 싶다면 이미지나 아이콘을 클릭하면 되고, 어떤 것을 알리고 싶으면 SNS를 이용해 순식간에 전 세계로 정보를 확산할 수도 있다. 이제는 정보를 다운로드 받고 업로드해서 모두가 공유하는 시대가 도래한 것이다. 페이스북을 통해 실시간으로 자신을 알리고, 자신이 찍은 동영상을 유튜브에 업로드하며, 트위터를 통해 삽시간에 전 세계로 정보를 확산하는 시대에는 사실 포스트모더니즘을 넘어서는 새로운 사조가 필요할 것이다. 그래서 포스트 포스트모더니즘의 주창자들은 포스트모더니즘의 죽음을 선언하고, 그 이후의 새로운 사조의 필요성을 강조한다. 포스트 포스트모더니즘은 바로 그러한 시대의 변화가 초래한 새로운 사조다.

　21세기 테크놀로지의 눈부신 발전은 오늘날 인간의 삶을 완전히 바꾸어놓았다. 스마트폰은 이제 인생에 없어서는 안 되는 필수품이자 우리의 분신이 되었고, 휴대용 컴퓨터로서 많은 것을 대체했다. 스마트폰은 전화, 전화번호부, 내비게이션, 컴퓨터, 인터넷, TV, 신문, 잡지, 방송, mp3 플레이어, 도서관, 책, 사전 등 수많은 것을 대체해 우리의 삶 속에 파고들었다. 문학 또한 이제는 전자책, 하이퍼 픽션, 비주얼 노블, 그래픽 노블, 웹툰 등의 형태로 컴퓨터를 통해 서비스되고 있다. 그러한 상황에서 예전의 종이책·활자책 독자들을 생각하고 소설을 쓰면 이제는 아무도 읽지 않을 것이다. 독자들의 성향과 독자들의 문학 수용 방법이 본질적으로 변했기 때문이다.

　문학의 본질은 변하지도 않고 변해서도 안 되겠지만, 문학을 담는 그릇은 시대의 변화에 따라서 얼마든지 변할 수 있다. 구텐베르크의 시대에는 종이책·활자책이 대세일 것이고, 전자 시대에는 당연히 전자책·그림책이 각광받게 될 것이다. 장 보드리야르도 지적했지만, 오늘날 우리는 모든 것이 이미지와 아이콘으로 처리되는 시대, 그리고 모든 것이 상품화되는 시대에 살고 있다. 그런 것이 바람직하다는 것은 아니지만, 그러한 시대적 변화를 외면할 수는 없는 것이 오늘날 우리의 현실이다. 그렇다면 그러한 시대를 우리는 어떻게 파악하고, 어떻게 바라보아야 할 것인가? 또 그러한 상황에서 우리의 인식은 어떻게 변해야 하고, 우리는 어떤

식으로 대처해야 하는가? 다양한 장르들이 각축전을 벌이는 다매체 시대에 예술과 문학은 어떤 변화를 경험하게 되고, 어떤 새로운 표현 양식을 탐색해 나가게 될 것인가? 그리고 그러한 변화는 과연 글로벌 자본주의의 산물인가?

포스트 포스트모더니즘의 등장은 바로 그러한 문제들에 대응하고 성찰하기 위한 것이라고 할 수 있다.

제9장

문화제국주의를 극복하다
탈식민주의

탈식민주의란 무엇인가?

제국주의와 식민주의는 물론 군사적·정치적인 행위다. 그러나 그 근저에는 유럽 문명이 아프리카인이나 아시아인의 문명보다 더 우월하기 때문에 유럽인에게는 그들을 교화시키고 문명화시킬 의무와 사명감이 있다고 생각했던 G. W. F. 헤겔과 조제프 르낭의 사고방식이 자리 잡고 있었다. 그러므로 유럽의 제국주의자들은 식민지 지배를 자신들의 의무로 치부하고 쉽게 합리화했다. 오히려 스스로를 시혜자로, 식민지를 수혜자로 착각하는 우를 범했다. 그러므로 제국주의자들이 자신들을 문명의 횃불을 들고 암흑의 대륙을 밝혀주는 우월한 인종이라고 생각한 것은 너무나 당연한 일이었다. 그러나 조셉 콘래드가 《암흑의 핵심Heart of Darkness》에서 지적했듯이, 제국주의자들은 '교화'라는 미명하에 식민지 지배를 합리화했고, '훈육'이라는 평계로 살인을 합법화했으며, '무역'이라는 이름으로 원주민을 착취했다. 이 소설에서 콘래드는 아무리 선한 백인도 식민지에 가면 편견과 우월감에 젖어서, 지배자와 살인자와 약탈자로 전락하게 된다고 지적하고 있다. 이 소설에서 화자 말로우가 아프리카의 오지로 찾아가는 커츠라는 인물 또한 식민지에 가서 악한 지배자로 변신하고 타락한 대표적인 인물이다. 커츠가 자신의 과거를 돌이켜보며, "더 호러, 더 호러!"라고 회상하는 것도 그런 맥락에서 보면 절실한 절규라는 것을 알 수 있다.

제국주의와 식민주의는 비단 유럽뿐 아니라, 아시아에도 존재했다. 예컨대 아시아에서는 스스로를 세상의 중심이라고 생각하고 '중원'이라고 칭하며, 다른 민족을 변방의 오랑캐라고 보았던 중국이 오랜 세월 제국으로 군림했다. 20세기 초, 유럽으로부터 서구식 제국주의를 배워 온 일본인들 또한 자신들을 유럽인과 비슷한 우월한 인종이라고 생각하고, 열등한 아시아 국가들을 지배하는 대일본제국을 건설했다. 또한 중국이나 일본이 자신들의 제국주의가 식민지를 수탈한 것이 아니라, 오히려 수혜를 베풀었다고 생각하는 것도 바로 앞과 같은 맥락이다. 그런 의미에서 아시아의 제국주의도 유럽의 제국주의와 닮아 있다고 볼 수 있다.

탈식민주의postcolonialism는 제국주의·식민주의 지배가 끝났지만, 여전히 예전 식민지에 남아 있는 제국의 문화적, 사회적, 정치적, 경제적, 언어적 잔재들과 싸워 극복하는 것을 목표로 하는 문예사조다. 그러기 위해서 탈식민주의 이론가들은 그동안 제국의 지배문화에 의해 주변부로 밀려나 있었던 예전 식민지인들의 문화적 공간을 회복하고, 거기에 탈식민주의적 정체성을 부여한다.

탈식민주의가 문화제국주의의 효과적인 비판 수단이 되는 것도 바로 그런 이유에서다.

제국주의의 잔재 중 하나는 자신을 중심으로 보고, 그 외 다른 사람이나 지역을 '주변부'나 '타자'로 보는 것이다. 그러한 시각으로 제3세계나 이슬람 세계, 오리엔트 등으로 그룹을 만들어 자기네와 그들을 구분한다. 탈식민주의는 그러한 이분법적 구분의 경계를 무너뜨리는 것이다. 유럽은 스스로를 세상의 중심으로 보았기 때문에, 자기네 쪽에서 동쪽으로 가까운 곳은 근동, 중간쯤이면 중동, 먼 곳이면 극동이라고 불렀다. 탈식민주의는 그러한 편견을 비판하고, 둥근 모양의 지구와 우주에는 본질적으로 중심과 주변, 또는 위와 아래가 존재하지 않는다는 것을 상기시켜 준다. 제국주의가 남긴 또 다른 보이지 않는 잔재는 예전 식민지인들이 무의식적으로 제국의 문명을 숭상하고 자기네 문명은 비하하는 것이다. 탈식민주의는 그러한 심리적 의존의 탈피를 지향하며, 예전 식민지인들의 문화적 자존심과 탈식민주의적 정체성을 회복시켜 준다는 점에서 중요한 역할을 하고 있다.

탈식민주의 이론가들—사이드와 바바

제국주의의 지배가 종식된 후에도 여전히 남아 예전 식민지를 조종하고 지배하는 제국의 보이지 않는 영향과 흔적을 강력하게 비판한 이론가로 호미 바바가 있다. 바바는 《문화의 위치The Location of Culture》에서 제국주의 시대의 유럽인들은 언제나 우월한 인종과 문화의 눈으로 다른 나라를 바라보며 자기네보다 열등한 문화가 있다고 상정한 점을 지적한다. 그 시대의 유럽인들은 타문화를 '우리'가 아닌 '타자'로 취급했으며, 그러한 사고방식으로 이 세상을 기독교 국가와 이슬람 국가, 유럽인과 아랍인들, 또는 제1세계인과 제3세계인처럼 이분법적으로 구분하고, 전자에게 우월성과 특권을 부여했다는 것이다. 그러한 문제에 대한 해결책으로 바바는 제3세계의 민족주의 대신, 다양성 및 혼종성hybridity을 주창한다. 즉, 바바는 문화가 경계를 넘어 서로 뒤섞이면서 만들어내는 '혼합문화'의 중요성을 강조한 것이다.

　탈식민주의의 원조는 《오리엔탈리즘》과 《문화와 제국주의 Culture and Imperialism》의 저자 에드워드 사이드로 알려져 있다. 명저 《오리엔탈리즘》에서 사이드는 푸코의 이론을 차용해, 지식과 권력의 관계가 어떻게 유럽인들의 오리엔탈리즘 형성에 작용했는가를 탐색하고 있다. 즉, 푸코에 의하면 지식과 권력이 결합하면 당대의 진리를 만들어내는데, 마찬가지로 동양에 대한 서양의 지식도 서구인에게 동양인을 다스릴 권력을 부여해주었다는 것이다. 사이드는 동양에 대한 지식이 유럽인들에게 동양을 정의하고, 해석하며, 이름 지어주고, 지배할 권리를 주었다고 지적한다. 그러나 사이드가 보기에 더 근본적인 문제는, 동양에 대한 유럽인들의 지식이라는 것이 대다수의 경우, 동양에 대한 상상 속의 낭만화나 여행자의 부정확한 인상기에 근거한 것들인데도, 그것이 곧 동양에 대한 진실이 되고, 하나의 지식 체계로 굳어졌다는 점이다.

　사이드는 《문화와 제국주의》에서 바바가 그랬던 것처럼, 문화의 혼종성과 다양성을 인정해야 한다고 말한다. 사이드는 "이 세상에 순수한 문화란 없다. 모든 문화는 혼혈이며, 경계를 넘어 서로 뒤섞이고 있다"라고 말한다. 그는 또 "제국주의가 남긴 유일한 장점이 있다면, 문화와 언어로 세계를 연결한 것이다"라고 말한다. 또한 그 장점을 살려서 다른 문화를 인정하고 포용하며, 다문화사회와 혼종문화를 장려할 것을 주장한다. 이 저서에서 그는 또 "내가 스스로를 망명객이라고 지칭할 때, 그것은 슬프거나 박탈당한 것을 의미하지는 않는다. 그것은 내가 두 문화와 두 세계에 속해 있다는 것을 의미한다"라고 쓰고 있다. 그러므로 사이드의 탈식민주의는 제국에 대한 한 맺힌 복수나 원한이 아니라, 예전의 제국과 예전 식민지들이 서로 화해하고, 서로 겹치는 공통의 문화적 영역을 찾아 평화롭게 공존하는 것을 궁극적 목표로 하고 있다.

다만 사이드는 그러기 위해서는 제국주의 시대의 문학을 연구할 때나 가르칠 때, 텍스트뿐만 아니라 그 뒤에 숨어 있는 정치적 맥락도 밝혀서 참조해야 한다고 말한다. 예컨대 존 러스킨이나 토마스 칼라일을 논하면서, 인도나 자메이카 폭동에 대한 그들의 제국주의적 편견은 젖혀 놓고, 그들의 문학 작품만 논하는 것은 잘못된 태도라는 것이다. 그렇게 주장하는 사이드 앞에서 면죄부를 받을 수 있는 영국 작가는 없다. 제국주의 시대의 작가들은 모두 자신도 모르게 태어나면서부터 당대의 제국주의 이념의 영향을 받았기 때문이다. 심지어 가장 비정치적인 작가인 제인 오스틴이나 영국의 국민작가인 찰스 디킨스조차도 사이드의 예리한 비판을 피하지 못한다. 예컨대 오스틴의 《맨스필드 파크Mansfield Park》

에서 영국의 식민지는 영국인들이 부를 축적할 수 있는 곳으로 제시되고 있으며, 디킨스의《위대한 유산Great Expectations》에서는 오스트레일리아가 범법자들이 추방되어 다시는 돌아올 수 없는 식민지로 묘사된다.

심지어는 아라비아의 로렌스로 불리는 T. E. 로렌스와 서구 자본주의를 공격했던 카를 마르크스조차도 사이드의 비판에서 벗어나지 못한다. 사이드는 T. E. 로렌스가 비록 아라비아의 근대화에 공헌하기는 했지만, 미개한 아라비아를 영국식으로 교화시켜야 한다는 제국주의적 사명감을 갖고 있었던 사람이었다고 비판한다. 사이드는 또한 카를 마르크스가 만일 인도를 근대화시키고 인도 경제를 서구식으로 발전시킬 수만 있다면 영국의 인도 지배는 필요하다고 말한 것을 상기시키면서, 마르크스 역시 서구 제국주의적 사고방식에서 자유롭지 못했다고 지적한다.

19세기 영국 작가들이 제국주의적 사고방식에서 벗어나지 못했다는 사실은 코난 도일의 추리소설에서도 잘 드러나고 있다. 명탐정 셜록 홈스가 등장하는 도일의 여러 소설에서, 범죄에 사용되는 무기—단검이나 맹독이나 독사—는 언제나 아프리카나 인도 같은 영국의 식민지에서 들여온 것들이다. 또한 흉악한 범인 역시 식민지 원주민이거나, 식민지에 다녀와서 그곳의 사악한 풍습에 물든 영국인인 경우가 많다. 이는 순수한 대영제국인은 범죄를 저지르지 않으며, 영국에는 범행에 사용할 만한 흉기가 없다는 것을 시사하고 있다고 볼 수 있다. 이는 도일이 꼭 제국주의자였다기보다는 당시 제국의 작가들이 자연스럽게 그런 사고방식에 젖어 있었다는 것을 의미한다.

　브램 스토커의《드라큘라Dracula》도 그런 맥락에서 읽을 수 있는 소설이다. 이 소설에서 영국의 문명사회를 파괴하는 무서운 괴물은 문명에서 멀리 떨어진 동유럽에서 온다. 이 흡혈귀는 산 것도 죽은 것도 아닌 '언데드undead'의 존재로서 삶과 죽음과 부활을 믿는 기독교의 교리를 모독하며, 극단적 비이성의 상징으로 이성적인 유럽의 과학에 도전한다. 그런 의미에서 스토커가 어둠의 왕자인 흡혈귀의 천적으로 서구 문명의 상징인 십자가와 햇빛을 설정한 것은 대단히 적절한 은유라고 볼 수 있다.

　비유럽에 대한 유럽인들의 두려움은 셰익스피어의《태풍The Tempest》의 등장인물인 캘리반에 대한 부정적 묘사에서도 잘 드러나고 있다. 이 작품은 섬의 원주민 캘리반을 마치 괴물처럼 묘사하고 있다. 비슷한 경우로, 아프리카로 사냥 여행을 간 영국인 사냥꾼들이 고릴라의 습격을 받았는데, 나중에 알고 보니 고릴라가 아니라 원주민 여자들이었다는 기록도 있다. 또 19세기 영국작가인 윌키 콜린스의 추리소설《흰 옷을 입은 여자The Woman in White》에는 '영국 여자들은 요리나 청소나 육아를 위해 태어난 것이 아니다. 그런 것은 식민지 여성 가정부들이 할 일이다'라는 편견에 가득 찬 방만한 표현도 나온다.

되받아 쓰기—탈식민주의의 글쓰기 전략

탈식민주의의 전략 중 하나는 '제국의 되받아 쓰기The Empire

Writes Back'기법, 즉 제국의 작가들이 무의식적으로 써놓은 제국주의적 사고방식이나 제국주의 이데올로기의 모순을 찾아내어 그들의 작품을 비판적으로 읽고 그들의 편견을 해체하는 것이다. 이 방법은 제국의 무기를 이용해서 스스로 제국을 공격하게 만드는 것이어서 대단히 효과적이다. 그런 면에서 탈식민주의는 포스트모더니즘 및 자크 데리다의 해체이론과도 인식을 같이 하고 있다.

그러므로 탈식민주의적 책읽기와 글쓰기는, 제국의 정전正傳인 문학 작품을 새로운 시각으로 다시 읽고 현대판으로 다시 씀으로써 제국의 핵심을 해체하는 것을 전략으로 차용하고 있다. 예컨대 대니얼 디포의《로빈슨 크루소》를 여성의 시각으로 다시 쓴 존 쿳시의《포Foe》나, 샬롯 브론테의《제인 에어Jane Eyre》를 다락방에 갇힌 미친 서인도제도 여자의 시각으로 다시 쓴 진 리스의《광활한 사르가소 바다Wide Sargasso Sea》, 또는 방주에 타지 못한 동물의 시각으로 노아의 홍수 이야기를 다시 쓴 티모시 핀들리의《항해에서 제외된 자들Not Wanted on the Voyage》같은 작품들은 모두 대표적인 탈식민주의 소설이라고 할 수 있다. 그 외에도 새뮤얼 셀번의《승천하는 모세Moses Ascending》같은 작품도 대표적인 탈식민주의 소설로 분류된다.

앞에서 든 예 중,《로빈슨 크루소》는 머나먼 영토를 자기 것으로 만들고 지배하는 유럽 제국주의와 그것을 합리화해주는 프로테스탄트protestant 윤리에 대한 작품으로 읽을 수 있다. 프로테스탄트 윤리에 의하면, 근면과 노동을 통해 인간은 새로운 지역을 개척할 수 있기 때문이다. 그 섬에서 크루소는 프라이데이라는 원주민을 만나 그에게 영어를 가르친다. 크루소가 원주민에게 제국의 언어를 가르치는 이유는 그를 지배하고, 교화시키고, 일을 시키기 위해서다. 그러한 상황을 쿳시는《포》에서 여성의 시각으로 재해석했다. 프라이데이를 벙어리로 등장시킴으로써,《로빈슨 크루소》를 새로운 의미를 갖는 탈식민주의적 작품으로 변모시켰다.

휴스턴 베이커 같은 이론가는 세익스피어의《태풍》을 원주민 캘리반의 시각으로 다시 해석하는 탈식민주의적 글을 썼다. 또 다른 탈식민주의 이론가인 스티븐 슬레먼은 〈제국의 기념비들: 탈식민적 글쓰기의 알레고리와 반언술행위Monuments of Empire: Allegory/Counter-Discourse/Post-Colonial Writing〉라는 글에서 영국 식민지였던 오스트레일리아의 초대 총독 아서 필립의 동상에 숨어 있는 제국주의 이데올로기를 다음과 같이 읽어낸다.

필립 경의 동상은 화려한 무사복 차림인 채 사각의 사암砂岩 기둥 위에 탑처럼 솟아 있었고, 펼쳐 보이는 문서를 마치 누군가에게 보여주고 있기라도 하듯이 그의 오른쪽 발과 손은 앞으로 뻗어 나와 있었다. 사람들의 시선이 동상의 중간쯤에 가면 네 귀퉁이에 총독의 절반 정도 크기의 고전 시대 인물들이 눈에 띄는데, 그들의 이름은 금으로 새겨져 있었다. 삼지창을 든 턱수염을 기른 사람은 넵튠, 그의 우측에 비스듬히 있는 여자는 커머스, 그리고 그녀 옆에 있는 인물은 사이클로프스(그러나 이 용감하게 보이는 인물은 그 두 눈과 영리한 모습으로 보아 아마도 오디세이를 상징하는 것 같았다), 그리고 양을 어루만지고 있는 여자는 애그리컬처로 명명되어 있었다.

그러나 만일 그 동상을 바라보는 사람들이 아주 가까이 서 있지 않았더라면, 동상 기둥의 가장 낮은 층(거기에는 분수와 돌고래 상이 있었다)에 있는 네 개의 작은 장식 판자를 보지 못했을 것이다. 그 각각의 장식 판자에는 벌거벗은 원주민 사냥꾼들의 모습이 새겨져 있었는데, 그들은 어떠한 언어에 의해서도 각인되거나 명명되지 않았다.

이 표면적 차원에서 필립의 당당한 모습은 유럽 식민지 개척자들이 오스트레일리아의 신대륙에 첫발을 들여놓았던 신성한 순간을 의미하며, 그가 내밀고 있는 문서는 식민지에서 영국의 법체계를 확립하는 데 기여한 여왕의 칙서로 이해될 수 있을 것이다. 그러나 알레고리적 차원에서, 그의 동상은 훨씬 더 많은 것을 함축하고 있다. 즉, 원주민들은 하단부에 숨어 있는 듯 움츠리고 있는 데 반해, 필립은 상단부에 보라는 듯이 당당히 서 있으며, 원주민들은 왜소한 반면 그의 모습은 장대하다. 또 원주민들의 벌거벗음은 필립의 화려한 복장과 대조되고, 전자의 복수성은 후자의 단일함과 대조가 된다.

그 두 극단적인 체계 사이에 중간 단계가 개입하고 있는데, 그것은 여러 겹의 고전적 세계다. 그 고전적 세계는 한편으로는 유서 깊은 유럽 문명의 한 혈통이고, 또 한편으로는 제국주의 열강들의 반영인 당대 유럽에 관련된 것으로 묘사된다. 소수의 특권을 부여받는 기념비에게만 표현 능력이 주어지는 그러한 역사 내에서 식민지 문화는 언제나 각인되거나 기록되지 않은 채로 남기 마련이다. (슬레먼, 1992, 56~58쪽)

이 인용에는 자체 해설이 들어 있어서 부연 설명은 군더더기가 될 것이다. 다만 이처럼 제국주의 시대의 정전正傳을 탈식민주의적 시각으로 읽어내는 것은 문화제국주의를 발견하고 극복하는 데 필수적인 행위라고 할 수 있다.

탈식민주의적 책읽기는 롤랑 바르트의《신화론Mythologies》에서도 발견된다. 이 저서에서 바르트는 프랑스 잡지《파리 마치Paris Match》의 표지를 통해 탈식민주의적 책읽기를 설득력 있게 시도하고 있다.

이발소에 갔는데, 기다리는 동안 읽으라고 주인이 내게《파리 마치》지를 건네주었다. 표지에는 프랑스 군복을 입은 젊은 흑인이 프랑스 국기인 삼색기의 겹쳐진 부분을 바라보는 듯 눈을 들어 올려다보며 거수경례를 하고 있었다. 그것이 그 표지의 드러난 표면적 의미였다. 그러나 나는 그것이 무엇을 의미하는지 잘 알고 있었다. 즉, 프랑스는 위대한 제국이며, 프랑스의 아들들은 피부색에 관계없이 국가에 대해 충성을 바쳐 봉사한다는 것, 그리고 프랑스의 식민주의를 비방하는 자들에게, 소위 자신을 억압한다는 것을 위해 봉사하는 이 흑인의 열성보다 더 좋은 답변은

없다는 것을 말이다. 그러므로 나는 다시 한번 더 커다란 기호 체
계와 대면하고 있는 것이다. (바르트, 1973, 116쪽)

바르트가 말하는 그러한 제국주의적 기호 체계는 식민지배가
끝난 오늘날에도 여전히 도처에 스며들어 작용하고 있으며, 제국
주의적 이념으로 계속해서 예전 식민지인들을 세뇌시키고 있다.
탈식민주의는 바로 그러한 상황을 인식하고, 거기 저항하는 새로
운 담론을 산출하는 지적 작업이라고 할 수 있다.

탈식민주의의 미래

탈식민주의는 오랫동안 중국의 속국이었으며, 일본의 식민지
경험을 갖고 있는 우리의 경우에도 적용되는 사조라고 할 수 있
다. 얼마 전 일간지들은 '창작과 비평사'의 지도부 교체를 다루면
서, 이구동성으로 민족문학은 이제 그 시효를 다했다고 선언하고
있다. 우리는 이제 더 이상 편협한 민족주의가 제국주의의 대안으
로 작용하지 않는 21세기에 살고 있다. 뿐만 아니라 토머스 핀천
같은 작가는《브이를 찾아서》에서 "20세기 인류 문명을 파괴한
것은 서구 제국주의와 나치즘, 그리고 제3세계의 극단적 민족주
의였다"라고 쓰고 있다. 핀천은 또《제49호 품목의 경매》에서 "마
르크시즘과 산업자본주의는 똑같이 엄습해오는 공포일 뿐이다.
그러므로 우리는 0과 1 사이에 있는 제3의 길을 찾아야만 한다"
라고 말한다. 일본의 극우파 군국주의·제국주의에 대항하기 위한

이념적 무기로 공산주의를 택한 북한의 현 상황을 보면 핀천의 예리한 상황 판단과 심오한 혜안에 놀라게 된다.

탈식민주의는 한국의 민족문학이 살아남고 번성하기 위해서는 극단적 민족주의에서 벗어나, 보다 더 스케일이 큰 탈식민주의 문학으로 변모해야 한다는 것을 강력하게 시사해주고 있다. 레이저와 중성자탄과 최첨단 컴퓨터를 사용하는 21세기 하이테크 시대에, 20세기 중반의 무기인 구식 M1소총으로 대항하는 것은 현명하지 못하다. 이미 패배가 예고되어 있기 때문이다. 탈식민주의는 상대적으로 단순한 민족문학·민중문학 논리를 훨씬 더 복합적으로 성찰하게 해준다. 뿐만 아니라 한국의 탈식민주의 문학을 하나의 중요하고 흥미로운 케이스 스터디로써 세계문단과 학계에 제시해줄 수 있다. 따라서 탈식민주의는 현대 한국을 살아가는 우리에게도 절실하고 중요한 사조라고 할 수 있다.

제10장

모든 것을 문화로 읽다
문화 연구

영국의 문화 연구

문화 연구cultural studies는 1964년에 리처드 호가트가 영국 버밍엄대학교의 현대문화 연구소Centre for Contemporary Cultural Studies의 초대 소장으로 부임하면서 사용한 용어이다. 이 후 1969년에 그의 조수였던 스튜어트 홀이 소장직을 계승하면서 새로운 문예사조로 발전시켰다. 당시 영국은 노동당이 집권하던 시절이었으므로 영국의 문화 연구는 호가트나 홀 같은 마르크스주의 학자들에 의해 시작되었다. 따라서 초기의 문화 연구에서 자본주의의 산물인 대중문화는 무시와 경원의 대상이 되었다. 영국의 문화 연구는 리처드 호가트, 스튜어트 홀, 레이먼드 윌리엄스, E. P. 톰슨 같은 좌파 이론가들의 이론을 근저에 깔고 시작되었다.

당시 영국은 오랫동안 노동당이 집권하고 있었다. 다른 나라의 좌파정권들이 그랬던 것처럼 영국의 노동당 역시 경제 정책에 실패했다. 그 결과 1978년, 보수당의 마거릿 대처가 압승을 거두며 수상으로 선출되었다. 수백만 명의 노동자들도 보수당의 대처에게 표를 던졌다고 한다. 물론 그러한 현상의 배후에는 무능한 영국 노동당에 대한 영국인들의 실망과 환멸이 자리 잡고 있었다. 노동자의 권한과 요구가 도를 넘고 포퓰리즘이 만연한 나라의 경제가 비틀거리는 것은 어쩌면 당연한 것이었다. 그리고 그 피해는 고스란히 노동자들에게 돌아갔다.

문화 연구는 선거 결과에 당황하고 혼란스러워진 마르크스주의자들이, 그러한 비정상적인 현상을 설명하기 위해 만들어낸 이론이라고 알려져 있다. 그래서 그런지 문화 연구는 "문화란 지배 권력이 지배 이념을 확산해 대중들을 세뇌시키는 헤게모니 hegemonie의 수단"이라고 말한다. 그래서 문화 연구는 이탈리아의 노동자들이 파시스트 정권에 표를 몰아준 것을 이해할 수 없었던 안토니오 그람시의 헤게모니 이론을 차용해, 문화를 지배 이데올로기의 헤게모니 장악 수단으로 본다.

또 문화 연구는 포스트모더니즘, 탈구조주의, 탈식민주의, 문화 제국주의, 페미니즘, 민족 연구, 젠더 연구, 커뮤니케이션 연구 등과도 긴밀히 교감한다. 초기에 문화 연구자들은 자본주의 지배계급이 대중문화를 이용해 대중을 조종하고 세뇌시켰기 때문에 노동자들이 보수당에 표를 던졌다고 결론을 내렸다. 뜻밖의 선거 결과를 나름대로 합리화한 것이다. 또한 이런 이유를 들어 문화 연구자들은 자본주의의 산물인 대중문화의 생산과 보급과 소비 행태를 비판적으로 연구해야 한다고 주장했다.

물론 그러한 시각도 유효하고, 하나의 흥미로운 관점을 제시해준다는 것을 부인할 수는 없을 것이다. 그러나 문화를 단지 세뇌와 지배 수단과 헤게모니의 쟁탈로만 보는 것이 과연 옳은지에 대해서는 의문이 아닐 수 없다. 문화는 정치 수단이기 이전에 하나의 현상이며, 충돌과 전쟁이기 이전에 상호 이해와 교류의 대상이기 때문이다. 그것은 페미니즘의 경우도 마찬가지일 것이다. 왜냐하면 남녀관계나 부부관계를 지배자와 피지배자의 관계로만 보는 것이 과연 옳고 합당한가에 대해서도 역시 반론의 여지가 있기 때문이다.

영국의 문화 연구가 문화를 대중 세뇌나 헤게모니를 잡기 위한 지배 이데올로기의 음모로 보면서, 대중문화의 생산과 확산, 그리고 소비 과정은 문화 연구 학자들의 집중적인 연구대상이 되었다. 그 과정에서 대중문화기 점차 중요한 위상을 차지하게 되었다. 그러다가 1980년 말과 1990년 초가 되면서 대중문화는 진지한 문학 텍스트와 어깨를 나란히 하는 위치에까지 오르게 되었다. 영화나 만화, 또는 애니메이션이나 컴퓨터 게임, 그리고 팝송이나 사진(또는 그림)이 이제는 문학 작품과 똑같은 위상을 갖는 문화 텍스트로 격상된 것이다. 반면, 고급문화나 순수문학은 그 위상이 추락했다. 대중문화나 대중문학과 동등하게 취급받게 되면서 여러 개의 문화 텍스트 중 하나로 여겨지며 특권이 축소된 것이다. 문학은 이제 더 이상 문화계에서 귀족적 위치를 점유할 수 없게 되었다.

미국과 남미의 문화 연구

영국의 문화 연구가 마르크스주의 학자들에 의해 자본주의 문화에 대한 비판과 이념적 헤게모니 다툼에 대한 성찰을 중심으로 진행되는 동안, 미국의 문화 연구는 영국과는 다른 차원에서 진행되고 있었다. 미국의 문화 연구는 저명한 문학이론가인 레슬리 피들러가 1960년에 출간한 기념비적 저서인 《미국 소설에 나타난 사랑과 죽음Love and Death in American Novel》으로 시작되었다. 이는 서로 다른 문화적 배경을 가진, 그러면서도 미국이라는 한 나라를 이루고 있는 백인과 유색인 사이의 문화적 이해와 화해에 대한 성찰이었다. 피들러는 미국 문학 사상 처음으로 주류 문화에 속한 백인 주인공과 비주류 문화에 속한 유색인 동반자가 미국 소설에 부단히 등장해 광야에서의 모험을 공유한다는 패턴을 찾아냈다. 그는 그 이유를, 미국 작가들이 현실에서는 불가능한 문화적·인종적 화해를 상상력의 소산인 문학 작품 속에서 꿈꾸었다고 말했다. 이렇듯 피들러 60년대의 자유주의적 시대 정신을 대표하는 미국 특유의 문화 연구를 이끌었다.

미국 소설을 살펴보면, 피들러의 지적대로 백인 주인공과 원주민 동반자의 모험이 자주 등장한다. 예컨대, 백인 주인공 레더스타킹과 그의 동반자인 원주민 아메리칸 칭카치국(제임스 페니모어 쿠퍼의 소설), 아서 고든 핌과 원주민 혼혈 더크 피터스(애드거 앨런 포의 소설), 이스마엘과 폴리네시아인 퀴퀘그(허먼 멜빌의 소설), 그리고 헉과 아프리카계 미국인 짐(마크 트웨인의 소설)이 보여주는 인종을 초월한 광야에서의 우정은 피들러의 이론을 잘 예증해주고 있다. 1984년에 출간한《문학이란 무엇이었는가?What was literature?》에서 피들러는 미국 소설뿐 아니라, 미국 영화 속에서도 백인 주인공과 유색인 동반자의 모험은 계속된다고 말한다. 〈론 레인저The Lone Ranger〉, 〈스타워즈Star Wars〉, 〈스타 트렉Star Trek〉, 〈흑과 백The Defiant Ones〉, 〈48시간48 HRS〉, 〈리쎌 웨폰Lethal Weapon〉 같은 영화는 그 좋은 예라고 할 수 있다.

이어서 피들러는《플레이보이PLAYBOY》지에 〈경계를 넘고―간극을 좁히며Cross the Border—Close the Gap〉라는 또 하나의 기념비적인 글을 발표해, 고급문화와 대중문화 사이의 경계를 없애고 간극을 좁히는 중요한 일을 했다. 그는 또 〈양극을 피하는 중간The Middle Against Both Ends〉이라는 글도 발표해서, 좌우 이념의 충돌 및 지배문화와 주변문화의 대립을 피하는 제3의 길을 추구했다. 피들러의 미국식 문화 연구는 백인 보수주의 학자들의 비판 속에서도 많은 지지자를 이끌어내 미국의 문화 연구를 크게 발전시켰다.

남미의 문화 연구에서는《하이브리드문화Hybrid Cultures》의 저자로 유명한 네스토르 가르시아 칸클리니의 역할이 컸다. 칸클리니는 지금 우리는 순수문화보다는 하이브리드문화가 대세인 시절에 살고 있다고 말하며, 문화의 경계 넘기를 주창했다. 이 세상에 순수한 문화란 없고, 모든 문화는 서로 뒤섞인 하이브리드문화라는 것이다. 유럽의 문화와 원주민문화가 섞인 남미의 경우, 하이브리드문화 이론은 특히 강렬한 호소력을 갖는다. 또 엄밀히 말하면 이 세상 모든 문화는 본질적으로 하이브리드문화라고 할 수 있다. 문화는 늘 경계를 넘어 부단히 뒤섞이고, 또 그럼으로써 풍요로워지기 때문이다. 북미와 남미의 문화 연구는 문화를 이념적 헤게모니 장악 수단으로 보았던 영국과는 달리, 이처럼 인종적 화해나 문화의 경계 넘기가 주 관심사였다.

문화 연구와 소비문화, 그리고 세계의 글로벌화

문화 연구 학자들은 문화 상품이나 문화 텍스트가 어떻게 정치권력과 결합하여 새로운 의미를 생성해내는가에 관심이 많다. 그러므로 문화 연구 학자들은 우리에게 수동적인 소비자가 되지 말라고 경고한다. 문화 상품도 사실은 자본주의의 음모이고, 지배문화의 세뇌라고 생각하기 때문이다. 그들은 아무 생각 없이 소비하는 것은 지배문화에 의해 세뇌되고, 그것의 음모에 동참하는 것이라고 경고한다. 그러므로 문화 연구 학자들은 우리에게 문화 상품의 생산과 확산을 눈여겨보고, 문화 상품 속에 숨어 있는 사회·정치적 의미를 파악해야 한다고 말한다.

또 문화 연구 학자들에게는 넘쳐나는 각종 광고도 후기 자본주의가 우리를 조종하는 허구의 이미지일 뿐이라고 지적한다. 우리는 원하든 원하지 않든 날마다 수많은 광고를 보게 되기 때문에, 자신도 모르게 광고에 의해 세뇌된다는 것이다. 예컨대, 화장품 광고를 보면 자기도 모델처럼 예뻐질 수 있을 것이라는 환상에 사로잡혀 결국 그 화장품을 구매하게 된다는 것이다. 심지어는 광고의 홍수에 빠져 있는 도시를 떠나 휴양지로 도피할 때에도, 우리는 광고에서 본 해변의 휴양지를 무의식적으로 상상하게 된다는 것이다.

프랑스 사상가들도 그런 인식에 동참했다. 장 보드리야르는 자신의 유명한 시뮬라시옹Simulation 이론을 통해, 우리는 지금 모사나 광고가 실제나 실물보다 더 리얼하고 더 그럴듯하게 보이는 시대에 살고 있다고 말한다. 즉, 우리는 현실과 허구, 또는 리얼리티와 판타지의 구분이 모호한 시대에 살고 있다는 것이다. 실제로 우리는 텔레비전 광고와 컴퓨터 광고, 그리고 쇼핑 채널과 온라인을 통한 구매로부터 결코 자유로울 수 없는 시대에 살고 있다. 그런 시대에 소비자는 자칫 수동적인 소비자가 되어, 자신도 모르는 사이에 조종자의 유혹에 넘어가고 광고에 나오는 제품을 구입하게 된다.

프랑스의 문화 연구자들은 또 다국적 기업이나 세계의 글로벌화를 후기자본주의 또는 미국의 음모라고 본다. 프랑스의 사회학자 피에르 부르디외가 그 대표적인 학자인데, 그는 글로벌화를 미국의 문화적·경제적 헤게모니에 당의정糖衣錠을 입힌 것으로 파악한다. 그래서인지 그는 유럽이 세계의 중심이었던 모더니즘 시대의 보편화universalization가 지금의 세계화globalization보다 더 낫다고 주장한다.

그러나 동양인의 눈으로 보면 20세기 초의 보편화야말로 전 세계를 서양화시키는 제국주의적 결과를 가져온 반면, 세계화는 그 과정에 동양도 상당 부분 참여한다는 점에서 전자보다 더 나아 보인다. 전 세계적으로 인기를 끌고 있는 한류도 세계화 현상의 덕분이라고 볼 수 있다. 그 까닭은 사물의 경계가 확실하고 서구문화가 중심을 차지하고 있었던 20세기 초 같으면 비서구문화인 한류에 세계가 아무런 관심도 없었을 것이기 때문이다. 더구나 세계화 과정에는 국경을 넘나드는 인터넷과 SNS와 스마트폰이 작용하고 있어서, 전 세계의 서구화를 의미했던 모더니즘 시대의 보편화와 오늘날의 세계화는 본질적으로 다르다고 할 수 있다. 또 다국적 기업도 반드시 부정적이라고는 할 수 없다. 캐나다의 경우, 다국적 기업에 의존하고 있으나 오히려 국가 경제에 도움이 되고 있다. 그런 시각으로 보면, 부르디외의 주장은 파리가 세계의 중심지였던 모더니즘 시대에 대한 향수와 전혀 무관하지 않은 것처럼 보인다.

미국의 좌파 문화 연구 학자인 더글러스 켈너도 저서 《미디어 문화Media Culture》에서 흥미 있는 문화 이론을 펼치지만, 때로 시각이 너무 획일적이고 단순하다는 느낌을 준다. 예컨대 그는 미국 영화를 분석하면서 〈람보Rambo〉 시리즈는 레이건 식 군국주의 우파보수 이데올로기를 전파하는 역할을 했으며, 근육질의 할리우드 배우들—예컨대 스티븐 시걸, 척 노리스, 아널드 슈워제네거 등—의 액션영화 또한 같은 기능을 하고 있다고 비판한다. 그러나 〈람보〉 시리즈의 1편인 〈퍼스트 블러드First Blood〉는 군국주의 우파보수 이데올로기를 전파하는 영화라기보다는 미국정부와 지배문화에 대한 베트남 참전 제대 군인의 저항을 그린 영화라고 할 수 있다. 시리즈 두 번째인 〈람보〉 역시 CIA의 조종과 음모와 기만에 대한 람보의 폭로와 응징이 주제이지, 군국주의 우파보수 이데올로기 영화라고 보기는 어렵다. 물론 원맨 인간병기로서 소련군과 북베트남군을 시원하게 격파한다는 설정이 최초로 전쟁에 패배한 미국인들의 상처 입은 자존심을 치유해주는 역할을 했다는 지적은 맞는 말이다. 그러나 이 영화를 간단하게 군국주의 우파보수 영화라고 단정 짓는 것은 너무 단순한 논리라는 느낌을 준다.

스티븐 시걸이나 척 노리스나 아널드 슈워제네거가 출연하는 영화 중에도 군국주의 우파보수 영화가 아닌 것들이 많고, 오히려 소수 인종 보호나 생태계 보존을 위해 투쟁하는 영화도 많다. 그런 관계로, 켈너의 이론을 일괄 적용하기는 어렵다. 켈너의 이러한 주장은 현대의 모든 것을 자본주의나 후기자본주의적 현상으로만 보고 마르크스주의적 시각으로 비판하는 것의 문제점을 잘 보여주고 있다. 또 영화가 당대의 문화나 사회상을 잘 보여주는 텍스트이기는 하지만, 좌파 문화 연구자들이 주장하는 것처럼 지배문화나 영화제작자들이 과연 의도적으로 미국의 이데올로기를 할리우드 영화에 담아서 전 세계에 확산시키고 있는지도 의문이다. 영화는 자연스럽게 그 나라의 당대 문화를 반영하기 때문이고, 영화제작자의 관심 또한 정치이념을 영화 속에 집어넣는 것이 아니라 돈을 버는 데에 있기 때문이다.

같은 맥락에서 좌파 문화 연구자들은 미국의 팝 문화──팝송, 패스트푸드, 슈퍼마켓, 편의점, 할인 상점체인 등──도 미국의 이데올로기를 담아서 전 세계에 전파한다고 비난한다. 그러나 미국의 문화나 특성이 미국의 문화 상품에 자연스럽게 녹아있는 것이지, 의도적으로 그런 것들을 상품에 집어넣어서 수출한다고 보는 것은 억지스러운 논리이자 근거 없는 음모론이라고 할 수 있다. 미국의 대중문화가 전 세계로 급속히 퍼져 나가는 이유 중 하나는 시작부터 대중문화가 주종을 이루고 있었던 것은 오직 미국뿐이었고, 따라서 고급문화가 지배적이던 다른 나라의 젊은이들에게 강력한 매력으로 다가오기 때문이다. 누구나 편리하게 접근하고 사먹을 수 있는 패스트푸드로 상징되는 미국의 문화민주주의cultural democracy는 다른 나라 사람들에게도 매력적으로 다가오는 것이다.

문화 연구의 중요성과 의의

영국 버밍엄대학교의 '현대문화 연구소'는 대학 연구 성과 평가에서 탈락해서 2001년 문을 닫았다. 그와 동시에 오늘날 문화 연구는 더 이상 좌파학자들의 전유물이 아니라, 대중문화를 포용하는 문화비평가들의 연구 대상으로 확대되고 보편화되었다. 그에 따라 문화 연구는 대중문화에 적대적이었던 초기와는 달리 대중문화의 위상을 격상시켰고, 그 결과 이제는 영화나 만화 같은 대중문화도 고급문화나 순수문학과 어깨를 나란히 할 수 있게 되었다. 반면 문학 작품은 당대의 문화를 드러내주는 여러 문화 텍스트 중 하나로 그 위상이 축소되었다.

전통적인 문학교수들이나 학자들은 그동안 문학을 연구하고 가르쳐온 자기네들의 방법이 곧 문화 연구였다고 주장하면서, 문화 연구가 새삼스러운 것이 아니라 이미 오래전부터 있어온 것이라는 논지를 편다. 문학은 본질적으로 당대의 사회상과 문화 현상을 반영하는 매체이기 때문이다. 그러나 고급문화를 선호하는 문학

교수들이 그동안 관습적으로 연구하고 가르쳐온 것은 대중문화를 인정하고 포용하는 문화 연구와는 거리가 먼 것이었다. 사실 전통적인 문학교수들은 영화나 만화, 애니메이션이나 컴퓨터 게임, 또는 추리소설이나 판타지문학에는 별 관심도 없었다. 오히려 그것들을 순수문학보다 열등한 것으로 취급하고 무시해 온 것이 사실이다. 그러나 문화 연구자들은 순수문학과 대중문학 사이의 경계를 없애고, 그 둘을 동등한 문화 텍스트로 보았다는 점에서 전통적인 순수문학 연구자들과는 본질적으로 다르다고 할 수 있다.

문화 연구는 1980년대 말과 1990년대 초부터 영화 텍스트를 문학 작품처럼 분석하고, 영화 속에서 문화를 읽어내는 작업을 시작했다. 문화 연구가 영화나 문학을 똑같이 한 나라의 문화 또는 당대의 문화를 읽어내는 텍스트로 봄에 따라, 문학과 영화의 경계는 급속도로 무너지기 시작했다. 대표적인 문화 연구자인 안토니 이스트호프의 저서 《문학에서 문화 연구로Literary into Cultural Studies》는 포스트모더니즘과 탈구조주의적 시각으로 영화 속에서 문화를 읽어내는 한 좋은 시도였다. 그는 이 저서에서 잭 니콜슨이 주연한 〈차이나타운Chinatown〉이나 숀 코네리가 주연한 〈제임스 본드〉 시리즈의 분석을 통해 당대의 사회상과 문화를 잘 읽어내고 있다.

문화 연구의 시각으로 보면, 영화 〈아바타Avatar〉나 〈터미네이터 제니시스〉도 당대의 문화를 읽어내는 좋은 텍스트로 다가온다. 〈아바타〉는 현대인의 관심사인 제국주의, 식민주의, 생태주의, 포스트휴머니즘, 트랜스휴머니즘, 그리고 현실과 환상의 경계 해체

등을 다루고 있는 좋은 문화 텍스트라고 할 수 있다. 식민지 행성인 판도라의 풍부한 자원을 착취하기 위해 지구인들은 용병을 보내 생태계를 파괴하고 원주민인 나비족을 몰살하려 한다. 주인공은 고도의 테크놀로지를 이용해 원주민 아바타가 되어 판도라에 잠입했다가 점차 그들을 이해하게 되고 사랑하게 된다. 그리고 원주민과 연대해 인간의 제국주의적 침략에 저항하게 된다. 주인공은 현실에서는 해병대 출신이지만, 아바타의 세계에서는 평화주의자가 된다. 또 현실에서는 휠체어를 탄 지체부자유자이지만, 환상 세계에서는 건강하고 힘센 모습으로 바뀐다.

〈터미네이터 제니시스〉는 자신도 모르게 우리가 기계에 의해 조종되어 컴퓨터의 노예가 되어 있는 상황을 스마트폰에 열중하고 있는 수많은 사람의 모습을 통해 보여주고 있다. 이러한 주제는 스티븐 킹의 《셀》에서도 다루어지고 있는데, 《셀》에서는 사람들이 휴대폰의 전파에 의해 조종되어 좀비처럼 변해 살인을 저지른다. 그런 면에서 보면, 문학과 영화는 경계를 넘어 서로 만나며 인식을 공유하고 있는 셈이다. 그것은 곧 이제는 그동안 우리가 문학을 통해서 깨우치던 성찰을 영화를 통해서도 배우고 깨달을 수 있게 되었다는 것을 의미한다.

문화 연구 덕분에 오늘날 영화나 컴퓨터 게임은 문학 작품과 똑같이 당대의 문화를 읽어내는 문화 텍스트가 되었고, 그동안 대중소설 취급을 받았던 추리소설, 판타지소설, SF소설도 당당히 순수문학과 동등한 반열에 오르게 되었다. 그런 의미에서 문화 연구의 등장은 문학사의 지평을 바꾸어 놓은 획기적인 사건이었다.

문학의 주인을 바꾸다
독자반응비평

문학 작품의 해석—저자의 의도인가, 독자의 반응인가?

문학 작품을 읽고 해석할 때, 감추어진 저자의 의도가 중요한가 아니면 그 작품을 수용하는 독자의 반응이 중요한가, 하는 문제는 문단과 학계에서 오랜 논란이 되어 왔다. 텍스트의 자기 충족성 self-sufficiency을 중시한 신비평가들은 저자의 의도나 독자의 반응은 둘 다 중요하지 않고, 작품 자체의 심미적 분석이 중요하다고 보았다. 그래서 신비평가인 윌리엄 윔사트와 먼로 비어드슬리는 저자의 의도를 중시하는 것을 '의도적 오류intentional fallacy', 그리고 독자의 반응을 중시하는 것을 '감정적 오류affective fallacy'라고 불렀다.

그러나 1960년대 포스트모더니즘이 등장하면서, 신비평적 시각에 반발해 작품 해석에 있어서 독자의 반응을 중요시하는 새로운 사조가 등장했다. 그것을 '독자반응비평reader response criticism'이라고 부른다. 독자반응비평 이론에 의하면, 저자의 의도나 작품이 함축하고 있는 의미보다는 작품을 수용하는 독자의 반응이 훨씬 중요하며, 따라서 독자는 저자와 함께 작품의 의미 산출에 동참하는 공저자가 된다. 그것은 곧 문학 작품에는 고정된 결말이나 의미가 없고, 각기 다른 독자에 따라 다양한 해석이 가능하다는 것을 의미한다.

독자반응비평은 문학 해석에 있어서 텍스트만을 중시했던 신비평과 형식주의 비평, 그리고 저자에게 무소부재無所不在의 권위를 인정했던 모더니즘에 반발해 1960년대부터 시작된 새로운 문학이론이다. 신비평은 문학 해석에 있어서 저자의 의도나 독자의 감성, 또는 작품의 역사적·사회적 맥락은 전혀 중요하지 않으며, 오직 텍스트 자체의 심미적 감식과 엄정한 분석만이 중요하다고 보았다. 한편, 모더니즘은 저자가 독자보다 우위에 있으며, 독자는 저자가 이끄는 대로 따라오다가 저자가 제공해주는 진리와 깨달음과 결말을 받아들여야 한다고 보았다. 독자반응비평은 이 두 가지 모두에 반발하면서 시작되었다.

독자반응비평에 의하면, 저자의 의도나 작품의 배경보다는 그 작품을 읽고 수용하는 독자가 더 중요하다. 즉, 모든 작품은 독자의 감정, 경험, 교육, 성장 배경에 따라서 달리 해석될 수 있기 때문에 작품 해석의 다양성과 무한한 가능성을 인정해야만 한다는 것이다. 그래서 독자반응비평은 책을 읽는 동안 독자가 경험하는 심리적 반응과 변화, 그리고 독자가 만들어내는 각기 다른 해석의 도출에 관심이 많다. 독자반응비평이 현상학, 심리 분석학, 그리고 해석학과 긴밀하게 연관되어 있는 이유도 바로 거기에 있다.

제인 톰킨스가 1980년에 출간한《독자반응비평: 형식주의에서 탈구조주의로Reader-response Criticism: From Formalism to Post-structuralism》의 표지에는 지하철에서 승객들이 같은 책을 읽는데, 한 사람은 웃고 또 한 사람은 우는 그림이 그려져 있다. 독자의 감성이나 배경에 따라서 같은 작품이라 할지라도 다르게 받아들이는 것이 가능하다는 것이다. 물론 하나의 작품이 독자에 따라 무한히 다르게 해석된다면 혼란을 야기하지 않겠냐는 비판과 우려도 있을 수 있다. 그러나 무질서의 가치에 대한 인정과 무질서 속에서 질서를 보는 것이야말로 독자반응비평이 갖고 있는 포스트모더니즘적 특성이다. 그래서 독자반응비평은 무질서처럼 보이는 것에 질서를 부여해서는 안 된다고 말한다. 서구 제국주의도 바로 그런 사고방식과 태도로 인해 생성되었고 합리화되었기 때문이다.

다만 스탠리 피시 같은 이론가는 '해석의 공동체interpretive community'라는 개념을 통해 혼란을 정리하려 한다. 즉, 비슷한 문화적 배경이나 성장 과정, 또는 같은 수준의 교육을 공유하는 독자라면 어느 정도 비슷한 해석을 하게 되리라는 것이다. 한국인 특유의 해석도 있을 수 있고, 지식 수준이 비슷한 사람들의 공통의 해석도 가능하다는 것이다. 비슷한 맥락에서 컬럼비아 대학교의 마이클 리파테르는 대중 독자가 아닌 수준 높은 '슈퍼 독자'를 상정했고, 독일의 독서 이론가 볼프강 이저는 텍스트가 기대하고 또 내포하고 있는 '암시된 독자'를 상정했다. 필자는 리파테르와 이저를 각각 뉴욕과 서울에서 만나 그들의 독자반응비평 이론에 대해 논의할 기회가 있었는데, 두 사람 모두 대중 독자와는 조금 다른, 일정 수준의 독자그룹을 상정하고 있다는 걸 알 수 있었다.

독자반응비평의 등장 배경

독자반응비평은 1960년대 초, 교수들이 대학에서 문학을 가르치다가 학생들의 해석이 각기 다른 것을 발견하면서 시작되었다고 알려져 있다. 학생들은 수업 시간에 과제로 읽어온 작품에 대해 각기 다른 해석을 내놓았고, 교수들은 그 모든 해석이 전부 가능할 수도 있다는 사실을 깨닫게 된 것이다. 문학교수들은 문학작품의 객관적 책읽기나 단 하나의 정해진 결말이란 불가능하다는 사실을 인정하게 되었고, 그 결과로 나온 것이 바로 독자반응비평이다.

그러다가 1967년에 스탠리 피시가 존 밀턴의《실낙원Paradise Lost》을 독자반응비평으로 읽어낸《죄에 놀라서: 실낙원 속의 독자Surprised by Sin: The Reader in Paradise Lost》를 출간하면서 독자반응비평 이론 논의가 본격적으로 시작되었다. 인류의 타락을 그려낸 밀턴의 대작은 기독교 신자와 불교 신자, 그리고 무신론자들로부터 각기 다른 해석을 도출해냈는데, 피시는 배경이 서로 다른 이들을 각기 다른 '해석의 공동체'라고 불렀다. 필자는 1983년에 미국 컬럼비아대학교에 객원교수로 온 피시 교수로부터《실낙원》을 배웠는데, 그는 학기 내내 독자반응비평에 입각한 책읽기의 중요성을 강조했다.

1970년에 피시는 독자반응비평의 매니페스토manifesto 격인 〈독자 속의 문학: 감정적 책읽기Literature in the Reader: Affective Stylistics〉라는 글을 발표했다. 이 글은 문학 작품을 읽을 때 발생하는 '감정적 오류'를 경계했던 신비평에 대한 정면 도전이었다. 즉, 피시는 책을 읽을 때, 독자의 반응은 본질적으로 주관적이고 감정적일 수밖에 없다고 선언한 것이다.

피시의 독자반응비평 이론은 독자의 책읽기 과정을 슬로비디오로 포착하여 보여주는 것과 비슷하다. 그는 텍스트를 읽을 때 생겨나는 독자의 반응을 주시하며, 책읽기란 마치 슬로모션 카메라가 독자의 언어적 경험을 촬영하여 보여주는 것과 같다고 설명한다. 피시에게 있어서 '텍스트의 의미'란 책읽기 과정에서 생겨나는 독자의 반응에 의해 산출되는 결과물과도 같다. 그러므로 피시에게 있어서 문학 작품은 독자의 마음속에서 일어나는 사건이나 경험이지, 고정된 의미를 가진 대상은 아니다.

물론 피시의 독서 이론도 문제점을 내포하고 있다. 피시의 이론은, 독자의 반응이란 사실 완전히 무작위적인 것이 아니라 저자가 그 효과를 노리고 숨겨 놓은 법칙들에 의해 유발된다는 가정에서 시작된다. 그렇다면 독자는 궁극적으로 저자의 의도를 성취시켜주는 셈이며, 독자가 책을 읽으면서 겪는 과정도 사실은 저자의 창조물이라는 말이 된다.

문제는 모든 부류의 독자들이 다 저자의 의도를 충족시켜 줄 만큼 수준이 높지는 않다는 데 있다. 그래서 피시는 자신이 의미하는 독자란, 곧 '교양 있는 독자Informed reader'라고 말한다. 그는 '교양 있는 독자'란 우선 텍스트에 사용된 언어를 잘 구사하는 사람을 의미하고, 다음으로 그 쓰여진 내용을 이해할 수 있는 지식을 갖춘 사람을 의미하며, 마지막으로 문학적 센스와 소양이 있는 사람을 의미한다. 피시의 이와 같은 '교양 있는 독자' 또는 '해석의 공동체' 이론은 그것이 내포하고 있는 엘리트주의로 인해 비판의 여지가 있다. 그의 이론에 의하면 저자와 언어나 문화를 잘 모르는 독자는 논의에서 제외된다. 그러나 그의 이론의 장점은, 그러한 설정이 자칫 독자반응-비평이 초래할지도 모르는 무정부주의적 혼란을 피할 수 있다는 점이다.

자신의 독자반응-비평 이론이 구체적으로 예시되어 있는 저서인《이 수업에 교재가 있나요?Is There a Text in This Class?》의 제목을 설명하면서 피시는, 자기 수업에 들어온 존스홉킨스대학교의 한 여학생이 학기 첫 시간에 어느 교수에게 "이 수업에 교재가 있나요?"라고 물었던 에피소드를 언급하고 있다. 그 교수가 "물론이지. 노턴 앤솔러지The Norton Anthology of English Literature야"라고 대답하자, 그 여학생은 "아니오. 저는 이 수업에서 우리가 시나 작품을 믿을 건지, 아니면 우리 자신을 믿을 건지를 여쭤본 건데요"라고 말했다고 한다. 이것은 독자도 작품의 의미 산출에 적극 참여하는, 작품과 똑같은 비중의 존재라는 것을 잘 예시해주고 있다.

스탠리 피시는 작품을 읽으면서 독자가 채워 나가는 빈칸이 작품의 소유가 아니라 독자의 소유가 된다고 주장한다. 그러므로 피시는 "의미의 일부는 작품에서 나오고 또 일부는 독자에게서 나와 작품을 완성시킨다"는 견해에 반대하며, 비평의 관심 대상을 작품으로부터 독자로 바꾸어야 한다고 주장한 진정한 독자반응 비평가였다.

1968년에는 대표적인 심리 분석 학자인 노먼 홀랜드가 《문학적 반응의 역학들The Dynamics of Literary Response》이라는 저서에서 그의 전문 분야인 심리 분석 이론을 통해 독자반응비평 이론 논의에 참여했다. 그는 같은 작품에 대해 학생(독자)들이 보인 각기 다른 반응을 이용해서 학생(독자)들의 심리를 분석하는 작업을 했다. 1970년대에 홀랜드는 뉴욕주립대학교에서 '심리 분석학 센터'를 창설하고, 동료 심리 분석 학자들인 모리 슈워츠, 밥 로저스, 데이빗 윌번 및 대학원 학생들과 '델피 세미나'를 열어서 심리 분석을 통한 독자반응비평이라는 독자적인 분야를 개척했다. 그때 뉴욕주립대학교에서 박사 공부를 하고 있던 필자도 홀랜드의 심리 분석 이론과 독자반응비평 이론에 대해 배울 수 있었다.

당시 뉴욕주립대학교 영문과는 최고의 교수진으로 명성을 떨치고 있었다. 그중에는 저명한 프랑스 사상가 미셸 푸코와 노벨상 수상작가 존 쿳시, 내셔널 어워드 수상작가 존 바스, 또 블랙마운틴 시파The Blackmountain School의 리더이자 투사시投射詩의 창설자였던 시인 찰스 올슨과 로버트 크릴리, 그리고 소설의 죽음을 선언하고 대중문화 시대의 도래를 예언한 유명한 문화평론가 레슬리 피들러가 있었다. 그들은 모두 직간접적으로 심리 분석 이론과 독자반응비평의 결합에 동조했고, 이론을 풍요롭게 하는 데 일조했다.

독일의 독서 이론—볼프강 이저와 한스 야우스

한편, 독일의 콘스탄츠대학교에서도 독서 이론이 활발하게 일어나고 있었는데, 독일에서는 그것을 수용미학이라고 불렀다. 볼프강 이저와 한스 로베르트 야우스가 주도한 독일 콘스탄츠 학파의 이론적 특징은 독자의 각기 다른 해석을 모두 허용한 미국과는 달리, 독자의 반응을 텍스트에 의해 어느 정도 조종되는 것으로 보았다는 데 있다. 그러므로 독일의 독서 이론은 다소간 통일된 반응과 해석을 기대한다. 특히 야우스에 의하면, 텍스트는 '암시된 독자the implied reader'를 대상으로 해서 쓰여지는 것이고, 그 '암시된 독자'는 텍스트에 대해 '기대지평expectation horizon'을 갖고 읽게 된다고 보았다.

볼프강 이저는 독자를 텍스트의 해석에 적극적으로 참여하는 일종의 공저자로 보았다. 이저에 의하면 독자는 책을 읽으면서 텍스트 속에 암시되어 있는 부분을 자신의 경험과 상상력을 통해 보충하고 구체화한다. 그러므로 이저에게 있어서 작품의 의미 산출이나 해석은 궁극적으로 독자의 참여로 인해 이루어지는 것이며, 그것은 곧 텍스트의 해석이 고정되지 않고 열려 있다는 것을 의미한다. 이저는 다음과 같이 말하고 있다.

그러므로 문학 텍스트는 독자의 '상상력'과 불가분의 관계를 갖고 있다. 왜냐하면 독서란 능동적이고 창조적일 때만 즐거움을 주기 때문이다. 바로 그런 이유로 해서 하나의 텍스트는 여러 가지 의미를 가질 수 있다. 독서는 결코 텍스트의 완전한 해석을 성취할 수도 없고 그 무한한 의미를 다 고갈시킬 수도 없다. 왜냐하면 독자는 각자의 방법으로 텍스트를 이해하고 그 간격을 채워나가기 때문이다. 책읽기에는 예상과 회상이 활발하게 뒤섞인다. 그것은 텍스트 자체가 제공해주는 것이 아니다. 그것은 텍스트와 독자의 마음(경험, 의식, 전망)과의 만남에서 생성되는 것이다.

이저의 책읽기 이론은 텍스트의 의미 산출을 할 수 있는 능력을 독자에게 부여함으로써 독자가 작품의 해석에 적극적으로 참여하게 해준다는 장점이 있다.

그러나 이저의 이론은 동시에 그가 독자의 책읽기를 작품 속에 이미 암시되어 있는 것을 찾아내어 채우고 완성하는 것으로 보기 때문에, 독자에게 진정한 의미의 창조를 허용하지는 않는다는 단점도 있다. 이저는 독자의 자주성이나 텍스트로부터의 완전한 독립을 인정하지 않는다. 다시 말해 이저가 말하는 '독자'란, 저자가 텍스트 속에 이미 암시해 놓은 것을 찾아내는 '암시된 독자'일 뿐이다.

또한 이저는 독자의 창조적 역할과 다양한 해석의 가능성을 허용하면서도, 또 한편으로는 독자에게 깨달음을 가져다주는 것은 결국 텍스트라고 말함으로써 여전히 텍스트를 중시하고 있다. 더 나아가 이저는 어떤 독자의 깨달음은 다른 독자의 깨달음보다 더 텍스트의 의도에 부합된다고 주장한다. 즉, 이저의 이론에 의하면 독자는 텍스트를 완성시켜주는 역할을 할 뿐이어서, 결국은 텍스트의 힘이 독자를 압도하고 독자에게 빈칸을 채우라는 지시를 내리게 된다는 것이다.

독자반응비평과 포의 추리소설

독자반응비평의 경우를 잘 보여주고 있는 작품으로 에드거 앨런 포의 〈모르그 가의 살인The Murders in the Rue Morgue〉이 있다. 이 단편소설 속에서 두 여인이 살해를 당하는데, 당시 그 방에서 들려오는 범인의 목소리를 아래층의 사람들이 듣게 된다. 신문에 보도된 그들의 진술에 의하면 프랑스인은 그 소리가 스페인어 같았다고 말했으며, 네덜란드인은 프랑스어, 영국인은 독일어, 스페인인은 영어 같았다고 말했다. 또 이탈리아인은 러시아어처럼 들렸다고 말했으며, 또 다른 프랑스인은 이탈리아어 같았다고 증언했다.

주목할 것은 여섯 명의 청중이 같은 소리에 대해 각기 다른 반응을 보이고 있다는 점이다. 이것은 곧 문화적 배경이 서로 다른 독자가 하나의 텍스트(범인의 목소리)에 대해 자신들의 경험과 지식을 이용해 각기 다른 반응을 보이고 있는 것과도 같다. 얼핏 보면 증인들의 각기 다른 반응과 해석은 의혹과 혼란을 초래하는 것처럼 보인다.

그러나 작품의 마지막에 이 단편의 주인공 뒤팽 탐정은 신문에 보도된 여섯 명의 각기 다른 반응과 해석을 이용해 범인이 오랑우탄이라는 것을 밝혀낸다. 즉, 뒤팽 탐정은 이 여섯 사람의 반응으로 미루어 보아 범인은 인간이 아닐 것이라는 결론을 내릴 수 있었던 것이다. 여섯 사람의 각기 다른 해석이 없었다면 뒤팽은 결코 진실을 찾아내지 못했을 것이다. 그렇다면 '독자반응비평'은 무질서처럼 보이는 것 속에서 질서를 찾아내는 새로운 비평 이론이라고 말할 수 있을 것이다.

그런 의미에서 보면, 독자반응비평은 권위주의적인 저자에게 빼앗겼던 텍스트를 다시 독자에게 되찾아주는 역할을 하고 있는 것처럼 보인다. 포의 또 다른 단편소설 〈도둑맞은 편지The Purloined Letter〉도 독자반응비평의 역할을 은유적으로 보여주고 있는 작품이라고 할 수 있다. 이 단편에서 사악한 D. 장관은 고귀한 신분의 숙녀(왕비)로부터 그녀를 파멸시킬 수도 있는 연애편지 한 통을 훔친다. 파리 경시청 경찰국장은 왕비의 부탁으로 D. 장관의 숙소를 몰래 수색하지만 끝내 그 편지를 찾아내지 못한다. 그러나 파리 경찰국장의 부탁을 받은 뒤팽 탐정은 눈이 나쁜 척 안경을 쓰고 D. 장관을 방문하여 그를 안심시킨 후, D. 장관이 그 편지를 모든 사람이 다 잘 볼 수 있는 벽난로 위의 편지걸이에 아무렇게나 꽂아 놓았다는 사실을 알아낸다. 다음 날 의도적으로 놓고 간 코담뱃갑을 핑계로 다시 D. 장관을 찾아간 뒤팽은 자신의 부하가 창밖에서 소란을 피우는 동안, 미리 준비한 가짜 편지를 놓고 진짜 편지를 가지고 온다.

이 이야기에서 편지는 독자가 저자에게 빼앗긴 텍스트를, 왕비는 그것을 되찾고 싶어 하는 독자를, D. 장관은 막강한 힘을 가진 저자를, 그리고 뒤팽 탐정은 독자반응비평을 상징하고 있다고 볼 수 있다. 그러한 맥락에서 이 단편을 다시 읽어 보면, 이 작품은 저자에게 빼앗긴 텍스트를 다시 빼앗아 독자에게 돌려주는 이야기라고도 볼 수 있다.

중요한 것은 도둑맞은 편지를 다시 되찾는 방법이다. 그 편지는 감추어져 있지 않았으며, 모든 사람이 볼 수 있도록 아무렇게나 놓여 있었다. 뒤팽 탐정이 편지를 바꿔칠 수 있었던 것도 밖에서 나는 시끄러운 소리에 D. 장관이 정신을 빼앗겼기 때문이었다. '밖'에서 들려온 이 고함 소리는 뒤팽 탐정이 시킨 것으로써, 텍스트를 다시 되찾기 위한 독자반응비평의 다양하고 무질서한 고함 소리에 비유해볼 수도 있을 것이다.

저자의 퇴장과 독자의 등장

독자반응비평은 신비평가들이 주장했던 텍스트의 독립성과 자기 충족성을 부인하고, 동시에 텍스트에 대한 독자의 반응이라는 주관적 비평을 인정하면서 등장했다. 그러므로 독자반응비평에서는 독자가 텍스트와 똑같이 중요한 존재이며, 문학적 의미와 해석의 요인이 된다. 텍스트의 해석에 있어서 독자의 역할이 중요시되자 몇 가지 본질적인 변화가 일어났다. 우선 저자의 권위가 추락하게 되었고, 책읽기가 글쓰기와 동등한 위치를 점유하게 되었으며, 독자가 곧 평론가가 되는 현상이 일어났다.

1960년대에는 저자의 퇴장과 독자의 등장을 알리는 두 편의 기념비적인 글이 발표되는데, 하나는 롤랑 바르트의 〈저자의 죽음 La mort de l'auteur〉이고 다른 하나는 미셸 푸코의 〈저자란 무엇인가?What Is an Author?〉이다. 바르트는 〈저자의 죽음〉에서 "고전적 비평은 독자에게는 아무런 관심도 기울이지 않았으며 저자만을 문학에서 유일한 인물로 취급했다. 우리는 저술의 미래를 위해서 이러한 신화가 깨뜨려져야만 한다는 것을 안다. 독자의 탄생은 저자의 죽음으로서만 가능하다"고 말했다. 푸코는 〈저자란 무엇인가?〉에서 "저자는 입법자가 아니다. 저자는 사라졌다. 우리는 이제 저자가 사라진 공백 상태를 재점검해야만 한다"고 말하고 있다.

그러므로 독자반응비평은 저자의 퇴진과 독자의 부상을 선언했으며, 그동안 막강한 힘과 절대적인 권력을 갖고 있었던 저자와 텍스트에 대해 저항했던 새로운 독자 중심 비평이론이었다. 그것은 또한 저자로부터 영속적인 힘을 부여받았다고 여겨졌던 '내러티브'의 권위를 뿌리째 흔드는 진정한 포스트모던적 이론이었다.

제12장

경직된 사고에 경종을 울리다
탈구조주의

구조주의의 문제점

프랑스에서 시작된 탈구조주의post-structuralism는 아메리카 대륙을 중심으로 먼저 발생된 포스트모더니즘과 인식을 같이하는 문예사조이다. 현대문학이론에 중요한 위치를 차지하고 있는 두 사조이지만 그 영향력에 있어서는 각각의 차이가 있다. 포스트모더니즘이 문학과 건축, 그리고 미술과 음악에 지대한 영향을 끼쳤다면, 탈구조주의는 학문적 비평이론으로서 현대 학계와 사상계에 커다란 영향력을 행사했다고 보는 것이 정확할 것이다.

그럼에도 불구하고 두 사조는 모두 문예창작과 문학비평, 그리고 문학해석과 문학수용의 최근 변화에 중요한 역할을 했고, 놀랄 만큼 비슷한 인식을 공유하고 있다. 자크 데리다의 해체 이론이나 미셸 푸코의 담론 이론, 또는 장 프랑수아 리오타르의 대서사·소서사 이론이 절대적 진리를 부인하고, 중심과 주변의 자리바꿈을 인정하며, 사물의 경계를 해체하는 포스트모더니즘과 긴밀하게 연결되어 있다는 것은 이미 잘 알려진 사실이다. 더 나아가 롤랑 바르트의 '저자의 죽음' 이론이나 쥘리아 크리스테바의 페미니즘 이론, 또는 자크 라캉의 심리 분석 이론이나 질 들뢰즈의 차이 이론도 포스트모던적인 인식에 촉수를 대고 있다는 것을 발견하는 것은 그리 어려운 일이 아니다.

그렇다면 탈구조주의란 무엇이며, 왜 그렇게도 중요한 사조가 되었는가? 탈구조주의의 속성을 알기 위해서는 우선 그것이 비판하고 극복하려 했던 구조주의가 무엇인가부터 살펴보는 작업이 필요할 것이다. 1960년대에 프랑스에서 시작된 구조주의는 '언어'를 모든 체계의 기본으로 상정하고, 개체의 특성보다는 그것들의 뒤에 숨어 있는 공통의 체계나 구조에 더 많은 관심을 갖고 있던 사조였다. 구조주의는 언어를 '파롤parole'과 '랑그langue'로 나누어, 개인의 발화인 '파롤'보다는 언어의 사회적 체계인 '랑그'가 더 중요하다고 보았던 언어학자 페르디낭 드 소쉬르의 이론에 근거해 시작되었다. 즉, 구조주의는 언어 자체보다 언어를 연결해주는 사회적 '체계'와 언어 속에 감추어진 '심층 구조'를 더 중요시한 문예사조였다.

이러한 생각과 태도는 언어뿐 아니라 문학이나 인류학, 신화를 연구할 때에도 적용되기 때문에 구조주의자들은 겉으로 드러난 표면보다는 그 근저에 숨어 있는 어떤 공통된 체계나 법칙, 또는 구조를 찾으려고 시도했다. 예컨대 탈구조주의로 전향하기 전의 롤랑 바르트는 옷을 개인의 특성이 아닌 하나의 '의상 체계'로 보았으며, 작가들의 글쓰기 또한 개인의 독창적 작업이 아니라 '언제나 이미 쓰여진' 문화나 사회 체계 내에서의 공동 작업으로 보았다. 대표적인 구조인류학자 클로드 레비스트로스 또한 원시 부족에 대한 연구를 통해, 원주민들의 개인적인 특성은 그 부족 전체의 문화적 구조와 체계 속에서 파악될 때 비로소 의미를 갖는다고 주장했다.

초기의 츠베탕 토도로프 역시 자신이 '시학poetics'이라고 부른 것의 탐색을 통해 문학의 일반적 문법과 구조를 찾아내는 데에 관심이 많았다. 토도로프가 탐정소설이나《천일야화One Thousand and One Nights》에 각별한 관심을 가졌던 이유도, 그것들을 통해 공통의 언어법칙과 구조를 밝혀낼 수 있다고 믿었기 때문이었다. 그러한 구조주의적 태도는《서사담론Narrative Discourse》이라는 책에서 마르셀 프루스트의《잃어버린 시간을 찾아서À la recherche du temps perdu》에 대한 연구를 통해 내러티브와 담론 행위의 공동 구조를 발견하려 한 제라르 주네트와, 은유와 환유 이론을 통해 구조주의 이론에 공헌한 로만 야콥슨에게서도 발견된다. 그래서 구조주의자들은 개별 작품보다는 공동 패턴이나 심층 구조를 찾아낼 수 있는 신화나 동화 또는 탐정소설을 주요 분석 대상으로 삼았다.

그러나 구조주의의 이러한 특성은 처음부터 숙명적인 한계를 갖고 있었다. 왜냐하면 구조주의는 개별 텍스트들의 특성과 가치는 무시한 채 전체적인 '구조'만을 중시하는 전체주의적 태도에서 벗어나지 못했기 때문이다. 예컨대 구조주의자들은 한 작품의 의미가 작가의 개인적 경험에 의해서가 아니라, 그 개인을 지배하는 사회 구조와 언어 체계에 의해서 결정된다고 주장했다. 그것은 곧 개별 작가나 작품의 고유성 또는 특성을 무시하고 전체를 중시하는 집단 사고의 폐해를 불러왔다. 구조주의자들은 또 언어에만 과도하게 집착함으로써 작품의 역사적 맥락은 무시하는 우를 범했으며, 언어와 기호의 재현 능력에도 기본적으로 낙관적인 태도를 갖고 있었다. 그러나 사람들은 머지않아 언어나 기호가 사물을 객관적으로 재현할 수 있다는 생각에 회의를 갖게 되었고, 그런 인식의 변화에 따라 자연스럽게 탈구조주의가 등장하게 되었다.

탈구조주의의 등장 배경

1960년대 후반에 등장한 탈구조주의는 구조주의의 그러한 문제점들을 비판하면서 모습을 드러냈다. 탈구조주의는 외부가 아니라 내부에서 스스로의 잘못을 발견한 선각적인 구조주의자들에 의해 시작되었기 때문에, 정확히 언제 구조주의가 끝나고 탈구조주의가 시작되었는가를 말하기는 어렵다. 그렇기 때문에 탈구조주의는 구조주의의 단순한 연장도 또 완전한 배제도 아니라고 할 수 있다. 탈구조주의는 다음 사항들을 스스로의 명제로 선택하고 있다.

① '전체'를 아우르는 문법이나 체계나 구조보다 '개체'의 존엄성과 특성 인정
② 경직되지 않은 열린 사고와 열린 태도 지향
③ 역사의 중요성 인정

④ 절대적인 진리의 독선과 횡포 거부·이분법적 사고방식 극복
　·타자의 인정과 포용
⑤ 기호와 언어의 재현 능력 불신

　유발 하라리는 "언어 체계를 그 기본으로 하고 있는 구조주의
는 언어를 포함한 모든 기호들의 재현 능력을 믿는다는 가정 위에
세워진 것이다. 탈구조주의는 구조주의의 그러한 낙관주의적 가
정에 회의를 제기하고 구조주의가 제시하는 안정을 뒤흔들면서
시작된다"고 말한다.

　바르트는 초기 저서인 《신화론》이나 《기호학Éléments de
sémiologie》에서 구조주의적 접근방법이 모든 문화적·사회적 기호
체계를 설명해준다고 주장했다. 그러나 후기 저술인 《저자의 죽
음》이나 《S/Z》, 《텍스트의 즐거움Le plaisir du texte》에서는 명백한
탈구조주의적 특성을 보여주고 있다. 바르트는 독자가 저자의 의
도에 상관없이 자유롭게 텍스트의 의미 형성에 참여할 수 있다고
주장함으로써 텍스트의 고정된 의미를 부인했다. 저서 《S/Z》에서
바르트는 독자가 어떻게 저자가 감추어 놓은 고정된 의미를 찾아
내는 단순한 소비자에서 자신에게 맞는 의미를 생성해내는 적극
적인 생산자가 될 수 있는가를 보여준다. 바르트는 그런 경우, 독
자가 만들어내는 그 작품을 '쓸 수 있는 텍스트'라고 부른다. 바르
트는 이 '쓸 수 있는 텍스트'는 "독자의 관습적인 생각을 불안하게
는 하지만, 단순한 즐거움이 아닌 정신적 희열을 느끼게 해준다"
고 말한다. 탈구조주의자로 돌아선 후기의 바르트는 언어나 기호

는 명료하지 못하기 때문에 그것들을 통해 독자가 진실에 도달할 수는 없다고 생각했다. 그래서 바르트는 언어의 그러한 불완전한 속성을 인정하고 '유희'적 글쓰기를 통해 유연성을 보여주는 작가나 작품이 훌륭하다고 보았다.

자크 데리다의 해체 이론과 탈구조주의

해체주의 또는 해체 이론은 크게는 탈구조주의에 속하는 사조로서 1960년대 후반에 프랑스의 철학자이자 파리 고등사범 교수인 자크 데리다가 창시했다. 데리다의 해체 이론은 신비평에 대해 반발하던 소위 미국의 예일학파, 즉 폴 드 만, 힐리스 밀러, 제프리 하트만, 해럴드 블룸 등으로부터 열렬한 환영을 받았다. 해체 이론의 시작은 1966년 미국 존스홉킨스대학교에서 열린 '비평의 언어와 인문학'이라는 주제의 국제 심포지엄이라고 보는 것이 정설이다. 당시 유럽의 구조주의 학자들이 대거 참여했던 이 학회에는 르네 지라르, 조르주 풀레, 루시앙 골드만, 츠베탕 토도로프, 롤랑 바르트, 자크 라캉 같은 사람들도 함께했다. 그 심포지엄에서 36세의 한 프랑스 학자가 연단에 올라가 당대의 주류 사조였던 구조주의와 저명한 구조주의 인류학자 클로드 레비스트로스를 예리하게 비판한 논문을 발표해서 사람들을 놀라게 했다. 그 젊은 학자가 바로 해체 이론의 창시자 자크 데리다였으며, 그 논문은 〈인문학의 담론 행위에 있어서의 구조, 기호, 그리고 유희 La structure, le signe et le jeu dans le discours des sciences humaines〉였다.

그 다음 해인 1967년에 데리다는 세 권의 저서인 《글쓰기와 차이 L'écriture et la différence》, 《그라마톨로지에 대하여De la grammatologie》, 《목소리와 현상La voix et le phénomène》을 출판하여 해체 이론 시대의 시작을 알렸다.

　데리다의 해체 이론은 서구의 형이상학이 기본적으로 글보다 말을 더 중시하는 '말 중심주의'에 근거하고 있다는 전제하에 시작된다. 즉, 데리다는 서구의 형이상학이, '말'은 화자의 생각을 명백히 전달해주는 데 반해, '글'은 화자와 청취자의 부재 속에서 문자라는 기호를 통해 전달되기 때문에 원래의 의도와는 거리가 생긴다고 말한다. 예컨대 《파이드로스Phaidros》에서 플라톤은 '글'은 근원의 순간으로부터 떨어져 나와 사생아가 된 의사소통 수단으로서 왜곡과 오해의 원천이 된다고 지적하고 있다. 실제로 글로 쓸 때는 조심하지 않으면, 자칫 상대방에게 오해를 사기 쉽다.

　데리다는 '글'뿐만 아니라 '말'의 의도와 의미 사이에도 거리와 차이와 단절이 있음을 주장하며, 서구인들이 믿는 '절대', '진실', '근원', 혹은 '중심'의 부재를 주장함으로써 서구 형이상학의 가설을 근본에서부터 해체한다. 그리고 이 세상에는 '절대적 진리'가 부재하기 때문에 우리가 존재한다고 믿는 것은 환상, 흔적, 또는 유사품일 뿐이라고 말한다. 그러므로 데리다에 의하면, 언어가 포착해서 재현하려고 하는 절대적인 진실이나 고정된 의미는 사실 언제나 유보되어 있기 때문에, 텍스트는 그 부재하는 진리의 흔적을 추적하는 부단한 언어의 유희가 된다.

　데리다는 '말'보다 '글'의 우위성을 주장하지는 않는다. 그는 다만 '말'과 '글'은 상호 배타적인 이분법적 관계가 아니라, 상호 보완적이고 상호 보충적이라고 말한다. 즉, '말'은 '글'을 서로 상대방을 전제로 하고 있기 때문에 둘 사이의 관계를 간단히 규정지을 수는 없으며, 자신이 '차연differance'이라고 부르는 '차이'와 '유보'의 혼합 개념에 입각해서 바라보아야 한다는 것이다. 그렇게 함으로써 데리다는 서구의 이분법적 사고방식을 내부에서부터 해체한다.

데리다는 철학이나 문학이 우리에게 제시해주고 있는 절대적 진리라고 하는 것이 사실은 '부재'해 있다고 주장한다. 우리가 리얼리티로 알고 있는 것이 실제로는 허구일 수도 있으며, 사실이라고 제시된 것도 단지 은유일 뿐일 수도 있다는 것이다. 데리다는 '말'이나 '음성'도 그 자리에 '부재'해 있는 '글'이 그 근간을 이루고 있기 때문에 실제로는 말의 의미 전달 역시 완벽하지 못하다고 지적한다. 데리다는 또 서구 형이상학이 이분법적 사고방식에 근거하고 있다고 말하며, 그와 같은 이분법적 태도는 오류라고 주장한다. 이분법적 구분에 대한 이와 같은 비판과 탈중심 사상, 그리고 그로 인한 경계 해체 및 혼혈문화의 생성은 포스트모더니즘의 기본 명제와도 상통한다.

미셸 푸코의 담론 이론과 탈구조주의

미셸 푸코는 데리다의 이론이 언어를 역사적·사회적 맥락에서 분리시켜 언어가 마치 독자적인 존재인 것처럼 다루고 있다고 비판했던 탈구조주의 계열의 사상가였다. 데리다가 "우리는 결코 텍스트를 벗어날 수 없다"고 말하며 모든 것을 텍스트와 언어의 문제로 귀결시켰던데 반해, 푸코는 '글쓰기'란 복합적인 권력을 만들어내는 행위이고 '텍스트'란 곧 그 복합적인 권력이 투쟁을 벌이는 장소라고 생각했다. 그러므로 푸코는 텍스트란 결코 역사적·사회적 요인들로부터 떨어져 나와 홀로 존재할 수 없으며, 저자 역시 단순한 개인이 아닌 당대의 담론 행위에 동참하는 사회적·정치적 존재라고 생각했다.

그래서 푸코는 〈저자란 무엇인가?〉에서 담론 행위를 통해, 또는 고정된 의미의 부여를 통해 저자가 텍스트 속에서 어떻게 독자들을 억압하고 있는가를 보여주었다. 그는 이를 통해 지식과 권력, 그리고 절대적 진리와 억압 사이의 함수관계에 대한 새로운 성찰을 제시하고 있다. 푸코는 당대의 지배 권력이 지식과 결탁한 다음 어떻게 스스로를 합법화시켜 나가는가에 주목했던 사상가였다. 푸코가 말하는 담론 행위란 지식과 권력이 담합하여 만들어내는 당대의 진리를 통해 우리의 사고 체계를 지배하는 글쓰기 행위라고도 할 수 있을 것이다.

앞에서도 잠깐 언급했지만, 푸코의 사상은 그가 1971년 〈인간의 본성: 정의와 권력〉이라는 제목의 네덜란드 TV 대담에서 노암 촘스키와 토론을 벌였을 때 명확하게 드러난다. 사회자가 인간이 정치적 폭력에 대항해 싸워야만 되는 이유를 묻자, 촘스키는 "고상한 목표, 즉 정의를 위해서"라고 대답했지만, 푸코는 그에 대한 대답으로 다음과 같은 의문을 제시했다.

나는 정의라는 개념 그 자체가, 어떤 정치적·경제적 권력의 도구로서 또는 그러한 권력에 대항하는 무기로서 만들어져 각기 다른 형태의 사회에서 각기 다른 의미로 사용되고 있는 개념이라고 봅니다.

즉, 푸코는 '정의'라는 개념 자체에 대한 불신으로부터 자신의 이론을 시작하고 있다. 왜냐하면 지배 권력이 내세우는 정의의 개념은 그 지배 권력의 이데올로기가 합법화시킨 것일 뿐 혁명 후에는 언제든지 불의로 전락할 수도 있기 때문이다. 그것을 깨닫는 순간, 우리가 알고 있는 이 세상의 모든 이성적이고 절대적인 진리(정의를 포함해서)는 유효성을 상실하거나 해체되어 버리고 만다. 예컨대 한국사회에서 '정의'는 부의 평등과 특권 계급의 불인정을 의미한다. 그러나 전문가들은 그것이 다분히 사회주의적인 개념이지 빈부와 계급의 존재를 인정하는 자본주의적 사고방식은 아니라고 말한다. 한국사회에서는 가진 자의 것을 빼앗아 나누어 갖고, 특권층의 권한을 박탈하는 것을 사회 정의라고 생각하는 경향이 있다. 그렇다면 한국식 '정의'는 다른 자본주의 국가에서는 '불법'이자 '불의'가 될 수도 있다. 그래서 《정의란 무엇인가?JUSTICE: What's the right thing to do?》에서 마이클 샌델 교수는 절대 이것이 정의고 저것이 불의라고 결론을 내려주지 않는다. 인간사는 복합적이어서 '정의 아니면 불의'라는 식의 이분법적 구분이 불가능하기 때문이다.

서구사회의 이분법적 사고방식의 역사를 성찰하다가 푸코는 스스로를 이성적이고 정상적이라고 규정한 집단이 자신들과 상치되는 다른 것들을 '비정상'으로 몰아 제외시키고 침묵시켰다는 것을 발견했다. 그래서 푸코는 사람들이 보이지 않는 법칙들과 규제들의 '보관소'가 내리는 지시 속에서 글을 쓰고 행동하게 되며, 그것을 거부하면 제도적 권력에 의해 제외되고 침묵당해 왔다고 지적한다.

푸코는 지배 권력이 어떻게 국민을 합법적으로 속박해왔는가를 성찰하면서 보호 감호와 분리 정책에 대해 언급한다. 《광기의 역사Histoire dela folie a l'age classique》에서 푸코는 최초의 소수 집단의 주변부 추방이었던 중세의 나병 환자 격리로부터 시작해서 1656년 파리 빈민구호병원의 극빈자, 부랑아, 광인의 강제 감호 수용, 그리고 세기의 광인 분리 수용 정책 및 현대 정신병원의 탄생 과정을 역사적으로 분석하고 있다. 푸코에 의하면 정부는 빈자와 병자를 제외시키는 방법으로 감호 수용이라는 강제 수단을 썼으며, 그것을 사회 정화 또는 개혁이라는 미명 아래 합법화시켰다는 것이다. 푸코는 세기에 등장한 심리학, 범죄학, 사회학 등의 학문들이 정신병자, 죄인, 환자 등을 구별하는 임의적 기준을 마련해줌으로써 그 강제 수용의 합법화를 도와주었다는 점을 지적한다. 그러면서 지식이 어떻게 권력과 결탁하여 지배적 담론 행위를 만들어내는가를 설득력 있게 보여준다.

지식과 권력의 결탁은 또 훈육discipline이라는 미명하에 타자에 대한 억압과 폭력을 합법화·정당화시켜 준다. 그러한 정당화는 압제자로 하여금 지배자로 군림하도록 해주고 피압제자는 압제에 순응하도록 만든다는 점에서, 그 두 부류 모두를 피해자로 만든다. 그런 의미에서 보면, 평생을 감시와 교화를 하고 사는 간수와, 늘 감시와 교화를 받고 사는 죄수는 둘 다 똑같은 피해자들이라고 할 수 있다. 감시라는 이름 아래 권력이 얼마나 잔인하게 개인을 억압할 수 있는가를 설명하기 위해 푸코는 제러미 벤담이 설계했으나 실현되지는 못한 '패놉티콘panopticon'을 제시한다. '패놉티콘'은, 창문이 있는 감방들이 원을 이루고 둘러서 있는 중앙에 감시탑이 있는데, 감시탑에서는 감방들을 내려다볼 수 있지만 감방에서는 감시대 내부가 전혀 보이지 않도록 설계되어 있다. 그러한 상황에서는 감시대에 감시인이 없어도 죄수들은 자신들이 감시받고 있다고 생각하게 되어 규율을 위반하지 않게 된다는 것이다. 감시와 훈육의 목적은 비정상인의 정상화로 알려져 왔다. 그러나 문제가 되는 것은 정상화 판정을 받은 비정상인들은 대부분 모범수가 되어, 이번에는 제도 권력의 시녀로 전락하여 동료들을 억압하는 데 앞장서게 된다는 점이다.

푸코는 권력과 지식이 결탁해 만들어 낸 제도적 폭력과 억압이 비단 정신병원뿐 아니라 형무소, 복지원, 고아원, 병원, 학교 등 모든 사회 제도에도 해당된다고 말한다. 그것은 곧 인간은 권력과 지식의 담합이 만들어낸 지배 이데올로기로부터 결코 자유로울 수 없다는 것을 의미한다. 왜냐하면 그것들은 이미 우리 사회의 도처에 스며들어 있고 편재해 있어서 더 이상 표면적으로 드러나 보이지 않기 때문이다. 우리는 매 시대마다 그것에 노출된 채 태어나고, 그것에 의해 교육받으며 성장하고 있다. 푸코는 비평가의 작업은 바로 그 보이지 않게 된 것을 탐색하여 보이도록 해주는 것이라고 말한다. 또 푸코는 우리에게 우리가 진실이라고 믿는 것은 사실은 지배 권력이 만들어 놓은 상대적 진실일 뿐이며, 그런 의미에서 우리가 의지하고 그 존재를 믿는 모든 것의 절대성 역시 허상일 뿐이라고 말한다.

데리다처럼 푸코 역시 잃어버린 근원과 사라진 절대적 진실에 대한 향수보다는 니체식의 계보학적 탐색을 통한 새로운 발견과 새로운 인식을 제안한다. 그것은 곧 고정되고 절대적인 관습적 사고 체계 대신, 유동적이고 상대적이며 다원적인 열린 태도를 가져야 한다는 것을 의미한다. 그때야 비로소 우리는 타자에 대한 인식과 인정을 통해 자신을 경직된 사고의 패각으로부터 해방시킬 수 있을 것이다. 탈구조주의는 바로 그러한 깨우침을 우리에게 가져다주는 문예사조라고 할 수 있다.

제13장

문학을 담는 그릇이 바뀌다

하이퍼 픽션 · 테크노 노블 · 비주얼 노블

하이퍼 픽션—보르헤스와 로버트 쿠버, 마이클 조이스와 스튜어트 몰스롭

'하이퍼텍스트 픽션hypertext fiction' 또는 '하이퍼 픽션hyper-fiction' 은 순차적이고 선형적으로 구성된 종이책 소설과는 달리, 수많은 비선형적 하이퍼텍스트 링크로 이루어져 독자가 소설 생성에 참여할 수 있는 전자소설을 지칭한다. 하이퍼 픽션에서 독자는 이야기의 한 단락에서 다른 단락으로 자유롭게 이동이 가능할 뿐 아니라 각기 다른 여러 결말을 선택할 수도 있다. 그래서 하이퍼 픽션은 인터랙티브 픽션interactive fiction이라고도 불린다. 즉, 관습적인 소설에서 독자는 저자가 써 놓은 대로 읽게 되지만, 하이퍼 픽션에서는 독자가 컴퓨터 게임에서처럼 '유저'가 되어 픽션 메이킹에 적극적으로 참여하게 된다는 것이다.

그렇기 때문에 하이퍼 픽션에는 기승전결이 없고, 선형적인 일관성도 없다. 즉, 하이퍼 픽션은 종이책과는 달리 작품을 처음부터 끝까지 읽을 필요도 없고, 좌에서 우로, 또는 위에서 아래로 읽을 필요도 없다. 화면 위에 있는 여러 아이콘 중에서 원하는 것을 클릭하는 순간, 화면은 시공을 초월해 독자가 선택한 곳으로 이동한다. 즉, 현재 화면은 작품의 그 어느 부분과도 바로 연결될 수 있다. 그러므로 하이퍼 픽션에서 독자는 저자가 순서를 정해놓은 종래의 종이책과는 달리, 자신의 선택에 따라 텍스트의 다른 공간으로 자유롭게 이동하고 저자와 교류하며 작품의 새로운 의미를 창출해낸다.

독자들이 각기 다른 경로와 연결된 링크를 따라 중심 줄거리에서 벗어나 또 다른 구성과 스토리 속으로 들어가는 하이퍼 픽션의 원조는 마이클 조이스의 《오후, 이야기Afternoon, A Story》로 알려져 있다(마이클 조이스는 대산문화재단이 주관하는 서울국제문학포럼에 초청받아 2017년 봄, 서울에 왔다). 그러나 그 이전에 이미 호르헤 루이스 보르헤스는 《끝없이 두 갈래로 갈라지는 길들이 있는 정원The Garden of Forking Paths》에서, 하이퍼 픽션의 끝없이 서로 연결되는 상호텍스트성intertextuality과 리얼리티의 '현기증 나는 무한한 증식'에 대한 지적을 통해 하이퍼 픽션의 도래를 예시했다. 아직 컴퓨터 시대가 열리기도 전에 위대한 작가 보르헤스는 이미 하이퍼 픽션의 가능성을 발견하고 자신의 작품 속에서 그 메커니즘을 문학적으로 형상화해서 보여주었던 것이다.

또 다른 하이퍼 픽션 작가 스튜어트 몰스롭의 《승리의 정원 Victory Garden》도 보르헤스가 말한 텍스트의 무한한 증식을 잘 보여주고 있다. 이 작품에는 2,800개의 전자 링크와 56개의 서로 다른 주제가 들어 있는데, 독자들이 그 주제 중 하나를 선택하면 서사 구조에 따라 다시 47개의 각기 다른 시작이 제시된다. 그리고 그 47개의 출발점에는 또 다른 텍스트의 공간으로 이어지는 194개의 서로 다른 링크가 기다리고 있다.

《승리의 정원》에서 몰스롭은 그러한 복합적인 구성의 이유를 이렇게 설명한다.

> 모든 것이 고도로 매체화되어 있는 포스트모던 시대의 시각으로 보면, 우리는 여러 개의 갈라진 길이 있는 정원처럼 보이는 수수께끼 같은 우주에 살고 있는 것과도 같다. 그런 세상에서는 우리의 복합적인 삶, 예컨대 갈등, 의문, 헌신, 사랑, 상실, 슬픔 등과 같은 것들을 예전의 이해 방식으로는 더 이상 묘사해낼 수 없는지도 모른다. 그래서 나는 인생의 이야기들을 유동적으로 만드는 일에 착수했다. 그것이 나를 어디론가 데려다주리라고 믿었기 때문이다.

그래서 하이퍼 픽션은 독자들에게 마치 꿈같은 분위기를 제공해주기도 한다. 마우스를 클릭하면서 한 윈도우에서 다른 윈도우로 옮겨 다니거나, 한없이 펼쳐지고 겹쳐지는 윈도우들 속에서 마치 연속해서 꾸는 꿈같은 분위기를 독자가 경험하게 되기 때문이다. 하이퍼 픽션을 읽으면서 독자는 하이퍼 스페이스에 떠다니는 수많은 이미지들, 갈라진 길들, 그리고 끝없이 연결되고 겹쳐지는 서사 공간 속을 꿈처럼 부유하게 된다.

'하이퍼 픽션'의 대부는 브라운대학교의 창작 교수이자 저명한 소설가인 로버트 쿠버이다. 쿠버는 "독자는 하이퍼 픽션을 읽으면서 스크린 속에 숨어 있는 끝없이 증식하는 수많은 이야기가 있음을 감지한다"고 말한다. 즉, 고정된 활자 소설과는 달리 하이퍼 픽션은 독자가 저자와의 공조를 통해 끝없이 새로운 이야기를 발견하고 만들어낼 수 있다는 것이다. 이러한 변화는 문학 작품이 이제 더 이상 저자의 전유물이 아니라, 저자와 독자가 공동으로 창조하는 것이라는 인식을 반영하고 있다.

로버트 쿠버는 하이퍼 픽션이 갖는 꿈의 속성과 그 가능성에 대해 이렇게 말한다.

하이퍼텍스트를 읽고 있노라면 우리는 그 텍스트의 표면 속에서 발굴을 기다리고 있는, 반쯤은 감추어진 또 다른 이야기가 거의 무제한으로 저장되어 있다는 느낌을 받게 된다. 그것은 마치 우리가 꿈속에서 받는 느낌들, 즉 광활한 이미지의 바다에 우리 꿈이 빠져들기도 하고 때로는 원점으로 돌아오기도 하며, 또 때로는 서로 겹치면서 병행되는 이야기들이 동시에 진행되고 있다는 느낌과 별반 다르지 않다. 하이퍼텍스트는 시간을 공간화하고 분해한다는 점에서도 꿈과 공통점을 갖고 있다. (〈하이퍼 픽션—컴퓨터를 위한 소설들〉,《외국문학》, 1995, 겨울호)

쿠버는 꿈이 무한한 상상력이 허용되는 심리적 공간에서 일어나며 유연하고 가변적인 속성을 갖고 있기 때문에, 고정되고 고립된 텍스트를 초월해 서로 연결되어 있는 하이퍼 픽션과 유사하다고 지적한다. 하이퍼 픽션을 읽을 때 만나게 되는 아이콘이나 링크 같은 것들은 모두 하이퍼 픽션의 그러한 속성을 암시해주는 상징이 된다. 쿠버는 또 이렇게 말한다.

하이퍼 픽션이라는 이 매력적이고 새로운 매체가 가진 잠재력은 아직까지 크게 주목받지는 못했다. 그러나 그런 과도기적인 시기는 곧 지나갈 것이다. 미래의 하이퍼 픽션이 인쇄물의 형태로 존재해야 할 필요는 없을 것이다. 마치 우주선처럼 하이퍼 픽션은 각각의 초공간으로 침투해갈 때마다 뭔가 새로운 것을 얻게 되고, 궤도는 더 넓어지며, 기술적 지침도 더 확장될 것이다. (〈하이퍼 픽션—컴퓨터를 위한 소설들〉,《외국문학》, 1995, 겨울호)

물론 독자들은 결말이 없는 것이나 텍스트 속을 끝없이 방랑하는 것에 대해 불안감을 느낄 수도 있다. 그러나 하이퍼 픽션은 새로운 소설 양식을 창조함으로써 소설문학의 새로운 경지를 열었고, 전자 시대를 십분 활용함으로써 융성할 수 있는 문학의 미래를 보여주고 있다는 점에서 주목할 만하다. 그것은 곧 우리가 살고 있는 이 다매체 시대에 문학이 살아남고 융성하려면 문학을 구텐베르크식 활자 매체에만 국한시키지 않고, 전자 매체와 영상 매체에도 적극적으로 접목하는 태도가 필요하다는 것을 의미한다.

하이퍼 픽션은 뉴미디어 문화, 인터랙티브 예술, 네트워크 예술, 또는 복합예술의 등장을 초래했다. 이제는 그 어느 문학 장르도 주위와 담을 쌓은 채 홀로 존재할 수는 없게 되었고, 경계를 넘어 다른 장르와 혼합되거나 상호 작용을 하게 되었다. 앞으로 전자 매체와 영상 매체에 익숙한 젊은 독자들을 문학으로 끌어오려면 소설은 적극적으로 하이퍼 픽션의 형태를 취해야만 할는지도 모른다.

테크노 픽션—마크 아메리카

마크 아메리카가 창안한 '테크노 픽션techno-fiction'은 바로 그러한 시대적 변화에 부응한 또 하나의 새로운 문학 장르이다. 그는 포스트모던 작가들이 비록 혁신적이기는 했지만 '텔레비주얼'한 것에 익숙한 전자 세대·영상 세대에 부응하는 문학 양식은 결여하고 있었다고 지적한다. 비록 일부 포스트모던 작가들의 유사한 시도는 있었지만, 그들의 기법은 소위 컴퓨터 세대의 감수성을 따라잡을 수는 없었다는 것이다. 예컨대 토머스 핀천의《중력의 무지개》나 로버트 쿠버의《영화 보는 밤A Night at the Movies》이 새로운 영상기법으로 쓰여지기는 했지만, 그들은 아직 진정한 전자 세대와 영상 세대의 감각이나 언어에 익숙하지 않았다고 보았다. 그는 윌리엄 깁슨의《뉴로맨서Neuromancer》정도가 예외적으로 전자 세대의 감수성에 부합하는 호소력을 갖고 있었다고 말한다. 그 외에 다른 선배 포스트모던 작가들의 작품은 태어나면서부터 텔레비전과 컴퓨터 스크린에 익숙하고, 스크린을 통해 세상 및 현실과 조우한 영상 세대에 강력한 호소력을 갖기는 어려웠다는 것이다.

마크 아메리카는 이렇게 말한다.

> 1960년대와 70년대에 미국에서 성장한 우리 세대는 세상을
> 바라보는 독특한 창을 갖게 되었다. 물론 그 창은 텔레비전 화면
> 이었는데, 그 화면은 우리의 핵가족도, 폭넓은 문화유산의 역사
> 도 보여주지 않았다. 그 대신 우리는 다른 가족들의 허구적 세계
> 를 스크린으로 바라보는 포로 같은 시청자일 뿐이었다. 우리의
> 문화유산은 주로 네트워크 텔레비전의 가상 허구의 구축물로 이
> 루어졌는데, 케이블 텔레비전이 시작되자 중독 현상은 더욱 심화
> 되었다. 5백 개의 채널에 대한 약속과 주문을 받아 방영하는 인
> 터랙티브 텔레비전이 현실이 되는 상황에서 그 가능성은 무제한
> 인 것처럼 보였다. (〈테크노 픽션—디지털 몰입의 시대로 들어가기〉, 《외
> 국문학》, 1995, 겨울호)

마크 아메리카는 바로 그러한 상황에서 자라난 새로운 세대의
새로운 인식과 수용 방식에 주목해 그들에게 부합하는 새로운 형
태의 소설인 테크노 픽션을 창조해냈다. 테크노 픽션 작가들은 컴
퓨터 테크놀로지를 활용한다는 점에서는 하이퍼 픽션 작가들과
유사하다. 다만 테크노 픽션에는 전자 음향과 사진, 그림이 들어
가기 때문에 한 편의 영상소설 같은 느낌을 준다. 물론 테크노 픽
션 작가들은 단순히 테크놀로지에 매료된 사람들은 아니다. 오히
려 그들은 테크놀로지의 인간 통제, 정보 조작, 그리고 유전 공학
및 생명 공학의 오용에 대한 지적과 저항에 관심이 많다. 물론 그

들은 관습적이고 전통적인 작가들로부터 이단아 취급을 받기도 하지만, 사실은 급변하는 시대에 부응하는 문학 양식을 창조하는 새로운 감수성의 작가들이라고 보는 것이 정확할 것이다. 그래서 테크노 픽션 작가들은 "예술가란 유목민적 방랑자이자 문화 테러리스트가 되어야만 하며, 경직된 지배 체제에 저항하기 위해 유연성을 갖추어야만 한다"고 주장한다. 마크 아메리카는 이렇게 말한다.

이 전자 시대에는 과거의 종이책들보다 더 수많은 통신과 언어와 텍스트가 생산되고 있다. 온갖 종류의 비디오들, 그래픽 소설들, 반체제 만화들, CD-ROM들, 컴퓨터 하이퍼텍스트 소설들이 쏟아져 나오고 있다. 작가들이 만든 모든 종류의 멀티미디어 불꽃놀이를 사적인 공간에서 벌이기 위해 속성 개조가 가능한 컴퓨터나, 텔레비전 모니터에 들어앉을 작은 블랙박스가 언제 어디서나 접근 가능한 장소에 생겨나게 될 것이다. 그리고 결국 전자 작가들―우리들처럼 컴퓨터로 텍스트를 쓰는 사람들―이 나타나게 된다. 지금 이런 모든 것이 변하고 있다. 테크놀로지는 더욱 접근하기 쉬워지고 있으며, 소프트웨어 또한 훨씬 더 좋아져서, 5년 전만 해도 기계 공포증을 가졌던 나조차도 이제는 책이란 무엇이며, 앞으로 무엇이 될 수 있는지에 대한 생각을 근본적으로 진지하게 다시 해보기에 이르렀다. (〈테크노 픽션―디지털 몰입의 시대로 들어가기〉,《외국문학》, 1995, 겨울호)

마크 아메리카는 원래 전자 기계를 두려워했지만, 결국 전자 시대에 소설은 변할 수밖에 없다는 인식을 하게 되고 테크노 픽션을 쓰기 시작했다. 그는 "나는 소설가, 단편작가, 시인, 평론가, 온라인 칼럼니스트, 잡지 편집인, 라디오 프로그래머다. 또한 나는 디지털 오디오 테이프에 음악을 레코딩하고, 비디오나 영화를 만들기도 한다. 비록 애니메이션이나 디지털 그래픽 기획에는 아직 참여하지 않고 있지만, 조만간 그것도 할 예정이다"라고 말하고 있다. "작가가 왜 그렇게 많은 일을 하느냐?"라고 말하는 사람에게 그는 "시대에 뒤처지지 않으려면 변해야만 한다"고 대답한다.

마크 아메리카는 포스트모던 작가들이 그전 세대인 리얼리즘 작가들보다는 훨씬 더 새로운 소설 양식을 창출해냈지만, 컴퓨터 시대인 지금은 그보다 새로운 최첨단 양식의 소설이 필요하고, 그것이 바로 테크노 픽션이라고 말한다. 마크 아메리카는 《그래마트론Grammatron》이라는 테크노 픽션을 출간했는데, 디지털 테크놀로지 기법과 방식으로 쓰여진 이 소설은 테크노 픽션의 대표적인 작품으로 알려져 있다. 마크 아메리카는 이 작품의 일부를 국내의 문예지 《외국문학》에 발표하기도 했다.

테크노 픽션은 테크놀로지를 이용해서 쓰는 '전자소설'을 지칭한다. 테크노 픽션은 물론 하이퍼텍스트와도 공통점이 있지만, 주로 최첨단 디지털 테크놀로지 기법을 글쓰기에 차용한다는 점에서 멀티미디어 기능을 우선시하는 하이퍼 픽션과는 구분된다. 테크노 픽션은 또 독자가 인터넷상에서 신용카드로 직접 작품을 구매하기 때문에 출판사나 중간도매상, 서점이 필요 없다. 테크노 픽션답게 모든 것을 기계와 과학 기술로 처리하기 때문이다.

비주얼 노블

'비주얼 노블visual Novel'은 스크린에 그래픽과 사운드와 대사가 혼합되면서 서사가 진행되는 '영상소설'이다. 비주얼 노블도 하이 퍼 픽션처럼 다층적인 스토리라인과 여러 개의 결말을 갖고 있으며, 그런 면에서 인터랙티브 소설이기도 하다. 대사는 박스에 담겨서 스크린에 깔리지만, 주인공의 경우에는 목소리가 주어지기도 하며 독자가 대사와 그래픽 이미지를 동시에 보도록 되어 있다. 비주얼 노블은 대개 1인칭으로 진행된다. 비주얼 노블은 또 독자가 마우스를 클릭해야만 앞으로 나아갈 수 있게 되어 있어서 독자의 참여를 적극적으로 유도하고 있다.

비주얼 노블이 특이한 것은 그것이 문학과 게임의 경계선 위에 위치해 있다는 점이다. 비주얼 노블은 '게임 플레이'라고도 불리는데, 이는 비주얼 노블이 문학과 게임의 경계를 넘나들기 때문이다. 그래서 비주얼 노블의 독자는 마치 게임의 '유저'나 '플레이어'처럼 소설의 진행에 따라 읽기와 게임을 병행하게 된다. 예컨대 비주얼 노블에는 곳곳에 독자가 결정해야 할 요소들이 숨겨져 있다. 독자가 게임을 플레이하듯 그것을 찾아서 내리는 결정에 따라 다음 장면의 방향이 정해진다. 비주얼 노블은 흔히 주인공이 여러 명인데, 그들은 과학소설에서처럼 때로는 시간여행도 하고, 평행우주로 이동하는 모험도 하며, 간혹 로맨틱한 분위기를 보여주기도 한다.

그러나 비주얼 노블은 게임이라는 장치를 빌려올 뿐 그 자체가 게임은 아니고 소설이기 때문에, 독자·플레이어는 비주얼 노블을 읽으면서 게임의 즐거움과 더불어 문학적 경험도 하게 된다. 일본에서 시작된 비주얼 노블이 게임과 문학을 둘 다 좋아하는 젊은 독자들의 사랑을 받는 이유도 바로 거기에 있다. 국내에서 나온 주목할 만한 비주얼 노블로는 2007년 6월호《PC Player》지에 작가 인터뷰가 게재되고 2016년 인터넷 인기투표에서 1위를 한 〈판타즈마〉가 있다. 이 작품은 2008년 라이온 로직스에 의해 게임으로도 출시되어 2009년에 SK, KT, LG 휴대폰에 탑재되기도 했으며, 2011년에는 미국 잡지《Generaion Magazine》에 소개 기사가 실리기도 했다.

종이책에 활자로 쓰여진 문학은 이 전자 시대에 필연적으로 변하게 될 것이다. 문학의 본질은 변하지 않겠지만, 문학을 담는 그릇vessel이나 양식은 시대에 따라 얼마든지 변할 수 있기 때문이다. 구텐베르크 시대의 혁명적인 인쇄 수단인 활자 매체는 전자 시대·영상 시대를 맞아 이제 그 종말을 고하고 있다. 언젠가 종이책은 박물관에 진열되고, 전자책만이 유통되는 시대가 올는지 모른다. 그리고 미래에는 문학 작품도 게임으로 제작되는 날이 올지도 모른다. 젊은 세대가 종이책은 읽지 않지만, 비디오 게임은 좋아하기 때문이다. 지금도 청소년들은 자기들이 좋아하는 만화(그래픽 노블)로 역사를 배운다. 그렇다면 만화라는 양식에 좋은 내용을 제공해주면 될 것이다. 그것은 게임도 마찬가지이다. 우리의 설화나 신화와 민담, 그리고 더 나아가서는 문학 작품도 게임의 콘텐츠로 활용해 수준 높은 게임을 제작한다면, 세계의 청소년들이 게임을 통해 한국의 문학과 설화를 읽게 될 것이다. 그리고 결국은 책을 찾아서 읽게 될 것이다.

컴퓨터 게임을 폄하할 수만 없는 한 가지 예가 〈레지던트 이블 Resident Evil〉이다. 이 게임은 영화로도 제작되어 대성공을 거두었는데, 그 자체가 한 편의 훌륭한 문학 작품이라는 평을 받고 있다. 이 게임과 영화는 테크놀로지의 오용, 유전 공학 남용의 문제점, 인간을 살인 병기나 좀비로 만드는 대기업과 방위 산업의 부패, 인간 통제, 생체 윤리학, 과학 기술을 돈을 받고 팔아넘기는 인간의 비윤리성, 실제와 전혀 구분이 안 되는 VR(가상 현실) 문제 등 문학 작품이 할 수 있는 사회 비판 및 인간성 탐구를 훌륭하게 해냈다는 평을 받는다.

컴퓨터 게임을 폄하할 수 없는 또 하나의 이유는, 범죄소설이나 역사추리소설이나 판타지도 그렇지만, 에드거 앨런 포나 블라디미르 나보코프나 호르헤 루이스 보르헤스 같은 문학 대가들의 작품도 기본적으로는 그 진행이 게임과 닮아 있다는 점이다. 체스를 아는 독자는 위 작가들의 작품을 읽으면서 거기에서 체스 게임의 묘미를 느낄 수 있다고 한다. 그것은 곧 문학과 게임이 상극이 아니라 서로 긴밀하게 연관되어 있다는 것을 의미한다.

하이퍼 픽션이나 테크노 픽션, 그리고 비주얼 노블은 바로 그런 시대—전자 시대와 영상 시대와 게임 시대—의 시작을 알리는 일종의 전령이라고 할 수 있을 것이다.

제14장

서로 다른 문화를 연결하다

번역학

future culture

번역학 등장의 배경

사물의 중심 해체와 경계 소멸, 그리고 절대적 진리의 유효성 상실을 주창하면서 등장한 포스트모더니즘은 '번역학translation studies'이라는 새로운 이론의 부상을 가능하게 해주었다. '번역'은 그동안 중심이자 기원이며 절대적 진리로 군림했던 원작의 그늘에 가려져 늘 주변부에만 머물고 있었다. 그러나 새롭게 부상한 포스트모던적인 인식에 힘입어 이제는 양지로 나와 새로운 조명을 받게 된 것이다. 최근 영국의《더 타임스》지가 한강의《채식주의자》를 논하면서, "양지로 나와 빛나기 시작한 한국문학과 번역가 데보라 스미스에게 축하를 보낸다"라고 말한 것도 이제는 번역문학이 주변부에서 나와 중심부로 진출했다는 것을 의미한다.

번역은 오랫동안 원작에 비해 열등한 것으로 치부되었고, 그래서 "번역은 반역이고, 번역자는 반역자다"라는 말도 생겨났다. 미국 시인 로버트 프로스트는 번역의 유효성을 의심하며, "시는 번역하면 사라진다Poetry is what gets lost in translation"라는 유명한 말을 했다. 또 영국의 저술가 새뮤얼 존슨은 "시는 번역할 수 없다. 그러므로 시는 원어로 읽어야 한다"라고 말하기도 했다. 그러나 외국어로 시를 읽을 수 있는 사람이 과연 얼마나 되겠는가? 더욱이 프로스트나 존슨의 언급은 번역을 원작보다 열등하다고 생각하는 데서 비롯된 것이었다.

과연 번역이 원작보다 열등한 것인가? 움베르토 에코는《장미의 이름》에서 그렇지 않다고 말한다.《장미의 이름》의 서문에서 에코는 자신의 소설이 번역이며, 그것도 삼중 번역이라고 말한다. 즉, 14세기 말 독일의 수도승 아드소가 라틴어로 쓴 것을 19세기에 프랑스 수도승이 프랑스어로 번역했는데, 그 프랑스 번역본을 자기가 이탈리아어로 번역했다는 것이다. 에코가 이렇게 자신의 창작을 굳이 번역이라고 명명한 이유는, 원작도 사실은 다른 것의 번역일 수 있으며 번역도 원작과 똑같이 중요하다고 말하고 싶었기 때문이었다.

사실 에코는 우리의 일상생활도 사실은 여러 가지 형태의 번역 과정을 거치며 이루어지고 있다고 말한다. 부부나 친구나 직장인들도 모두 서로의 표정이나 제스처나 억양을 통해 상대방의 마음을 읽어 내는데, 그것도 사실은 일종의 번역이라는 것이다. 프린스턴대학교의 저명한 번역학자인 데이비드 벨로스 교수도 "우리는 늘 번역을 하면서 살고 있다. 만일 우리가 번역을 거부한다면 우리는 그 언어가 무엇이든지 간에 다른 사람의 말에 귀 기울이지 않는 셈이 된다. 그렇다면 우리는 인간으로 사는 것이 아니라고 할 수 있다"라고 말한 적이 있다.

에코는 더 나아가 문자 텍스트뿐 아니라 음악이나 무용이나 미술도 사실은 번역 과정을 거쳐서 우리의 마음에 전달된다고 말한다. 물론 그것들이 외국의 것일 때에는 더욱 복합적인 문화적 번역을 거쳐서 자국인에게 전달된다. 예컨대 외국문학을 읽을 때도 우리는 자신도 모르는 사이에 문화적 번역을 거쳐서 받아들이게 된다는 것이다. 에코에 의하면, 번역은 우리의 일상에서 끊임없이 일어나고 있는 보편적인 현상이며, 삶의 중요한 일익을 담당하고 있다. 그러한 이론과 주장을 통해 에코는 번역이 원작과 동등한 예술 작품이자 또 하나의 창작이라는 점을 보여주고 있다.

번역의 문제점을 지적하는 프로스트나 존슨의 말에도 일리는 있다. 그러나 만일 번역이 없다면, 우리는 애초에 좋은 외국 시를 읽을 기회조차 갖지 못하게 될 것이다. 더구나 멋진 번역은 얼마든지 우리에게 원작에 버금가는 감동을 가져다줄 수도 있다. 예전에 한국인들의 애송시였고, 한국의 이발관에도 걸려 있었던 알렉산드르 세르게예비치 푸시킨의 시, 〈삶이 그대를 속일지라도Если жизнь тебя обманет〉는 그 좋은 예라고 할 수 있다.

삶이 그대를 속이더라도
슬퍼하거나 노여워하지 말라.
설움의 날을 참고 견디면, 머지않아 기쁨의 날이 오리니
현재는 언제나 슬픈 것, 마음은 미래에 사는 것
모든 것은 일순간에 지나간다.

그리고 지나간 것은 그리워지는 법이다. (중략)

  사실 푸시킨의 원작 시는 그대로 직역하면 위 번역 시가 주는
감동이 없어진다. 그래서 〈삶이 그대를 속일지라도〉의 경우는, 뛰
어난 번역을 하면 번역 시가 원작 시보다도 더 감동적으로 다가올
수도 있다는 것을 예시해주고 있다. 그렇다면 좋은 번역은 결코
열등하거나 이차적인 것이 아니라, 원작을 다른 언어로 옮기는 또
하나의 창작이라고 볼 수 있을 것이다.
  윌리엄 버틀러 예이츠의 〈이니스프리의 호수 섬The Lake Isle of
Innisfree〉도 감동적인 번역으로 읽을 수 있는 시다.

  일어나서 지금 가자, 이니스프리로 가자
  거기 나뭇가지와 진흙으로 오두막 짓고
  아홉 줄 콩 심고 꿀벌 키우며
  벌들 웅웅대는 숲에서 홀로 살리라.

  거기엔 다소간 평화가 있겠지.
  아침의 베일 속에 귀뚜라미 우는 풀잎으로 떨어지는 이슬처럼
  평화는 천천히 내려앉는 것이기에.
  거기서 밤은 은은히 빛나고, 낮은 자주 빛으로 불타오르며
  저녁에는 온통 홍방울새 나래소리 (중략)

또는 에밀리 디킨슨의 〈내 벗을 차마 어찌 떠나라I Should Not Dare

To Leave My Friend〉도 원작의 향취와 분위기를 살리는 번역이 가능하다.

내 벗을 차마 어찌 떠나랴

만일 내가 떠난 사이에 그가 죽는다면

나를 원했던 그의 가슴에

나는 너무 늦게 도달하게 되리니,

내가 만일 그의 눈을 실망시킨다면

그렇게도 나를 보고 싶어 하던

나를 보기 전엔—나를 보기 전엔

차마 감지 못하던 그의 눈을 실망시켜야만 한다면

내가 틀림없이 오리라고, 오리라고 믿고

내 발소리가 들릴까 귀 기울이다가, 귀 기울이다가

더디 오는 내 이름을 부르다가 눈을 감은

그의 소중한 믿음을 배반해야만 한다면

내 가슴은 차라리 그 전에 터져버려라.

왜냐하면 그 후에 터지는 것은

간밤에 서리 내린 곳을 비추는

다음 날 아침 햇살처럼 헛된 일이기에.

또한 1960년대에 번역되었던 제임스 조이스의 《애러비Ara-by》나 요한 볼프강 폰 괴테의 《젊은 베르테르의 슬픔Die Leiden des jungen Werthers》, 또는 하퍼 리의 《앵무새 죽이기》같은 작품들은 번역으로 읽어도 대단히 감동적인 작품들이었다. 비록 당시 우리 번역서의 대부분이 일본어 번역본의 중역이었으므로 그 감동이 일본어 번역본의 탁월성 때문이기는 하지만 말이다. 그래도 그것들은 "좋은 번역은 원작의 향기를 충분히 살릴 수 있다"는 사실을 잘 보여주었다.

좋은 번역이란 어떤 것인가?

좋은 번역가는 세 가지 조건을 갖추고 있어야 한다. 첫째는 탁월한 문학적 소양과 예술적 감수성이 있어야 하고, 둘째는 문장력이 뛰어나야 하며, 셋째는 원작의 언어source language와 번역어target language, 그리고 두 나라의 문화에 모두 통달해 있어야만 한다. 우선 문학적 감성이 없는 번역가는 예술적 정교함과 정치精緻한 표현을 제대로 번역해내기 어렵고, 문장력이 탁월하지 않는 사람은 원작을 세련되고 멋진 문장으로 옮기기 어렵다. 그리고 두 언어가 모국어 수준이 아니거나 두 나라의 문화를 잘 모르면 멋지고 좋은 번역을 할 수가 없다. 우선 언어가 유창하지 않으면 현지인들에게 호소력 있는 자연스러운 문장으로 번역하는 것이 불가능하고, 또 문화를 모르면 필연적으로 오역이 발생하기 때문이다.

한국문학번역원의 부설 교육기관인 '번역아카데미'의 스페인어 교수인 안드레스 펠리페 솔라노는 이렇게 말한다.

> 번역가는 원작자의 문학 세계를 잘 알고 그걸 옮길 수 있어야
> 한다. 그건 마치 집을 허문 다음, 자재를 싣고 바다를 건너서 다른
> 해안에다가 똑같은 복사본이 아닌, 원래 집을 생각나게 하는 새
> 집을 다시 짓는 것과도 같다.

그렇다면 번역가가 새로 지은 집은 새로운 토양에 맞는 것이 중요하지, 원래 집과 똑같을 수도 없고 똑같을 필요도 없다. 솔라노는 계속해서 이렇게 말한다.

> 그러기 위해서 번역가는 마치 여러 달 동안 자기를 기다려준
> 애인의 편지를 읽는 병사의 애정과 열정으로 작품을 사랑해야 하
> 고, 다음으로는 자신이 발견한 방정식을 푸는 물리학자처럼 그
> 작품에 몰입해야 한다. 마지막으로는 원작에서 울려나오는 리듬
> 과 멜로디를 음악가의 귀로 들을 수 있어야 한다.

다시 말해 번역가는 원작자를 완벽하게 이해하고, 원작을 사랑해야 하며, 번역에 몰입해 전념하고, 원작의 뉘앙스를 정확하게 파악해야 한다는 것이다. 영국 소설가 앤서니 버지스의 말대로, "번역은 단어를 옮기는 것이 아니라, 새로운 문화를 이해할 수 있도록 해주는 것"이기 때문이다.

그렇다면 번역가는 왜 중요하며, 어떤 번역가가 바람직한가? 이

탈리아의 소설가 이탈로 칼비노는 "번역이 없었다면, 나는 우리나라 국경 안에서만 머물러 있었을 것이다. 번역은 내 최고의 우방이었고, 나를 세계에 소개시켜 주었다"고 말했다. 칼비노에 의하면, 작가는 국내에서 글을 쓰는 사람이지만, 번역가는 그 작품을 세계로 내보내는 사람이다. 또한 번역가는 나라와 나라, 문화와 문화 사이에 이해와 교류의 다리를 놓는 사람들이다. 그러므로 번역가의 중요성은 결코 간과하거나 폄하할 수 없다. 미국의 번역문학서 전문 출판사인 달키 아카이브 프레스Dalkey Archive Press의 존 오브라이언은 "좋은 번역가는 능력이 있고, 언어 감각이 뛰어나며, 과감하고 문화적으로도 박식해야 한다"고 말한다.

원어민 번역가와 한국인 번역가 중 누가 더 바람직한가, 하는 문제는 오랫동안 논란의 대상이 되어 왔다. 아마도 가장 바람직한 번역가는 두 언어를 전부 모국어처럼 구사하고, 두 나라의 문화를 잘 아는 사람일 것이다. 원어민 번역가의 경우에는 번역어는 자연스럽겠지만, 한국문화를 잘 몰라서 생기는 오역이 문제가 될 수 있다. 반면에 한국인 번역가는 한국문화는 잘 알겠지만, 외국어 문장이 부자연스러워 현지 독자들에게 호소력이 부족할 가능성이 있다. 그런 면에서 보면, 원어민과 한국인의 협업이 가장 바람직하다고 볼 수 있다.

존 오브라이언은 "흔히 번역은 원어민이 해야 한다고 생각하는데 지난 30년 동안의 내 경험에 의하면, 최고의 번역가는 괜히 고집만 센 원어민이 아니라 영어를 잘하는 그 나라 사람이었다"고 말한다. 그는 그 이유를 이렇게 제시한다. "그들은 원어민 번역가가 놓치는 원작의 의미나 음조나 암시를 잘 알고 있었다. 자연스러운 영어 표현은 출판사 편집인이 고쳐주면 해결되었다."

또 프린스턴대학교의 데이비드 벨로스 교수는 이렇게 말한다. "영어로 번역된 프랑스 추리소설을 읽을 때, 등장인물들이 완벽한 미국 영어나 속어로 대화를 하면 좀 이상할 것이다. 독자들이 프랑스식 표현이나 프랑스식 영어를 기대하기 때문이다. 그러므로 미국인 번역가보다 영어를 잘하는 프랑스인 번역가가 더 적절할 수도 있다"고 말했다.

그럼에도 불구하고 노벨상을 수상한 아시아 작가들의 번역가는 모두 그 나라 언어와 문학의 전문가인 원어민들이다. 그러므로 우리도 원어민 전문 번역가의 양성이 시급하고 중요하다. 그런 의미에서 한강의《채식주의자》와《소년이 온다》를 번역한 영국인 데보라 스미스 같은 뛰어난 번역가는 한국문학을 세계에 알리는 데 필수적인 소중한 인적 자산이다. 스미스는 가와바타 야스나리의《설국雪国》을 멋지게 번역해 일본문학을 세계에 알리고, 가와바타에게 노벨상을 가져다준 에드워드 사이덴스티커 같은 역할을 하고 있어서 주목된다.

번역학의 종류

번역학이라는 용어는 암스테르담에서 활동한 미국인 학자 제임스 홈스가 처음 사용했다. 미국에서는 '통번역학translation and interpreting studies'이라는 용어가 많이 사용되고 있는데 반해, 유럽에서는 '번역학translation studies'이라는 용어가 주로 사용되고 있다. 번역학의 종류는 다음과 같다.

1) 서술적 번역학

기드온 투리에 의해 1995년부터 등장하기 시작한 이 이론은 번역문학을 수용 국가 문화의 하부 시스템으로 보는 것으로서, 번역문학이 궁극적으로는 번역 텍스트를 수용하는 국가의 문화적 일부가 된다는 이론이다. 즉, 한국문학이 영어나 프랑스어로 번역되면, 그 나라의 지류문화로서 영미나 프랑스 문화의 일부를 이루게 된다는 이론이다. 그러므로 서술적 번역학은 번역 텍스트의 문화적 동화 과정을 연구한다. 이 이론에 따르면, 세계 각국의 문학이 한국어로 번역되어 읽히면 그것들이 한국문화의 하부 지류로 자리 잡게 된다.

2) 문화 번역학

수잔 배스넷과 앙드레 르페비어의 저서《번역, 역사, 문화 Translation, History and Culture》에서 유래된 문화 번역학은 번역을 통한 문화적 교류와 근접, 그리고 그 과정에서 발생하는 문화적 변형이나 기형까지도 연구하는 번역학이다.《문화의 위치》에서 호미 바바는 살만 루시디의 작품에 대한 해석을 통해 문화 번역학의 한 예를 잘 보여주고 있다. 번역을 통한 두 문화의 만남과 변형 과정을 탐색하는 문화 번역학은 문화 연구의 한 갈래이기도 하다.

3) 생태 번역학

생태 번역학은 번역된 텍스트가 어떻게 수용 국가의 에코 시스템 속에서 환경 생태적으로 적응하고 동화되는가를 연구하는 이론이다. 번역 텍스트의 유입과 동화와 정착을 고찰하는 이 이론은 환경 생태적 접근에 대한 세계적인 관심에 힘입어 번역 텍스트를 문화적 환경 생태 현상과 접목하고 있다. 그래서 생태 번역학의 주 관심사 중 하나는 번역서의 유입이 한 나라의 문화 생태계에 어떤 영향을 끼치게 되는가, 라고 할 수 있다.

4) 사회학적 번역학

사회학적 번역학은 번역가가 어떤 사람이고, 그의 직업은 무엇인지, 그리고 번역된 자료가 어떻게 두 언어와 두 사회 사이에서 서로 아이디어를 주고받는지를 연구하는 이론이다. 즉, 사회학적 번역학은 번역 작업과 번역서의 유입을 사회학적으로 연구하는 이론으로서 번역이 두 사회에 어떤 영향을 끼치며, 어떻게 두 사회를 연결하는지를 천착한다.

5) 탈식민주의 번역학

탈식민주의 번역학은 예전 제국과 예전 식민지 사이에 번역 텍스트가 어떻게 이념적, 문화적으로 작용하는지를 탐색하는 이론이다. 그러기 위해서 탈식민주의 번역학은 에드워드 사이드의 '문화와 제국주의' 이론을 차용해서 번역 작업과 번역 도서의 이동과 유입과 수용을 바라본다. 또한 탈식민주의 번역학은 번역이 본질적으로 다른 두 언어와 두 문화를 연결한다는 가정의 유효성을 의심하며, 사실은 두 언어와 두 문화가 처음부터 서로 긴밀하게 연관되어 있다는 것을 밝혀내는 데 관심이 있다.

6) 젠더 번역학

번역가의 섹슈얼리티와 그가 번역하는 텍스트의 젠더성을 탐구하는 이론으로서, 성性의 사회적 기능과 역할에 관심이 많은 젠더 이론과 번역학을 접목시킨 이론이다. 즉, 번역가의 젠더와 번역 텍스트의 젠더성과의 상호 관계, 원작이 함축하고 있는 섹슈얼리티와 젠더 문제 등을 탐색하고 천착하는 이론으로서 페미니스트들의 비상한 관심의 대상이 되고 있다.

7) 윤리적 번역학

원저자와 번역가가 동등한지를 살피고, 번역에 따른 다양한 윤리적 문제를 성찰하는 이론이다. 이 이론에 따르면 번역가의 윤리적 책무가 증가하게 되고, 번역가들도 원작이 함축하고 있는 지정학적 분쟁에 능동적인 참가자로 등장하게 된다. 윤리적 번역학은 자신의 정체성이나 판단으로부터 자유로운 번역가의 독립성 문제도 연구한다. 윤리적 번역학에서는 번역을 단순한 언어의 전달이 아닌, 사회적 정치적 행위로 본다. 앙투안 베르망이 주도한 이 이론의 한 좋은 예는 자크 데리다의 《그래머톨로지》를 번역하고 역자서문을 썼다가, 스스로 그 분야의 전문가가 된 가야트리 스피박일 것이다.

8) 오디오 비주얼 번역학

영화, 텔레비전, 오페라, 비디오 게임 같은 오디오·비주얼 세팅에서의 번역을 연구하는 이론으로서, 글쓰기와 말로 하는 통번역이 아닌 사운드와 이미지를 사용하는 번역 연구를 지칭한다. 오디오 비주얼 번역학에서는 자막이나 더빙처럼 외국인이나 시각 및 청각장애인들이 번역과 맺게 되는 특별한 관계도 연구한다. 오디오 비주얼 번역학은 컴퓨터의 자동 번역도 연구하는데, 기계에 의한 자동 번역은 아직도 동음이의어를 처리하지 못하는 등 보완해야 할 점들이 많다.

9) 아마추어 번역학

아마추어 번역가는 돈을 받지 않고 자원봉사로 인터넷에서 번역하여 자막을 제공하는 사람들을 일컫는다. 또한 그런 자원 번역을 다루는 것이 '아마추어 번역학'이다. 이들은 주로 온라인상에서 번역을 하고 있으며 유저 번역, 팬 번역, 커뮤니티 번역, 협동 번역 등도 아마추어 번역학의 범주에 들어간다.

번역 텍스트의 해외 수용 문제

'문화 번역학'의 한 예는, 우리 문학이나 동화, 설화의 번역이 서양에서 어떻게 변형되어 수용되는가 하는 것을 연구하는 것이다. 예컨대 2013년에는 시카고의 세종문화센터의 주관으로 북미 독후감 대회가 열렸다. 그때 접수된 미국 학생들의 해석이 우리와는 정반대의 시각으로 한국의 설화를 바라보고 있어서 자못 흥미로 웠다.

미국 학생들은《청개구리》를 해석하면서, 청개구리는 재능 있고 창의적이고 장래성 있는 아이인데, 어머니가 아들 교육을 망쳤다고 보았다. "왜 우리 아들은 다른 집 아이들과 같지 않을까"라는 어머니 개구리의 탄식은 아주 비교육적이고 잘못된 것이라는 의견이었다.《선녀와 나무꾼》도 미국 학생들은 우리와 다르게 해석했다. 우선 사슴이 고마움을 표시하려면 자기 녹용을 잘라서 줘야지, 선녀를 선물로 줄 수는 없다는 것이었다. 그리고 나무꾼이 너무 감정적이라는 지적도 있었다. 예컨대 아이가 아직 둘인데도 사슴의 경고를 무시하고 선녀에게 날개옷을 주어 하늘로 날아가게 한 것이라든지, 나중에 하늘에서 살게 되었는데도 어머니가 보고 싶다고 졸라서 다시 하계에 내려왔다가 결국 다시는 하늘로 돌아가지 못한 것을 미국 학생들은 감정적 행동의 결과라고 보았다. 《심청전》역시 미국 학생들은 심봉사 같은 무책임한 아버지는 절대 눈을 뜨게 해서는 안 된다고 분노했으며,《흥부전》에서도 흥부가 왜 항의를 하지 않고 그런 부당한 대우를 받아들이는지 의아해했다. 또 우리가 꾀 많고 재치 있게만 보는《봉이 김선달》이야기도 미국 학생들은 국유 재산을 팔아먹은 사기꾼 이야기로 보았고, 사재기를 한《허생》도 비윤리적인 상인으로 보았다.

그건 문학 작품도 비슷해서 전광용의《꺼삐딴 리》도 미국 대학생들은 우리와는 정반대의 해석을 했다. 즉, 그들은 꺼삐딴 리를 기회주의자라기보다는 정부가 아무것도 해주지 못할 때 홀로서

기를 한 능력 있는 사람으로 보았다. 미국인 찰스 몽고메리 교수
는 미국 학생들은《소나기》도 청순한 두 소년 소녀의 정신적 사랑
이야기로 보는 것이 아니라, 소나기를 피해 들어간 움막에서 둘이
섹스를 한 후 소녀가 너무 어린 나이에 아이를 낳다가 죽는 것으
로 해석하는 경우가 많았다고 한다. 또 이효석의《메밀꽃 필 무렵》
도 장돌뱅이 허생원이 물레방앗간에서 예쁜 마을 여인을 성폭행
한 것으로 해석한다고 말한다. 이처럼 '문화 번역학'은 번역서를
읽을 때, 문화적 차이로 인해 일어나는 시각과 다른 해석도 연구
한다.

번역학은 앞으로도 계속해서 중요한 문학이론으로 부상하게
될 것이다. 번역은 마치 동양과 서양을 연결하는 이스탄불의 보스
포루스 대교Bosphorus Bridge처럼, 각기 다른 언어와 서로 다른 문화
를 연결해주는 소중한 다리의 역할을 하고 있기 때문이다.

제15장

시대의 파수꾼이 되다
생태주의

생태주의 등장의 배경과 의의

포스트모더니즘이 초래한 포스트모던적인 인식은 우리로 하여금 인간 중심 사고에서 벗어나 환경 생태계에 대한 관심을 갖게 했고, '생태주의'라는 새로운 문예사조를 창출하게 해주었다. 생태주의는 인간의 이기적 사고방식과 제국주의적 생활양식이 자연과 인간 생태계를 파괴한다는 관점에서, 인간의 사고 전환을 통한 생태계 보호의 필요성을 주창하는 사조다. 이때 생태계라 함은 비단 자연 생태계뿐만 아니라 인간의 정신 생태계도 포함한다.

1972년 그레고리 베이트슨은 《마음의 생태학Steps to an Ecology of Mind》에서 인간의 비뚤어진 마음이 인간 생태계 파괴의 주범이라고 보았다. 이 기념비적 저서에서 그는 히틀러의 타인종 학살을 문명 생태계 파괴의 대표적인 예라고 지적한다. 그러나 한편 제1차 세계대전 후, 패전국 독일을 경제적 궁지로 몰아넣음으로써 나치즘의 태동을 촉발시킨 베르사유 조약 참가국의 정상들 역시 생태계 파괴의 책임을 회피할 수는 없다고 주장한다.

작가들의 인식은 그보다 더 빨랐다. 대표적인 포스트모던 작가인 미국작가 토머스 핀천은 이미 1963년에 출간한 소설 《브이를 찾아서》에서 20세기 인간 생태계를 파괴한 두 주범으로 서구 제국주의와 제3세계 민족주의를 지목했다. 핀천에 의하면, 서구 제국주의는 수많은 제3세계 식민지인들의 삶을 비극적으로 만들었지만, 동시에 제국주의에 대항한다는 명분 아래 일어난 제3세계 민족주의 또한 똑같은 오만과 독선으로 폭력을 행사했다는 것이다.

1993년에는 에드워드 사이드도 《문화와 제국주의》에서 "서구 제국주의와 제3세계 민족주의는 서로를 좀먹어 들어가며 이용하는, 똑같이 바람직하지 못한 것들이다"라고 지적했다. 비슷한 경우가, 극우 파시스트였던 히틀러의 인종청소나 극좌 공산주의자였던 스탈린의 집단학살, 또는 기독교 근본주의자들과 무슬림 테러리스트들 사이의 대립과 반목에서도 발견된다. 양 극단의 횡포와 폐해는 결국 두 극단적 정치·종교 이데올로기가 모두 바람직하지 않다는 것을 극명하게 보여주고 있다.

프랑스 작가 장마르크 오베르는 《대나무Bambous》에서 동물적인 사회를 비판하고 식물적인 삶의 가치를 추구하고 있다. 그에 의하면, 대나무 숲의 대나무들은 뿌리가 서로 연결되어 있어서 하나가 상처를 입으면 모든 대나무들이 고통을 느낀다. 즉, 생태계는 모두 긴밀하게 연관되어 있어서 하나를 파괴하면 마치 그물망처럼 전체가 망가진다는 것이다. 또 에코페미니즘ecofeminism에 의하면, 여성은 대자연과도 같아서 여성을 신체적, 정신적으로 학대하고 상처 입히는 것은 곧 자연 생태계에 대한 파괴 행위가 된다. 즉, 한 명의 여자에게 고통을 주는 행위는 이 세상 여성 모두에게 상처를 주는 것과도 같고, 궁극적으로는 대자연을 훼손하는 것과도 같다는 것이다

《채식주의자》에 나타난 생태주의 사상

그런 면에서 보면, '맨 부커 인터내셔널상The Man Booker International Prize'을 수상한 한강의 《채식주의자》 역시 한 편의 훌륭한 생태주의 소설이라고 할 수 있다. 《채식주의자》 3부작을 관통하는 주제는 '폭력'인데, 폭력은 곧 인간 생태계를 파괴하는 행위이기 때문이다.

히틀러와 스탈린의 대학살과 세계 도처에서 일어나는 전쟁, 그리고 정치·종교적 극단주의자들의 테러는 인간 생태계를 심각하게 훼손했다. 그 결과 헤아릴 수 없는 사람들이 죽었고, 수많은 고아들이 생겨났으며, 살아남은 자들의 삶 또한 비참해졌다.

작가 한강은 인터뷰에서 "폭력적 환경에서 살고 있는 약자의 저항과 인간의 존엄성 문제를 성찰하고 싶었다"고 말했다. 폭력 앞에 인간의 존엄성은 속절없이 무너진다. 채식을 원하는 딸에게 강제로 고기를 먹이는 아버지의 무차별적인 폭력 앞에, 싫다는 주인공에게 억지로 밥을 먹이는 병원 직원들의 폭력 앞에 인간의 존엄성은 무너진다. 지하철과 거리에서 잘못을 타이르는 어른에게 가하는 젊은이들의 폭력 또한 인간의 존엄성을 짓밟는 행위이다. 폭

력의 피해자는 평생 그 치욕감 속에서 헤어나지 못하기 때문이다.

어니스트 헤밍웨이도 《무기여 잘 있거라A Farewell to Arms》에서 주인공 헨리 중위의 입을 빌려서 폭력의 극치인 전쟁에 대해 이렇게 말한다. "나는 신성한, 영광스러운, 희생 같은 말을 들을 때마다 염증을 느꼈다. 전장에서 나는 아무것도 신성한 것을 본 적이 없다. 영광이니, 명예니, 용기니, 신성이니 하는 추상적인 단어들은 다만 외설일 뿐이었다. 전쟁터에서 신성한 것은 없었고, 영광스럽다는 것에는 영광이 없었으며, 희생이란 고기를 먹지 않고 땅에 묻는다는 것만 다를 뿐 마치 시카고의 도살장과도 같았다."

한강의 《채식주의자》의 3부작 중, 제1부 〈채식주의자〉는 아버지로 상징되는 가부장적 사회의 폭력을 묘사하고 있다. 가부장적 체제에서 약자인 여자나 딸은 강자인 남자와 절대적인 힘을 갖는 아버지에게 무조건적인 복종을 강요당한다. 만일 여자나 딸이 그 권위주의에 도전하면, 그 순간 그들에게는 폭력이 가해지고, 극도의 수치감 속에 그들의 인간적 존엄성은 무너진다. 주인공 영혜의 아버지는 육식이 옳고 채식은 틀렸다는 확신에 사로잡혀서, 싫다는 딸의 입에 강제로 고기를 집어넣는다. 이 세상에서 가장 무서운 것이 원시인의 고집, 즉 무식한 자의 신념이라고 하는데, 영혜의 아버지는 그 전형적인 경우라고 할 수 있다. 우리 사회에도 자신을 절대적 진리라고 믿고 남은 다 틀렸다고 생각하는 사람들, 즉 이분법적 가치판단과 독선에 사로잡힌 사람들이 타인에게 자신의 정치이념을 강요하는 경우가 많다. 〈채식주의자〉는 바로 그러한 독선에 대한 예리한 비판이라고 볼 수 있다.

제2부 〈몽고반점〉은 일견, 미의 극치를 추구하는 예술가의 구도소설처럼 보인다. 그래서 이 작품은 다니자키 준이치로의 〈문신刺青〉을 연상시킨다. 주인공 영혜의 형부는 비디오 아티스트이다. 그는 처제에게 성적 매력을 느껴 그녀의 몸과 자신의 몸에 꽃과 나무로 보디 페인팅을 한 다음, 성적 관계를 갖는다. 이 작품은 필자가 《문학사상》의 주간으로 있을 때 이상문학상을 수상했다. 그때 필자는 심사평에서 "미의 극단적 추구는 때로 관습적인 도덕의 초월과 일상으로부터의 일탈을 요구한다. 두 사람의 결합이 단순히 동물적인 것이 아니라, 식물적이기도 하다는 점을 부각시킴으로써 작가는 섹스를 육체적 욕망을 초월한 심미적 기구祈求로 변모시킨다"고 썼다. 아이 때 엉덩이에 나타났다가 성인이 되면 사라지는 몽고반점을 예술가가 추구하는 원초적 순수성의 상징으로, 그리고 이 작품을 그 순수성과 아름다움을 추구하는 예술소설로 보았기 때문이었다.

그러나 후에 《채식주의자》 3부작을 모두 읽으면서 새로운 맥락 속에서 또 다른 책읽기도 가능하다는 사실을 깨닫게 되었다. 즉, 〈몽고반점〉이 사실은 예술과 탐미적 추구라는 가면을 쓴 교묘하고 눈에 보이지 않는 우리 사회의 미묘한 폭력을 다루고 있다는 사실을 깨닫게 된 것이다. 자살 시도 후에 감정이 불안정하고 혼란스러운 상태에 있는 영혜를 형부는 관능적 대상으로 보고 자신의 성적 욕구를 채우는 데 이용하기 때문이다. 영혜는 형부와의 섹스를 자연과의 합일이라고 생각하지만, 형부는 보디 페인팅으로 처제를 속여 자신의 육체적 욕망을 불태운다. 그렇다면 형부는 사이비 예술가이자, 우리 사회에 만연해 있는 사기꾼con-artist들의 상징이라고도 볼 수 있을 것이다.

제3부 〈나무 불꽃〉은 얼핏 보면 옳은 것처럼 보이는 '대의grand cause'를 내세운 제도적 폭력을 비판하고 있다. 예컨대 질서를 위해서 독재가 불가피하다는 대의, 또는 민주화를 위해서는 소수의 희생이 필연적이라는 그럴듯한 대의를 내세우는 사람들도 사실은 선의로 포장된 폭력을 행사하는 자들이라는 것이다. 알베르 카뮈의 희곡 〈정의의 사람들Les Justes〉은, 독재자 대공을 암살하러 갔으나 대공의 품에 어린아이가 있는 것을 보고 차마 총을 쏘지 못하고 돌아온 암살자가 조직으로부터 비난받는 내용을 다루고 있다. 물론 카뮈는 독재자의 제거라는 명분하에 무고한 어린아이를 죽이는 것은 잘못이라고 지적한다. 문학은 바로 그런 면에서 마키아벨리식 정치와는 궤적을 달리한다.

〈나무 불꽃〉에서 영혜는 정신병원에 강제로 입원하게 된다. 자신을 식물이자 나무라고 생각하는 영혜는 식사를 거부하고 물만 마시려 한다. 그러자 '환자를 살리기 위해서'라는 대의명분하에 병원 직원들은 영혜에게 강제로 밥을 먹인다. 그러나 작가는 그것 또한 당의정을 입힌 폭력이라고 본다. 환자가 원하는 것이나 상대방의 존엄성을 전혀 고려하지 않고 자신들의 잣대로 남을 판단하고, 거기에 따라 환자에게 폭력을 행사하고 있기 때문이다. 우리 사회에도 그럴듯한 명분을 내걸고 타인에게 폭력을 행사하면서도 그것을 정당화하는 사람들은 많다. 우리의 관습과 제도 중에도 약자에게 불리한 폭력적인 것들이 많은데, 여자들과 아이들이 감수해야만 하는 언어 및 신체 폭력이 이에 해당한다고 보아야 한다. 또 지연, 학연, 혈연으로 인해 닫힌 문 밖에 서서 좌절하는 외부인들에 대한 제도적 폭력도 있다.

한강의 또 다른 소설 《소년이 온다》는 시민에 대한 정부의 폭력과 공권력의 폭력을 다루고 있다. 1980년 광주민주항쟁을 다루고 있는 이 소설은 진압군으로 표상되는 전두환 군사 독재 정권의 폭력을 은유적으로 그러나 강력하게 비판하고 있다. 이 작품은, 광주 민주화항쟁 때 죽은 소년과 소녀들은 더 이상 자라지 않은 채, 그때 그 모습으로 공권력에 의한 폭력이 남겨놓고 간 가슴 아픈 기억을 일깨운다는 주제를 다루고 있다.

《채식주의자》의 번역가 데보라 스미스를 배출한 영국 런던의 SOAS는 한강의 《채식주의자》가 "폭력은 인간과 인간 사이의 이해가 부족해서 생긴다는 사실"을 상기시킨다고 평했다. 타자를 배척하고 자신만 옳다고 믿는 우리 사회의 극좌와 극우의 대립, 또는 이슬람을 테러리스트 집단으로만 보는 기독교 원리주의자들과 서구를 타락한 적으로만 생각하는 무슬림 테러리스트들의 반목은 인간과 인간 사이의 이해가 얼마나 절실하고 중요한가를 깨우쳐주는 좋은 경우다.

《미국의 송어낚시》와 생태주의 인식

미국 작가 리처드 브라우티건의 《미국의 송어낚시》는 1961년에 완성되었으나 출판사들의 잇단 출판 거부로 1967년에야 선배 작가 키트 보네거트의 도움으로 출간되었다. 어렵게 출간된 이 소설은 대표적인 생태소설이라는 평을 받고 있다. 미니멀리즘 기법을 차용한 이 소설의 화자는 현대에 와서 사라진 목가적 꿈의 상징인 하천을 찾아 미국의 서부를 방황하는 사람이다. 브라우티건이 보는 현대는 19세기 미국인들이 추적했고 미국인들의 상상력을 사로잡았던 거대한 흰 고래 '모비 딕'이 사라진, 또는 조그만 송어로 축소된 사회이다. 천명관도 소설《고래》에서 현대를 거대하고 우아한 고래나 코끼리가 사라진 시대, 그리고 대규모 서커스가 미니 사이즈 USB 속의 엔터테인먼트로 축소된 시대로 묘사하고 있다.

그래서《미국의 송어낚시》의 화자는 잃어버린 하천을 되찾아 다시 한 번 송어가 뛰노는 곳으로 만들고 싶어 한다. 그러나 그가 발견한 것은, 송어가 살 수 있는 하천마저 말라버린 삭막하고 황폐한 현대의 풍경이다. 멀리 하천 같은 것이 보여서 달려가 봐도 막상 도착해보면 흐르는 하천이 아니라 집으로 들어가는 시멘트 계단이어서 화자는 실망하고 좌절한다. 광야의 모험과 유연한 하천의 상상력이 현대에는 안정된 집으로 정착해 들어가는 경직된 계단으로 바뀌어진 것이다.

현대의 메마른 황무지에는 송어가 뛰어놀던 맑은 하천은 사라지고, 중금속에 오염된, 그래서 배를 뒤집은 채 죽어 있는 송어들만 떠 있는 더러운 하천만이 남아 있다. 그 죽은 하천을 다시 송어가 파닥이는 하천으로 만들기 위해《미국의 송어낚시》의 주인공은 죽은 송어들을 향해 필사적인 심정으로 사정射精을 한다. 물론 그건 재생과 풍요를 기구하는 상징적인 행위이지만, 한 번 파괴된 하천은 이미 돌이킬 수도, 다시 되살아날 수도 없다.

《미국의 송어낚시》의 화자가 보는 현실은 동물적인 폭력 사회이다. 빨간 옷을 입은 애인에 의해 배신당하고 FBI에 의해 무참히 살해당하는 은행 강도 존 딜린저의 에피소드가 그 한 예라고 할 수 있다. 양떼로 상징되는 민중이 독재자의 상징인 목동의 조종과 폭력에 순응하는 에피소드를 통해서도 이 소설은 공권력의 폭력이 인간 생태계를 얼마나 철저하게 파괴하는가를 잘 보여주고 있다. 이 소설에서는 심지어 식물들조차도 폭력적이고 위협적이다. '코브라 릴리' 장에서 저자는 매혹적이지만 치명적인, 마치 동물 같은 식물을 보여주며 현대의 폭력 사회를 비판한다. 코브라 릴리는 곤충을 잡아먹고 사는 육식 식물인데, 오늘날에는 식물조차도 위협적이고 폭력적인 사회가 되었다는 것이다. 그런 의미에서 《미국의 송어낚시》는 한강의 《채식주의자》나 이승우의 《식물들의 사생활》과도 인식을 공유하고 있다.

《미국의 송어낚시》의 화자는 오늘날 현실세계가 목가적인 꿈을 상실하고, 돈과 기계에 의해 오염되었다는 사실을 깨닫고 실망하는 현대인이다. 작품의 마지막에 화자는 하천이 폐차장이 되었고, 거기서 하천을 피트feet로 잘라서 팔고 있는 것을 발견한다. 그가 보는 현대는 물질과 기계가 지배하는 곳, 그래서 환경 생태계가 심각하게 파괴된 곳이다. 그래서 그는 자연과 하천의 생태계가 파괴되어 송어가 사라진, 목가적 꿈을 상실한 현대의 메마르고 황량한 풍경을 슬퍼한다. 《미국의 송어낚시》는 바로 그러한 발견과 깨달음을 안겨주는 뛰어난 생태소설이다.

《완벽한 캘리포니아의 하루》와 생태주의

《완벽한 캘리포니아의 하루Revenge of the Lawn》는 브라우티건이
발표한 또 하나의 뛰어난 생태소설이다. 캘리포니아는 원래 햇빛
과 대자연과 꿈의 장소였다. 1948년 골드러시 때, 동부인들은 황
금을 찾아 캘리포니아로 갔고, 일확천금을 꿈꾼 그들을 '포티 나
이너스forty-niners'라고 불렀다. 그러나 서부개척시대가 끝나자 캘
리포니아에도 낭만적 꿈과 목가적 풍광이 사라졌다. 특히 LA는 각
지에서 몰려든 자동차로 인한 스모그의 도시가 되었다. 인간의 따
뜻한 접촉이 결여되고 돈과 기계가 지배하는 사회, 즉 인간 생태
계가 파괴된 장소가 된 것이다. 영화 〈크래쉬Crash〉의 시작 장면에
나오는 한국계 여자의 차가 뒤를 들이받자 차 속에서 흑인 형사가
내뱉는 시니컬한 독백도 LA의 그러한 상황을 은유적으로 드러내
주고 있다. "LA에서는 사람들이 서로 접촉할 기회가 없다. 언제나
금속의 차 속에 갇혀 있을 뿐이다. 어쩌면 우리는 사람의 체취가
그리워서 서로 충돌하고 상처 주는지도 모른다."

저자는 《완벽한 캘리포니아의 하루》에서 독일의 폴란드 침공,
뉴잉글랜드의 마녀 사냥, 그리고 일본의 진주만 공격을 소재로 삼
았다. 이 소설에서 브라우티건은 캘리포니아뿐 아니라 전 세계와
인간의 마음에서 녹색의 잔디밭과 정원이 사라지고 그 자리에 대
신 자동차와 기계가 들어섰으며, 그 결과 심각하게 자연 환경과

인간의 정신 생태계가 파괴되었음을 조명하고 성찰한다. 이 소설에서 캘리포니아는 꽃이 사라지고, 벌들은 꿀 대신 동물의 간을 먹는 동물적 폭력 사회로 제시된다. 저자는, 생태계가 파괴된 황폐하고 피폐한 곳에서 살고 있는 현대인은 지금 자기가 버린 '잔디밭의 복수'를 당하고 있는 셈이라고 말한다. 그런 의미에서 이 소설은 비슷한 주제를 다룬 영화 〈레인 맨〉과도 상통한다. 〈레인 맨〉처럼 이 소설도 우리가 오래전에 잃어버린 목가적 꿈을 되찾고, 망가진 인간 정신 생태계를 치유하며, 사라진 잔디밭을 회복해야 한다고 말하기 때문이다.

　물론 이 소설은 단순히 돈이나 기계를 버리고 전원주의로 돌아가자고 주장하지는 않는다. 예컨대 이 소설의 화자는 시를 좋아해서 자기 집의 수도관을 영국 시인 존 던으로, 욕조를 셰익스피어로, 그리고 부엌 싱크대를 미국 시인 에밀리 디킨슨으로 교체한다. 그러나 그는 곧 문인들이 하수관이나 욕조나 싱크대를 대신할 수 없다는 것을 깨닫는다. 그래서 다시 예전으로 복원하려고 해보지만, 이번에는 작가들이 나가기를 거부한다. 그러한 에피소드를 통해 저자는 이것 아니면 저것의 이분법적 선택이나 사고방식은 위험하고 해결책이 되지 못한다고 시사한다. 즉, 양극단을 다 비판하면서도 포용하는 중용의 길을 가야 한다는 것이다.

《브이를 찾아서》에 나타난 정신 생태계의 파괴

　시대를 앞서간 또 다른 미국 작가 토머스 핀천도 1960년에 이미 생태소설로 분류될 수 있는 소설《브이를 찾아서》를 발표해서 주목을 끌었다. 핀천은 이 기념비적 소설에서 20세기 인간의 정신 생태계를 파괴한 요인으로 서구 제국주의와 제3세계 민족주의, 우파와 좌파, 그리고 산업자본주의와 마르크시즘의 대립을 내세웠다. 위 소설에서 핀천은 이렇게 말한다.

우리는 20세기에 도저히 용납할 수 없는 두 개의 시각으로만 사물을 보았다. 우파와 좌파, 또는 온실과 거리가 그것이다. 우파는 과거의 온실에만 머물러 있었고, 좌파는 거리에서 군중들을 조종함으로써 목적을 달성하려고 했다. 그 결과, 그 둘은 모두 미래를 향한 꿈속에서 살지 못했다.

핀천은 또《브이를 찾아서》에서, 윤리가 사라지고 인간 생태계가 파괴된 상황에서는 기계와 돈이 인간을 지배해 인간성을 상실하게 된다고 경고한다. 그렇게 되면 인간이 기계가 되거나 인공물이 될 수도 있으며, 더 나아가 인간보다 더 우월한 기계인 컴퓨터나 인공지능의 지배를 받게 될 수도 있다는 것이다. 핀천은 이미 60년대에 테크놀로지와 인간 정신 생태계의 관계를 성찰하고, 암울한 미래를 예시하는 놀라운 혜안을 보여주었다. 두 번째 소설인《제49호 품목의 경매》에서 핀천은 이렇게 말한다.

우리는 '이것 아니면 저것'의 흑백논리가 아니라, '이것도 그리고 저것도'의 중용의 길을 가야 하며, 0과 1 사이에 있는 제3의 길을 찾아야만 한다.

마르크시즘과 산업자본주의는 둘 다 엄습해오는 공포일 뿐이
다.

세 번째 소설인《중력의 무지개》에서 핀천은 인간 생태계를 교
란하고 파괴하는 서구사회의 테크놀로지 맹신과 오용을 경계하
며, 모든 것이 합리적이고 이성적으로 설명될 수 있다고 믿는 서
구의 이성중심주의도 비판한다. 예정설을 주장했던 미국 청교도
주의의 독선과 이분법적 사고를 비판하면서 핀천은 주인공에게
단색이 아닌 다양한 색의 옷을 입힌다. 그는 각기 다른 일곱 가지
색이 모여 하나의 조화된 무지개를 이룬다는 사실을 상기시키며,
인간의 독선과 테크놀로지의 오용으로 파괴된 생태계의 치유와
회복 방법으로 다문화주의와 다인종주의를 제시한다.

파괴된 생태계의 복원을 위해

최근에 출간된 다른 소설들도 다양한 소재를 이용해 생태주의
를 성찰하고 있다. 예컨대 필립 로스의《휴먼 스테인Human Stain》은
자기만 옳다고 믿는 인간의 독선과 인종적 편견이 초래한 정신 생
태계의 파괴를 다루고 있다. 마이클 크라이튼의《넥스트》는 인간
과 동물의 유전인자를 배합함으로써 일어나는 생태계의 교란 문
제를 탐색하고 있으며, 댄 브라운의《인페르노》는 과학자의 독선

과 테크놀로지의 남용으로 인한 생태계 파괴를 다루고 있다.

　영화 〈아바타〉도 뛰어난 생태주의 작품이다. 나비족이 살고 있는 판도라 행성은 인간들이 돈과 테크놀로지와 제국주의적 사고 방식에 사로잡혀 파괴하려 하는 전원田園이자 오랫동안 잊고 살았던 목가적 꿈의 장소이다. 나비족 아바타가 된 주인공은 그곳에서 그러한 사실을 깨닫고, 자원을 얻는다는 명분 아래 생태계 파괴를 시도하는 지구인들의 파괴와 폭력에 맞서 목가적인 꿈의 상징인 판도라 행성을 지키는 데 성공한다.

　그런 맥락에서 보면, 《채식주의자》의 주인공 영혜에게 가해지는 여러 가지 폭력도 궁극적으로는 자연 생태계의 교란과 정신 생태계의 파괴를 불러온다고 볼 수 있다. 영혜는 자신만 옳다는 독선이 초래하는 폭력, 교묘한 사기성 폭력, 그리고 그럴듯한 명분을 내세워 합리화시키는 제도적 폭력의 피해자로 제시된다. 《채식주의자》는 소수자에 대한 다수의 횡포, 약자에 대한 강자의 횡포, 그리고 여자에 대한 남자의 횡포를 설득력 있게 고발하고 있는 작품이라고 할 수 있다.

　생태주의 소설은 앞으로도 계속해서 다양한 소재를 통해 이 시대의 문제점을 고민하고 생태계 파괴의 위험성을 경고할 것이다. 그리고 여러 가지 형태의 폭력을 통해 생태계 파괴를 시도하는 사람들을 고발할 것이다. 그런 의미에서 생태주의는 인류의 절멸을 막고 인류 문명의 보존을 위해 우리가 어떻게 살아야 할 것인가를 성찰하게 하는 이 시대의 파수꾼이라고 할 수 있을 것이다.

제16장

주변부를 새롭게 조망하다
LGBTQ 연구 · 몸 담론 ·
다문화주의

LGBTQ 연구

LGBTQ(레즈비언, 게이, 바이섹슈얼, 트랜스젠더, 퀴어) 연구는 포스트모더니즘 이후에 등장했으며, 사회가 정해놓은 제도와 규범을 벗어나는 성적 다양성을 용인하고 연구하는 이론이다. 포스트모더니즘의 주요 이론 중 하나는 중심과 주변의 구분을 없애고 사물의 경계를 허무는 것이었다. 또한 절대적 선이나 진리를 회의하고 그동안 악이나 허위로 치부되어 온 소외된 분야를 조명하는 것이었다. LGBTQ 연구는 바로 그러한 인식의 변화에 힘입어 부상한 새로운 문예 이론이다.

사실 LGBTQ는 오랫동안 그늘에서 숨어 살아오다가 1970년대 이후부터 표면으로 급부상하게 되었다. LGBTQ 연구는 사회가 정해놓은 성적 정체성에서 벗어나 자유로워지고 싶어 하는 사람들을 인정하고 연구하는 이론으로서 심리학, 철학, 사회학, 역사학은 물론 생물학 및 인류학과도 긴밀하게 연관되어 있다.

젠더 연구는 여성의 사회적 역할을 연구하는 것인데 반해, 바이섹슈얼이나 트랜스젠더, 퀴어 이론은 섹슈얼리티 문제를 다루는 이론이어서 약간의 차이가 있다. 하지만 그 둘은 궁극적으로 서로 만나게 되어 있어서 어느 하나만 독립적으로 논의하기는 어렵다. 용어의 의미를 좀 더 명확하게 구분한다면, 레즈비언은 여자 동성애자, 게이는 주로 남자 동성애자를 지칭하고(때로는 남녀 모두 게이라고 부르기도 한다), 바이섹슈얼은 양성애자를 의미하며, 트랜스젠더는 남녀 중 하나를 선택한 성 전환자를 지칭한다.

학부에서 LGBTQ 코스를 처음으로 개설한 곳은 진보적인 대학으로 유명한 캘리포니아대학교 버클리 캠퍼스였다. 그 뒤를 이어서 서던일리노이대학교, 네브라스카대학교가 강의를 개설했다. 최초로 대학에 게이 레즈비언 스터디스 프로그램을 설치한 대학은 뉴욕시립대학교였고, 처음으로 퀴어 학과를 개설한 곳은 샌프란시스코시립대학교였다. 1980년대에는 예일대학교에 게이 레즈비언 스터디스 센터가 생겼고, 1991년에는 뉴욕시립대학교에도 게이 레즈비언 센터가 생겼다. 이후 뉴욕대학교, 뉴욕주립대학교, 시카고대학교, UCLA, 메릴랜드대학교 등에도 LGBTQ 프로그램과 학위 과정이 생기기 시작했다. 그러다가 2009년에는 하버드대학교에 LGBTQ 석좌교수가 임명되기에 이르렀다.

LGBTQ라는 용어에서 '퀴어Queer'는 원래 '정상적Normal'의 반대되는 '이상한'이라는 뜻이기 때문에, 대학에 따라서는 '퀴어'를 빼고 LGBTS, 즉 Lesbian, Gay, Bisexual, and Transgender Studies라고 하는 곳도 있다. 또 대학에 따라서 '여성학women's studies', '젠더 연구gender studies' 또는 '여성학, 젠더 연구, 성 연구 women's, gender, and sexuality studies' 프로그램 같은 과정들을 설치해 운영하고 있기도 하는데, 지금은 그 규모가 커져서 예일대학교에 서는 무려 15명의 교수와 석좌교수 한 사람이 LGBTS를 가르치 고 있다.

LGBTQ 교수들은 문학, 종교, 역사, 정치학, 사회학, 인류학에 나타난 여성의 성 정체성 문제를 탐색하고 연구하는데, 시몬 드 보부아르의 《제2의 성》과 베티 프리단의 《여성의 신비》 같은 책들 이 기본 지침서로 이용되고 있다. 특히 보부아르가 위 책에서 언 급한, "사람은 여성으로 태어나는 것이 아니라, 여성으로 만들어 진다"라는 말은 젠더 스터디스의 기본이 된다. LGBTQ 연구자들 은 지그문트 프로이트나 자크 라캉의 심리학 또는 쥘리아 크리스 테바나 엘렌 식수의 페미니즘 이론도 원용한다.

LGBTQ 학자들은 문학 작품에서 제시되고 있는 게이 레즈비 언 문제를 찾아내 논의하고 연구하기도 한다. 사실 게이 레즈비언 은 고대부터 있어온 것이어서 많은 문학 작품에 등장하고는 있지 만, 그것이 본격적으로 논의된 것은 1970년 이후부터라고 보는 것이 정확할 것이다.

요즘은 동성애가 이성애와 똑같이 취급받는 시대가 되어서 조 금이라도 편견을 드러내면 문제가 발생한다. 성의 정체성과 선택 은 사회가 정해놓은 것을 따르기보다는, 자신이 선택하는 것이라 고 보는 것이 사회 통념이 되었기 때문이다. 예컨대 움베르토 에 코의 《장미의 이름》을 논하면서 예전에는 "14세기 유럽의 수도원은 동성애가 편재한 닫힌 사회였다"라고 논하는 것이 가능했지만, 지금은 시대가 변해서 그러한 표현이 동성애를 부정적으로 평하는 것으로 취급되어 비판의 대상이 될 수도 있다는 것이다.

동성애는 예전에는 '호모에로틱' 또는 '호모섹슈얼'이라고 표현했지만, 지금은 그런 표현 대신 그냥 게이나 레즈비언이라고 부르는 것이 일반화되었다.

몸 담론

순수예술과 고급문화를 주장하던 20세기 초 모더니즘 시대에는 몸과 정신을 이분법적으로 구분해 정신에게 특권을 부여했다. 즉, 몸은 정신보다 열등하며 형이하학적이고, 정신은 몸보다 우월하고 형이상학적이라는 것이었다. 당시에는 이렇듯 이분법적인 구분이 성행했다. 예컨대 순수와 비순수, 고급문화와 대중문화, 이상과 현실, 정통과 이단처럼 사물을 이분법적으로 구분해 앞에 것에다가만 특권을 부여하고, 뒤의 것은 부차적이고 열등한 것으로 취급했다는 것이다. 그런 시각에서 보면 정신은 신성한 것이었지만, 몸은 세속적일 수밖에 없었다.

그러나 이분법적 구분이 사라진 포스트모던 시대에 오면 몸도 정신과 똑같이 중요한 것이라는 인식이 생겨나게 된다. 사실 몸이 아프고 병들면 거기에 어떻게 건전한 정신이 깃들 수 있겠으며, 정신을 담는 몸이 없으면 어떻게 정신이 살아남을 수 있겠는가? 에드워드 사이드는《시작: 의도와 방법Beginning: Intention and

Method》이라는 책에서 신성함과 세속성 또는 오리진과 시작의 이분법적 경계를 해체하는데, '몸 담론body discourse'은 우리의 몸과 영혼이 상호 보충적이어서 그 두 가지가 똑같이 중요하다는 것을 사람들이 깨달으면서 시작되었다. 즉, 사람들이 '이것 아니면 저것either·or mentality'의 흑백논리에서 벗어나, '이것도 그리고 저것도both·and'의 포용성을 갖게 되면서 '몸 담론'이 시작된 것이다.

몸 담론의 형성에 중요한 역할을 한 것은 페미니즘이다. 페미니스트들은 남성들의 시각적 즐거움을 만족시키기 위해 여성들이 하고 있는 화장, 성형수술, 다이어트를 비판적으로 성찰하며, 그런 것보다는 유연한 여성적 원리나 여성적 글쓰기가 중요하다고 말한다. 페미니스트들은, 사실 여성들의 몸은 그동안 임신, 출산, 수유로 인해 변해가는 불완전한 것으로 취급되었는데, 사실은 바로 그러한 여성 신체의 변화가 여성의 유연함과 생명력과 재생력을 드러내주고 있다고 주장한다.

또 페미니스트들은, 여성의 몸이 남성들의 관상용이 되기 위해 관능적인 신체를 유지하고, 여성다운 정숙함과 가냘픈 몸짓과 표정을 사용해야 하며, 육체적 아름다움을 전시할 것을 요구받는다고 지적하면서, 여성의 몸은 남성들의 그런 성적 요구로부터 과감히 벗어나야 한다고 말한다. 즉, 몸의 중요성은 인정하지만, 몸의 관상화와 상품화는 비판하는 것이다. 그런 면에서 몸 담론은 페미니즘과도 긴밀히 연결된다. 일상에서 삶의 진리를 잘 찾아내는 문정희 시인의 시 〈화장化粧을 하며〉는 페미니즘 시는 아니지만, 훌륭한 몸 담론 시라고 할 수 있다.

입술을 자주색으로 칠하고 나니
거울 속에 속국의 공주가 앉아 있다
내 작은 얼굴은 국제 자본의 각축장
거상들이 만든 허구의 드라마가
명실공히 그 절정을 이룬다
좁은 영토에 만국기 펄럭인다

금년 가을 유행 색은 섹시브라운
샤넬이 지시하는 대로 볼연지를 칠하고
예쁜 여자의 신화 속에
스스로를 가두니
이만하면 음모는 제법 완성된 셈
가끔 소스라치며
자신 속의 노예를 깨우치지만
매혹의 인공 향과 부드러운 색조가 만든
착시는 이미 저항을 잃은 지 오래이다

시간을 손으로 막기 위해 육체란
이렇듯 슬픈 향을 찍어 발라야 하는 것일까
안간힘처럼 에스테로더의 아이라인으로
검은 철책을 두르고
디올 한 방울을 귀밑에 살짝 뿌려 마무리한 후
드디어 외출 준비를 마친 속국의 여자는

비극 배우처럼 서서히 몸을 일으킨다.

위 시에서 '속국의 여자'라는 표현은 제국의 상징인 남성에게
예쁘게 보이기 위해 꾸미느라, 또는 외제 화장품을 사용함으로써
문화제국주의의 각축장이자 은유적 식민지가 된 여성의 얼굴과
몸을 잘 표상해주고 있다. 몸은 정신만큼이나 중요하지만, 쉽게
세뇌될 수 있는 우리의 정신만큼이나 쉽게 자본화되고 식민지화
될 수도 있다는 것을 이 시는 잘 형상화하고 있다.

다문화주의

게이 레즈비언 이론이나 몸 담론처럼 사회적으로 소외된 대상
을 조명하고 인정하는 포스트모던적인 인식에 힘입어 부상한 이
론 중 하나로 다문화주의multiculturalism가 있다. 식민지 피지배문화
를 인정한 탈식민주의postcolonialism와 고급문화로부터 무시당하던
대중문화를 새롭게 조명한 문화 연구의 등장은 지배문화로부터
벗어나 다양한 주변부문화들의 가치와 권리를 주장하는 다문화
주의를 태동시켰다.

다문화주의는 이 세상에 단일문화권의 단일민족이란 사실상
존재하지 않으며, 모든 나라에는 소수인종이나 소수문화가 공존
해 있다는 인식과, 그 모든 소수인종과 소수문화를 동등하게 인정
해야 한다는 인식에서 비롯되었다. 다문화주의는 다인종 이민으
로 이루어진 미국 같은 나라에만 해당되는 것이 아니라, 사실 지

구상의 모든 나라에 해당되는 문예사조이다. 그래서 다문화주의는 스스로를 단일문화·단일민족이라고 생각하고 외부인종이나 외국문화에 대해 배타적인 한국의 경우에도 절실하게 필요한 사조라고 할 수 있다. 타인종과 타문화에 대한 이해는 세계가 글로벌화되어 가고 있는 21세기 국제사회에서 살아남고 번성하기 위한 필수 조건이기 때문이다.

　다문화주의는 단일한 지배문화 시대의 종식과, 다양한 주변부문화의 인정과 공존을 주장하는 사조이다. 미국 같은 이민 국가의 경우, 그것은 백인 중심 지배문화에 의해 주변부로 밀려나 소외되어 온 소수인종문화의 조명과 포용과 포함을 의미한다. 종교 분쟁국가의 경우, 그것은 각기 다른 종교의 공존을 의미하고, 한국처럼 분열적이고 폐쇄적인 국가의 경우, 그것은 지역문화 사이의 화해와 융합, 그리고 더 나아가 한국문화와 세계문화의 조화를 의미한다. 그와 동시에, 다문화주의는 가부장적 남성문화에 의해 가려진 소외된 여성문화의 인정을 의미하며, 동성 간의 사랑도 이성간의 사랑처럼 동등한 대우를 받아야 하고, 레즈비언, 게이, 바이섹슈얼, 트랜스젠더 연구도 당당히 정규 교과 과정에 포함되어야만 한다는 것을 의미한다. 물론 다문화주의는 동서양문화의 동등한 공존으로도 확대된다.

　다문화주의는 학교의 교과 과정에도 변화를 불러왔으며, 교수나 교사 채용에도 영향을 끼쳤다. 예컨대 '다문화 교육'이라는 새로운 교육학에 의해, 백인 및 유럽문화 중심으로 이루어져온 종래의 교과 과정이 대폭 변경되면서 소수인종문화를 연구하고 가르치는 과목들이 등장했다. 그 과정에서 소수인종/여성 교수나 교사들이 대거 채용된 것이다. 취직하기가 갑자기 어려워진 백인 남성들이 역차별 논쟁을 제기했음은 물론이다.

다문화주의가 정치 및 권력과 필연적으로 연결되는 것도 바로 그런 측면에서이다. 미국의 대학에서도 학과나 연구소나 대학의 헤게모니가 그런 정치적인 이유로 옮겨가기 때문에, 다문화주의 논쟁은 흔히 학계의 권력 다툼으로 확대되기도 한다. 다문화주의가 단일문화를 주장하는 보수주의자들로부터 정치적이라고 비난받는 또 다른 이유가 있다. 그것의 주요 관심사가 바로 인종, 민족, 젠더, 계급인데, 그러한 접근은 언제나 정치적이 되기 쉽기 때문이다. 문학 작품을 연구할 때에도 다문화주의는 언제나 예술성이나 문학성보다는 텍스트 속에 들어 있는 인종, 여성, 계급 문제 등을 주로 고찰하는데, 그러한 시각은 필연적으로 정치성을 띠게 된다. 그리고 그러한 접근법이 문학 작품의 해석에 타당한 것인가 하는 반론도 제기 된다.

더 나아가, 다문화주의는 그동안 정전으로 분류되어 있던 백인 작가들의 작품을 내려놓고, 그 대신 비정전으로 분류되어 제외되었던 소수인종 작가들의 작품들을 그 자리에 집어넣었다. 사실 그동안 지배문화에 속한 소수의 엘리트들이 임의로 정전을 결정했으며, 그 과정에서 주변부 소수인종 작가들의 작품들은 대표성이 부족하다는 이유로 정전에서 제외되어 왔다. 그러므로 다문화주의는 정전을 "누가 결정하는가?"라는 질문을 던지며 정전의 유효성과 합법성에 의문을 제기한다.

그러나 부작용 또한 없지 않았다. 다문화주의로 인해 유럽역사 과목이 사라지고 대신 아시아나 아프리카의 역사가 대학에서 강의되었다. 그리고 알려지지 않은 소수인종 작가들과 작품들이 교과 과정과 교육 내용에 포함되었다. 이렇게 되자 유럽계 백인남성 보수주의자들이 대학의 위기와 교육의 위기를 경고하기 시작했다.《미국 정신의 종언The Closing of the American Mind》이라는 책에서 앨런 블룸은 정통 백인문화가 사라지는 것을 개탄했으며,《서구의 정전The Western Canon》에서 해럴드 블룸은 위대한 서구문학 정전의 퇴조를 탄식했다. E. D. 허쉬는《1학년이 알아야 할 것들What Your 1st Graders Need to Know》이라는 초등학교 교과서 시리즈를 서구문화와 정전 위주로 씀으로써 사라져 가는 백인 유럽중심 정통 교육을 다시 살려보려고 노력했다. 다만 예전에는 정통 백인들로부터 차별받던 유대계 미국인들이 이번에는 보수주의 백인 편을 들었다는 사실이 흥미롭다.

물론 다문화주의자들은 미국이 유럽 백인문화와 더불어 원주민문화, 아프리카계 흑인문화, 아시아문화, 히스패닉문화로 이루어져 있기 때문에 소수인종문화가 중요하다고 주장한다. 전통적으로 정전이 주로 남성 작가들로 구성되어 있었기 때문에, 여성 작가들 역시 다문화주의를 옹호한다. 다문화주의는 문화적 다양성과 다원주의를 주창하며, 구조적 불평등에 도전해 소수문화의 권리와 인정을 요구한다는 점에서 주목할 만한 새로운 문예사조라고 할 수 있다.

분명한 것은 포스트모더니즘의 등장 이래로 고급문화와 순혈주의 시대는 끝났다는 것이다. 그리고 네스토르 가르시아 칸클리니의 주장대로, 세상은 모든 것이 경계를 넘어 뒤섞이는 '하이브리드'의 시대가 되었다는 점이다. 미국은 다문화·다인종 사회로 이루어진 거대한 하이브리드 국가이며, 흑인 아버지와 백인 어머니를 둔 하이브리드 대통령까지 등장했다. 국내 거주하는 외국인의 수가 200만 명이고 다문화가정이 16만 가정이라 추정되는 한국도 급속도로 다문화사회가 되어 가고 있다. 한국에서는 '하이브리드'를 '잡종'이라고 번역하지만, 사실 하이브리드는 '혼혈'이라 해석해야 할 것이다.

하이브리드는 순혈보다 우성이며, 더 총명하고 강인하다. 반면, 순혈주의는 기형이나 열성 유전인자를 확대 생산한다. 자동차의 경우도 하이브리드 자동차는 가솔린 차와 전기 차의 장점을 모두 갖추고 있다. 그렇다면 경계의 해체는 새로운 것들과의 융합과 혼합을 가능하게 해주고, 순혈보다 훨씬 더 강인하고 우수한 우성인자의 산출을 촉진하게 될 것이다. 앞으로 하이브리드 문화와 혼합 예술과 융합 학문은 새로운 개념과 가치를 창출하며 우리에게 새로운 인식의 세계를 열어 보여줄 것이다. 경계 해체boundary crossing 또는 크로스오버crossover는 이제 범세계적인 현상으로 나타나고 있다. 미래의 위대한 예술은 자신의 경계를 넘어 또 다른 세계를 탐색한 예술가들이 창출해낼 것이다.

제17장

문학과 게임, 같이 여행하는 동반자가 되다
게임 스터디스

'슈퍼 마리오' 세대의 부상

포스트모던적인 인식과 테크놀로지의 발전이 가장 두드러진 분야 중 하나는 단연 비디오 게임이다. 오늘날 젊은 세대는 마치 예전 세대가 소설의 재미에 매료되었듯이 비디오 게임을 좋아한다. 예전에 나이 든 세대가 없는 돈을 털어 책을 사서 책장에 꽂아 놓고 흐뭇해했듯이, 오늘날 젊은 세대는 돈이 생기면 비디오 게임 팩을 사서 쌓아놓고 즐거워한다. 그리고 나이 든 세대가 책을 통해 세상을 배웠듯이 젊은 세대는 비디오 게임을 하면서 세상을 배운다. 최근 전 세계의 화제가 된 '포켓몬 고'는 마치 베스트셀러가 된 책과도 같으며, 젊은이들이 먼저 사려고 밤새 상점 앞에서 기다리는 플레이스테이션 4는 서점으로 달려가던 나이 든 세대의 신간 서적과도 같다. 그러한 현상은, 어렸을 때 〈슈퍼 마리오〉에 몰입했던 세대가 30대 중반이 되면서 오늘날 전 세계적인 현상으로 자리 잡고 있다.

나이 든 사람들은 비디오 게임을 천박하다고 개탄한다. 물론 끊임없이 총을 쏘아 사람을 죽이기만 하는 저질 게임도 있다. 그러나 문학 작품 중에도 저급한 것들은 많다. 바꾸어 말하면, 좋은 문학 작품처럼 비디오 게임 중에도 수준 높고 유익한 것들이 많다는 것이다. 문제는 비디오 게임을 비판하는 어른들 중에 실제로 게임을 해본 사람은 거의 없다는 점이다. 그들은 다만 아이들의 어깨 너머로 본 인상만 갖고 게임을 비난하는 것이다. 펜실베니아주립대학교의 메리 베스 올리버 교수는 "경박한 비디오 게임이 있는 것은 부인할 수 없지만, 그건 모든 엔터테인먼트가 다 그렇다. 우리의 연구 결과에 의하면, 사람들이 생각하는 것과는 달리 문학이나 영화만큼 좋은 게임도 많다"고 말한다. 올리버 교수팀의 조사에 의하면 512명에게 저질 게임과 수준 높은 게임을 하게 했더니 조사 대상인 게임 플레이어들이 모두 수준 높은 게임을 선호했다고 말한다.

　또한 올리버 교수의 연구팀은 게임은 영화 같은 쇼와는 달리 쌍방향의 경험을 유발하기 때문에 영화보다 도덕적으로 더 깊은 감정적 경험을 한다는 사실을 밝혀냈다. 유명한 좀비 게임인 〈워킹데드〉의 경우, 동명의 만화나 영화를 볼 때보다 게임을 할 때 플레이어들은 더 깊은 감정적 변화를 경험한다는 것이다. 예컨대 자기가 좋아하는 캐릭터가 죽거나 좀비로 변할 때, 게임 플레이어는 마치 자기가 겪는 것처럼 안타까워하고 슬퍼하지만, 영화나 만화로 볼 때는 그 강도가 그리 세지 않다는 것이다. 그렇다면 게임도 문학 작품처럼 우리에게 카타르시스와 깨우침을 준다고 볼 수 있다. 그래서 웨스트버지니아대학교의 닉 보우만 교수는 "오늘날 게임은 세상을 알게 해주며, 예전에 〈쉰들러 리스트〉 같은 영화나 《동물농장Animal Farm》 같은 소설이 독자들에게 주었던 감동을 사람들에게 제공해주고 있다"라고 말한다.

그런데 우리는 게임을 사회적 질병으로 보는 경향이 있다. 물론 중독이 되면 그럴 수도 있을 것이다. 그러나 사실 우리 모두는 자기가 좋아하는 것에 중독되어 있다. 담배나 술이 그렇고, 영화나 독서가 그러하며, 심지어는 공부도 그렇다. 그렇지만 우리는 그런 것을 사회적 질병이나 중독으로 보지는 않는다. 잠도 안 자고 게임을 할 때, 우리는 그것을 중독이라고 부른다. 그렇다면 밤을 새워 공부하는 한국의 공부 열기는 분명 심각한 중독이고 사회적 질병이며 편집증적 집착이라고 할 수 있다. 그런데 우리는 유독 게임만 중독이고 질병이라고 본다.

나이 든 세대는, 활자와는 달리 시각적인 것은 사고의 능력을 떨어뜨린다고 주장한다. 그건 어느 정도 사실일 수도 있다. 활자를 읽으며 머릿속에서 상상하게 되는 비주얼을 영상 매체는 바로 시각적으로 보여주기 때문이다. 그러나 또 한편으로 보면, 그러한 주장은 너무 단순할 뿐 아니라 활자세대가 갖는 편견의 소산일 수도 있다. 어려서부터 활자보다 스크린에 익숙한 젊은 세대는 시각적인 것을 통해서도 얼마든지 사고의 능력을 배양할 수 있기 때문이다. 그러므로 그런 주장은 패러다임이 바뀌었음에도 그걸 모르거나 알아도 인정하지 않고 옛 잣대를 들이미는 것일 수도 있다. 그러므로 비디오 게임을 무조건 비난하지만 말고, 열린 마음으로 이해하려고 노력해볼 필요가 있다.

　세종대왕이 한글을 창제하려고 할 때, 집현전의 수장 최만리는 "소리글자인 언문을 만들면 사람들이 더 이상 뜻글자인 한문으로 된 심오한 서적을 읽지 않게 되어 사고의 능력이 현저히 떨어질 것이다"라며 반대했다. 그런 최만리가 본다면, 아무런 뜻이 없는 소리글자인 한글은 사고를 증진시켜 주며, 모든 의미를 보여주는 시각 매체인 게임은 사고의 능력을 저하시킨다고 주장하는 것은 난센스일 것이다. 즉, 시대가 변하면 패러다임이 바뀌게 되고, 패러다임이 바뀌면 우리의 사고방식도 변해야만 한다는 것이다.

　그래서 "비디오 게임은 결코 문학이나 예술이 될 수 없다"라고 주장하는 것은 별 설득력이 없다. 문학이나 예술을 담는 그릇과 표현하는 방식이 불변의 법칙으로 정해져 있다면 모르지만, 그렇지 않다면 문학을 표현하는 매체는 얼마든지 변할 수 있기 때문이다.

　활자문학은 신성하고, 비디오 게임은 천박하다고 생각하는 시각에도 문제가 있다. 왜냐하면, 그리스 비극의 시대에는 희극이 천박한 것으로 취급되었고, 시의 시대에는 소설 또한 열등한 장르로 취급되었기 때문이다. 그러나 오늘날에는 비극이나 시보다 희극과 소설이 더 각광받는 시대가 되었다. 또한 피카소의 그림이나 조이스의 소설이 그 좋은 예이다. 19세기 리얼리즘의 신봉자들이 볼 때에 모더니즘은 진지한 예술이 아니라, 마치 비디오 게임처럼 경박한 실험이자 아이들의 장난으로 취급되었다. 그러나 오늘날 피카소나 조이스는 고급스럽고 진지한 고전이 되었다. 또 연극의 시대에는 영화가 천박하고 상업적인 것으로 취급되었다. 하지만 오늘날 연극은 사양길을 걷고 있고, 영화는 당당히 주요 예술로 자리를 잡아가고 있다.

저명한 미국의 소설가 로버트 쿠버가 《뉴욕타임스》에 "나는 활자소설만 문학이고, 게임은 문학이 아니라고 하는 사람들을 이해할 수 없다"고 쓴 것도 바로 그런 맥락에서일 것이다. 문학, 특히 소설은 기본적으로 게임과 긴밀하게 연관되어 있고, 추리소설은 더욱 그러하다. 예컨대 에드거 앨런 포나 블라디미르 나보코프의 소설들은 체스 게임과 아주 유사하고, 《해리 포터》는 비디오 게임과 전개가 아주 흡사하다. 젊은 독자들은 《해리 포터》를 읽으며 마치 게임을 하는 듯한 느낌을 받았다고 한다. 그리고 속편이 나올 때는 마치 새로운 비디오 게임이 출시되는 것처럼 달려가서 구입했다. 그러므로 비디오 게임을 문학에 비해 열등한 것으로 볼 것이 아니라, 새로운 형태의 문학이자 새로운 글쓰기의 가능성을 보여주는 것으로 생각해보는 것도 필요할 것이다.

물론 비디오 게임은 전통적인 의미에서의 문학은 아니다. 그러나 더럼대학교의 앨리스터 브라운이 말한 "비디오 게임 플레이어는 문학 독자와 비슷한가?"라는 질문은 해볼 수 있다. 답은 "비슷하다"이다. 그렇다면 비디오 게임 텍스트도 문학 작품과 비슷한 기능을 갖고 있다고 볼 수 있을 것이다. 그리고 젊은이들이 종이책 대신 비디오 게임에 몰입해 있다면, 비디오 게임에 좋은 문학 콘텐츠를 집어넣는 것도 필요할 것이다. 한국이 수출하는 문화 상품 중 가장 많은 수입을 올리는 것도 바로 비디오 게임이다. 그렇다면 비디오 게임에 한국의 신화나 설화, 또는 역사나 민담을 넣어서 해외로 내보낸다면 한국문화의 해외 홍보에 큰 성과를 거둘 수 있지 않을까. 외국의 젊은이들이 게임을 하면서 자연스럽게 한국을 알게 되고, 한국에 대해 관심을 갖게 되며, 한국에 와보고 싶어 하게 될 것이기 때문이다.

그런 의미에서 우리의 고전을 비디오 게임으로 제작하는 것도 바람직할 것이다. 현재 비디오 게임으로 제작된 세계의 고전으로는, 단테의《지옥편Inferno》, 마크 트웨인의《톰 소여의 모험The Adventures of Tom Sawye》, 빅토르 위고의《레미제라블Les Misérables》, 로버트 루이스 스티븐슨의《지킬 박사와 하이드 씨The Strange Case of Dr. Jekyll and Mr. Hyde》, F. 스콧 피츠제럴드의《위대한 개츠비The Great Gatsby》, 그리고《성서 이야기》등이 있다. 한 인터넷 사이트에서는 비디오 게임이 되면 좋을 문학 작품을 선정했는데, 마크 트웨인의《허클베리 핀의 모험Adventures of Huckleberry Finn》, 프란츠 카프카의《변신Die Verwandlung》, 존 스타인벡의《분노의 포도The Grapes of Wrath》, 어니스트 헤밍웨이의《무기여 잘 있어라A Farewell to Arms》, 조셉 콘래드의《암흑의 핵심Heart Of Darkness》, 조나단 스위프트의《걸리버여행기Gulliver's Travels》, 제프리 초서의《캔터베리 이야기Tales of Caunterbury》, 헤르만 헤세의《싯다르타Siddhartha》, 랄프 엘리슨의《보이지 않는 인간Invisible Man》, 그리고 멜빌의《모비 딕Moby Dick》등이 그것이다.

위 작품들은 주로 여행과 모험을 모티프로 하고 있는데, 사실 그런 문학 작품들은 이루 헤아릴 수 없이 많이 있다. 그렇다면 게임의 콘텐츠는 무궁무진한 셈이다. 젊은이들이 문학 작품으로 만든 게임을 좋아하면, 결국 책을 찾아서 읽게 될 것이다. 그렇다면 게임과 문학은 상호 협업하는 공생 관계가 되는 셈이다. 그리고 그것은 곧 비디오 게임은 문학의 적이 아니라 동업자이며, 게임에 몰입하는 '슈퍼 마리오' 세대에게 문학을 소개하는 좋은 수단이 된다는 것을 의미한다.

문학과 게임: 어느 젊은이의 고백

〈위험스러운 취향: 비디오 게임과 문학의 교차로에서At the Intersection of Video Games and Literature〉라는 글에서 맥스웰 닐리-코언은 이렇게 쓰고 있다. 그의 글은, 젊은 세대에게는 문학과 게임이 비슷하며 큰 차이가 없다는 사실을 잘 보여주고 있다.

어린 나에게 비디오 게임은 소설만큼이나 글쓰기를 가르쳐주었다. 내가 컴퓨터 앞에서 비디오 게임을 하면서 보낸 수천 시간은 내가 책을 읽으며 보낸 수천 시간만큼 가치가 있었다. 내게 있어서 비디오 게임과 문학은 다른 시대에 속한 것이 아니었다. 나는 문학과 비디오 게임의 차이를 전혀 느끼지 못했다.

내가 비디오 게임을 좋아하는 이유는 스토리 때문이다. 나는 게임에서 이기고 지는 데에는 아무런 관심이 없었다. 일곱 살 때, 〈문명Civilization〉이라는 게임을 하면서 나는 그 게임에 나오는 도시들을 진짜라고 여겼다. 나는 거기 살고 있는 사람들에게 감정을 느꼈다. 〈둠Doom〉이나 〈다크 포스Dark Forces〉 게임을 하면서 나는 게임에서 이기는 것보다 그 게임들을 실존주의적인 총격전에 의해 방해받는 카프카식의 모험으로 보면서 스토리의 전개에 매료되었다.

때로 나는 내가 하는 게임과 내가 읽는 문학이 서로 대화를 하고 있다고 느꼈다. 〈하프 라이프HALF-LIFE〉는 올더스 헉슬리를, 〈디아블로 IIDiablo II〉는 단테를 연상시켜 주었다. 오늘날 문학과는 달리 비디오 게임은 지구상의 가장 강력한 미디어가 되었다. 서글픈 일은 문학과 게임이 서로 협업하면 유익할 텐데 그러지 못하고 있다는 점이다. "비디오 게임은 결코 예술이 될 수 없다"라고 한, 유명한 영화평론가 로저 에버트의 선언은 그러한 편견의 한 대표적인 예라고 할 수 있다. 비디오 게임 제작자들은 자기들도 예술가로 취급받기를 원한다. 비디오 게임 내부에도 문제는 존재한다. 스토리 작가보다는 언제나 디자이너나 제작자나 프로그래머가 주인 행세를 하기 때문이다. 작가는 그저 주문하는 대로 텍스트의 콘텐츠를 제공하는 역할만 한다.

한 통계에 의하면 지구상의 사람들이 게임을 하는 데 소비되는 시간을 모두 합하면 일주일에 3억 시간이며, 수백만 명의 사람이 문학이 아니라 게임을 통해서 스토리를 접하고 있다고 한다. 또한 비디오 게임을 하는 사람들은 단지 10대뿐만이 아니라 중년 세대까지 확대되었으며 여성의 비율도 45%나 되는 것으로 알려져 있다. 비디오 게임 팩의 판매량은 종이책과는 비교가 안될 만큼 많다. 예컨대 〈그랜드 테프트 오토 5Grand Theft Auto 5〉 같은 게임은 2천7백만 개가 팔렸는데, 이게 소설이었다면 엄청난 베스트셀러가 되었을 것이다. 또 2010년 단테의 〈지옥편〉이 게임으로 출시되었을 때, 단테의 《신곡》 종이책이 아마존에서 불티나게 팔렸다고 한다.

　그렇다면 이런 문학의 황금어장을 적으로 치부하고 무시하는 것이 현명한지, 아니면 문학과 게임이 서로 손을 잡고 협업하는 것이 현명한지는 생각할 필요조차 없을 것이다. 만일 문학이 비디오 게임과 제휴한다면, 문학의 지평은 엄청나게 넓어지고 문학은 전례 없는 황금기를 맞게 될 것이다. 반대로, 게임과의 협업을 문학의 오염이나 타락으로 생각하고 적대시한다면, 문학은 결국 불필요한 것으로 간주되어 머지않아 박물관에 보관되거나 사라질지도 모른다. 일본은 현명하게도 먼 앞날을 미리 내다보고 '플레이스테이션 4'와 '닌텐도'를 통해 세계 게임 시장을 석권하고 있다. 그리고 더 나아가 그들은 비디오 게임에 일본 문화를 넣어서 전 세계로 확산하고 있다. 반면, 우리는 미래를 내다보지 못하고 있는 것 같다. 게임을 경박한 놀이로만 보고, 이제는 더 이상 존재하지 않는 순수를 주장하다가 일본에 뒤처지고 있는 것은 아닌지 한 번 쯤 돌이켜보아야만 할 것이다.

　이제라도 우리는 우리의 고전문학을 게임의 콘텐츠로 제공해서 전 세계의 유산으로 만들고, 우리의 문화 유산을 국제사회와 함께 공유해야만 한다. 또한 우리의 민담과 설화, 그리고 신화와 역사를 비디오 게임으로 만들어야 한다. 우리의 소설들 역시 적극적으로 비디오 게임으로 제작하면 좋을 것이다. 수잔느 콜린스의 《헝거 게임》3부작은 그 자체가 게임 같은 소설이며, 영화 〈레지던트 이블〉 시리즈는 컴퓨터 게임을 원작으로 해서 크게 성공한 경우로 알려져 있다. 즉, 요즘은 문학과 영화와 게임이 함께 손을 잡고 같이 간다는 것이다. 비디오 제작자들은 이탈로 칼비노나 호르헤 보르헤스 같은 포스트모더니즘 계열의 선구적 작가들을 잘 알고 있어서 문학과 게임은 서로 긴밀한 관계를 맺고 있다.

게임 스터디스와 문학의 미래

게임이 문학과 연결되는 가장 중요한 요소 중 하나는 게임에도 스토리가 있다는 점이다. 《일인칭: 스토리로서의 뉴미디어, 공연, 게임First Person: New Media as Story, Performance, and Game》이라는 책에서 공저자인 노아 워드립-프루인과 팻 해리건은 이렇게 말하고 있다.

문학과 게임은 전자 시대 이전에도 늘 같이 잘 지내왔지만, 요즘은 컴퓨터를 통해 서로 긴밀한 관계를 맺고 있다. 그 둘은 '새로운 미디어'로 공존하고 있다. 오늘날 컴퓨터 게임 시장(휴대폰, 아케이드 게임, PC 게임, 콘솔 게임)은 관습적인 게임들을 누르고 크게 부상했다. 반면, 컴퓨터 문학 시장은 존재하지 않는 것처럼 보인다. 그러나 과연 그럴까? 가장 인기 있는 컴퓨터 게임은 스토리에 의존하고 있다. 2000년대에 히트한 컴퓨터 게임은 예전의 추상적 게임인 〈테트리스Tetris〉의 후예가 아니라, 교외에 사는 사람들의 이야기인 〈심즈The Syms〉였다.

그렇다면 문학과 게임은 얼마든지 같이 제휴할 수 있을 것이다. 게임 연구는 바로 그런 가능성을 포함해 게임의 기능과 특성을 연구하는 분야라고 할 수 있다.

게임을 활용하면 문학 교육도 보다 더 효과적으로 수행할 수 있다. 즉, 게임에 익숙한 요즘 학생들을 게임의 전개에 따라 학습을 시키면 학습 효과가 뛰어나다는 것이다. 예컨대 주어진 과제, 그것을 성취하기 위한 모험과 원정, 그리고 성공적인 임무 완수 후에 주어지는 보상과 레벨 업을 교육 과정에 활용하면 대단히 효과적이라는 것이다. 게임 스터디스 전문가인 뉴욕주립대학교의 알렉산더 갤러웨이 교수는 다음과 같이 말한다.

완성된 '도전'(과제)마다 학생들에게 '점수'를 부여하고, 학생들이 충분한 점수를 얻었을 때 그들을 '레벨 업'(보다 나은 학점을 얻음)시켜 주는 것은 글쓰기 과목의 '게임화'라고 볼 수 있다.

올림퍼스 신들의 게임에 의해 좌우되는 트로이 전쟁을 다룬 《일리아스Ilias》나 10년 동안의 방랑 끝에 고향에 도착하는 모험담을 다룬 《오디세이아Odysseia》를 가르칠 때, 그것들을 하나의 흥미있는 게임으로 설정하면 재미있는 수업이 될 수 있을 것이다. 또한 황금 양털을 찾기 위해 원정을 떠나는 제이슨과 아르고 전사들의 이야기, 헤라클레스가 겪는 열두 가지의 시련, 테세우스와 미로 속의 미노타우르 이야기, 페르세우스와 메두사 이야기, 괴수 키메라를 퇴치하는 벨레르폰 이야기 등은 모두 게임의 속성을 갖는 신화들이다.

엄밀히 말하자면, 우리의 삶이나 문학은 모두 일종의 게임이라고 할 수 있다. 그러므로 게임은 문학의 적이나 라이벌이 아니고, 같이 여행하는 동반자라고 할 수 있다. 앞으로 문학과 게임이 같이 손잡고 제휴하면, 문학은 더욱 융성하게 되고 문학의 지평도 크게 확대될 것이다.

제18장

절대적 진리에 반발하다
심리 분석 문학비평

future culture

심리 분석 문학비평의 등장

심리 분석 문학비평psychoanalytic literary criticism의 근원을 거슬러 올라가면《꿈의 해석Die Traumdeutung》의 저자이자 현대 정신분석학의 아버지인 프로이트와 조우하게 된다. 그래서 초기의 심리 분석 문학비평에서는 문학 텍스트를 일종의 꿈으로 보고 분석했으며, 문학 작품의 표면에 드러난 표상 속에 억눌려 있는 숨어 있는 내용을 탐색했다. 그러한 접근 방식은 비평가나 독자로 하여금 늘 텍스트 속으로 침잠해 들어가서 숨겨진 실마리를 찾아내는 일종의 역전된 꿈의 과정을 겪도록 해주었다. 심리 분석 문학비평은 모든 것을 주인공의 무의식과 자궁으로의 회귀, 그리고 아버지와의 갈등을 통해서만 바라보고 해석하게 되는 문제와 한계를 초래하기도 했지만, 동시에 등장인물들의 심리 분석을 통한 새로운 텍스트 해석의 가능성도 열어주었다.

프로이트의 초기 영향에 이어 심리 분석 문학비평은 프로이트의 제자 카를 융과 카렌 호나이에 의해 새로운 지평을 열었다. 융은 원형 이론archetype theory을 통해 한 집단의 '집합적인 무의식'의 세계를 탐색하도록 해주었다. 저명한 미국 비평가 레슬리 피들러는 융의 이론을 원용해서《미국 소설에 나타난 사랑과 죽음》이라는 유명한 비평서를 출간했고, 이 비평서로 인해 1960년대의 문화적 지도자가 되었다. 한 시대의 정신을 대표하는 이 비평서에서 피들러는 미국 소설에 나타나는 백인과 흑인의 우정이라는 모티프를 통해 인종 문제에 대한 미국인들의 집합적 무의식을 설득력 있게 탐색하고 있다. 피들러는 현실에서는 불가능한 인종간의 화해가 작가들의 상상의 산물인 문학 작품 속에서는 가능한 것으로, 그리고 이상적인 것으로 제시되고 있다고 지적했다. 피들러가 처음 발견한 '인종간의 우정'과 '광야의 유색인 동반자' 모티프는 미국 소설뿐 아니라, 〈48시간〉, 〈리쎌 웨폰〉, 〈뻐꾸기 둥지 위로 날아간 새〉, 〈상하이 눈〉, 〈상하이 나이트〉 같은 미국 영화나 미국 드라마에서도 자주 발견된다.

융의 이론은 또 캐나다의 문화인류학자 노스럽 프라이의 신화비평 이론에도 큰 영향을 끼쳤다. 융의 '원형 이론'과 '집합적 기억' 이론에 근거해서 쓰여진 프라이의 신화비평 이론은 신화 속에서 그 나라 사람들의 무의식을 찾아내는 접근이었는데, 당시 학계와 문단에 신선하게 받아들여졌다. 그러나 프라이는 유명한 저서《비평의 해부Anatomy of Criticism》에서 "아시아문학은 낭만적인 것이 특징이다"라고 기술하는 '성급한 일반화의 오류'를 범했다. 그런 점에서는 구조주의 인류학자 레비스트로스도 예외가 아니었다. 레비스트로스는 원주민 집단의 무의식에 숨어 있는 집단적 문화 패턴을 읽어내려고 했는데, 그 과정에서 개인의 특성을 무시하는 이분법적 오류와 일반화의 오류를 범했다. 그 결과 탈구조주의 계열의 자크 데리다로부터 신랄한 비판을 받았다. 집단 무의식이나 원형을 찾아내려는 초기 심리 분석 문학비평가들의 이러한 시도는 당시 문단과 학계를 풍미하던 구조주의와도 상통하는 것이었다. 실제로 구조주의를 종식시킨 '해체이론'은 1960년대 초에 미국 존스홉킨스대학교에서 열린 세미나에서 젊은 학자 자크 데리다가 선배 학자 레비스트로스를 공격하는 글을 발표하면서 시작되었다고 알려져 있다.

프라이처럼 융의 '원형 이론'과 연결되는 것이 조셉 캠벨이 쓴 신화에 대한 저서들이다. 신화학자 캠벨의 기념비적 저서들도 신화 속에서 그 나라의 사람들의 집단적 무의식을 읽어내는 작업이었다. 자신의 저서들에서 캠벨은 그리스 로마 신화에 나타난 서구 문명 또는 더 나아가 모든 인간의 집단적 무의식과 신화적 원형을 설득력 있게 탐색해서 보여주고 있다. 캠벨은 그리스 로마 신화 외에도 다른 지역의 신화에 대한 저서를 많이 출간해서 그 근원에 숨어 있는 것들을 파헤치려고 노력했다.

보다 더 최근에 와서 심리 분석 문학비평은 자크 라캉으로 이어졌는데, 라캉은 자신의 심리 분석 이론에 문학 작품을 자주 원용했다. 그러나 라캉의 관심은 문학비평 자체였다기보다는 문학 텍스트들이 어떻게 심리 분석 방법을 보여주고 있는가를 고찰하는 것이었다고 알려져 있다. 에드거 앨런 포의 〈도둑맞은 편지〉의 해석을 놓고 일어난 자크 라캉과 자크 데리다의 견해 차이는 라캉의 바로 그런 태도를 잘 보여주고 있다. 라캉은 1956년대부터 이끌어 온 〈도둑맞은 편지〉 세미나에서 도둑맞은 편지와 그것을 되찾으려는 시도를 심리적 욕망의 상징으로 보았다. 그러므로 왕비의 도둑맞은 편지와 D장관의 도둑맞은 편지의 경우에만 주로 관심을 표명하고, 뒤팽 탐정과 경찰 사이의 줄다리기나 작품 속에 감추어진 수학적인 구성 같은 부분은 과감히 논의에서 생략하고 있다. 그러나 데리다는 탈구조주의자이자 해체 이론가답게 도둑맞은 편지를 도둑맞은 텍스트로 보았다. 그러므로 포의 작품을 텍스트를 놓고 벌이는 저자와 비평가와 독자 사이의 긴장 관계로 파악하는 흥미 있는 이론을 제시하고 있다.

심리 분석 문학비평과 독자반응비평, 그리고 작품 읽기

심리 분석 문학비평을 독서 이론에 접목시켜 독자반응비평에 새로운 지평을 연 비평가는 노먼 홀랜드였다. 뉴욕주립대학교 영문과에서 최초로 '심리 분석 문학비평 센터'를 세운 홀랜드는 이후 수많은 제자들과 함께 심리 분석 문학비평을 원용한 독창적인 독자반응비평 이론을 창출해냈다. 홀랜드는 독자들이 자기 경험에 비추어 같은 텍스트를 각기 다르게 읽으며, 텍스트에 자신만의 환상을 투사한다고 보았다. 그런 의미에서 텍스트 읽기는 마치 꿈을 꾸는 과정과도 같다고 보았다. 그는 수업 시간에 〈델피 세미나〉를 열어서 학생들이 탁자에 모여 앉아 각자의 경험과 심리 상태가 투사된 책읽기를 하도록 하고, 각기 다른 반응과 해석을 이끌어냈다.

독자반응비평은 기본적으로 심리 분석 문학비평과 상통한다. 그래서 독자반응비평 이론을 이끈 미국의 스탠리 피시, 〈저자의 죽음〉이라는 글을 써서 독자의 시대를 천명한 프랑스의 롤랑 바르트, 콘스탄츠 학파의 현상학적 독서 이론을 주장한 독일의 한스 야우스와 볼프강 이저는 모두 심리 분석 문학비평과 독자반응비평 이론을 논할 때 빼놓을 수 없는 이론가들이다. 헤럴드 블룸은 프로이트의 오이디푸스 콤플렉스에 입각해 영향에 대한 근심The Anxiety of Influence 이론을 발표했다. 그에 의하면 모든 시인은 자신만의 문학적 스승precursor을 갖고 있으며, 그 영향에서 벗어나지 못하지 않을까 하는 우려를 갖고 있다는 것이다. 그래서 영향에 대한 근심 이론도 심리 분석 문학비평에 속한다. 오이디푸스는 고의는 아니지만 부친을 죽였기 때문에 자신의 문학적 스승으로부터 벗어나려는 시인의 심리 상태와 비슷하다는 것이다.

심리 분석 문학비평으로 19세기 미국문학을 가장 포괄적으로 잘 읽어낸 비평가는 단연 마리 보나파르트이다. 보나파르트는 포의 〈어셔가의 몰락The Fall of the House of Usher〉이나 《아서 고든 핌의 모험The Narrative of Arthur Gordon Pym of Nantucket》, 그리고 멜빌의 《모비 딕》을 순전히 심리 분석 비평이론에 입각해 해석했다. 보나파르트는 남극으로 항해하는 포의 주인공 핌의 여정을 자궁으로 되돌아가는 은유적 여행으로 읽었으며, 흰 고래 모비 딕을 추격하는 이스마엘의 항해 역시 현재의 자신을 파악하기 위해 되돌아가야만 하는 자궁의 상징으로 해석하고 있다. 두 작품 모두에서 바다는 무의식의 상징이며, 죽음과 장례와 재생의 상징이기도 하다.

포의 《아서 고든 핌의 모험》에서 주인공 핌은 친구 어거스터스의 아버지가 선장인 포경선에 몰래 승선해서 배의 지하에 있는 관처럼 생긴 상자 속에 숨어 있다가 잠이 들었는데, 악몽에 시달리다가 깨어난다.

나는 시계를 보았다. 그러나 시계는 멈춰 있었고, 그래서 내가 얼마나 오랫동안 잠을 잤는지 알아낼 방법이 없었다. 나는 가장 끔찍한 꿈을 꾸었다. 온갖 종류의 재난과 공포가 나를 덮치는 그런 꿈이었다. 그중 하나는 내가 거대한 두 베개 사이에 끼어 숨이 막혀 죽는 꿈이었다. 발작적인 공포로 전신이 마비된 채 나는 반쯤 잠이 깼었다. 그런데 내 꿈은 꿈만은 아니었다.

잠이 깬 핌은 자신의 거대한 뉴펀들랜드 종 개가 미쳤는지 입에 거품을 문 채 자기를 올라타고 공격하려는 것을 발견한다. 보나파르트는 관 속에서 잠을 자는 것은 상징적 죽음을 의미하고, 충견이 자기를 공격하려 하는 것은 악몽 같은 현실의 상징이다. 그래서 이 장면은 새로운 현실에 눈뜨는 핌의 상징적 죽음과 재생을 의미한다고 말한다. 보나파르트에 의하면, 나중에 선상 반란을 일으켜 핌을 위협하는 무시무시한 살인자 흑인 요리사도 무의식 속 악몽의 상징이다. 그리고 같이 남극으로 항해하는 인디언 혼혈 더크 피터스는 핌의 또 다른 어두운 자아로 제시된다.

멜빌의 《모비 딕》의 경우에도 보나파르트는 심리 분석 문학비평의 시각으로 해석한다. 보나파르트에 의하면, 작품의 서두에 나오는 나르시스적인 바다도 자신의 모습을 비추어 보는 무의식의 상징이고, 죽음과 재생, 그리고 위험과 풍요의 상징이기도 하다.

나르키소스 이야기의 의미는 더욱 의미심장하다. 나르키소스는 물에 비친 그 고통을 주는 온화한 이미지를 붙잡을 수 없어서 물속으로 뛰어들어 빠져 죽었다. 바로 그와 같은 이미지를 우리는 모든 강과 바다에서 본다. 바다는 인생의 알 수 없는 유령의 이미지다.

보나파르트에 의하면, 출항 전에 이스마엘이 퀴켁을 만나 같이 잠을 자는 고래 모양의 여관도 이스마엘이 죽음과 재생을 은유적으로 경험하는 자궁의 상징이다. 또 이스마엘이 배에서 만나는 수수께끼 같은, 그러나 폭군적인 에이햅 선장은 이스마엘이 극복해야 할 오이디푸스적 아버지의 상징이고, 유색인 동반자인 폴리네시아인 퀴켁은 이스마엘의 또 다른 어두운 자아이다. 그러므로 심리 분석 문학비평가인 보나파르트가 보는 《모비 딕》은 주인공 이스마엘의 무의식 속 항해이자, 자신의 진정한 자아를 찾기 위한 자기 내면으로의 여행이다. 그래서 모비 딕과의 조우는 결국 자기 자신의 모습과의 대면이 된다. 마리 보나파르트는 문학적인 해석이 아니라 심리적인 해석을 했다는 비판을 받기는 하지만, 그녀의 해석은 설득력이 있고 빨려 들어갈 만큼 재미도 있다.

자크 라캉과 심리 분석 문학비평

현대에 와서 자크 라캉은 프로이트식의 단순한 해석을 넘어서, 심리 분석 문학비평에 보다 더 복합적인 시각을 부여해주었다. 라캉은 청교도적 이성주의자들이 경계하는 '욕망'을 인간 심리의 중요한 기제로 보았다. 프로이트는 꿈을 억압된 욕망의 표현이자 분출이라고 보았는데, 라캉은 꿈을 무의식의 해석을 위한 텍스트로 보았다. 다시 말해, 라캉은 무질서하고 제멋대로인 것 같은 꿈이 사실은 해석될 수 있는 어떤 법칙과 질서를 갖고 있다고 보았던 것이다. 즉, 꿈이나 욕망은 비록 주관적이기는 하지만 나름의 상징적 질서와 주체를 갖고 있다는 것이다. 그래서 라캉은 심리 분석 문학비평에서 주체를 중요시했다.

〈도둑맞은 편지〉에서 왕이 왕비의 방에 들어오자, 왕비는 왕이 보면 안 되는 편지를 읽고 있다가 왕의 관심을 돌리기 위해 아무렇게나 책상 위에 던져놓는다. 그때 마침 왕비의 정적인 D장관이 들어와서 그걸 보고 그 편지를 훔쳐낸다. 왕비는 경찰국장에게 편지 회수를 부탁하고, 경찰은 장관의 숙소를 이 잡듯이 뒤지지만 끝내 도둑맞은 편지를 찾지 못한다. 궁지에 몰린 경찰국장은 뒤팽 탐정을 찾아가 편지 회수를 부탁한다. 뒤팽 탐정은 장관의 집을 방문해 장관이 그 편지를 감추는 대신, 아무나 볼 수 있는 곳에 꽂아놓은 것을 발견하고 진짜와 가짜를 바꿔쳐서 그걸 훔쳐낸다. 심리 분석 문학비평에서 볼 때는, 법과 질서와 이성의 상징인 경찰은 도둑맞은 텍스트를 찾을 수 없다. 오히려 범인과 비슷한, 다시 말해 무법자, 무질서, 비이성의 상징이라고 할 수 있는 탐정이 도둑맞은 텍스트를 회수한다.

라캉은 포의 〈도둑맞은 편지〉에서 편지의 내용은 아무도 모른다는 사실을 지적한다. 즉, 중요한 것은 텍스트나 텍스트의 내용이 아니라, 편지를 소유하려는 욕망, 그리고 편지의 위치와 자리바꿈이라는 것이다. 그런데 편지의 위치는 보는 사람의 시각과 긴밀한 연관을 갖는다. 예컨대 왕과 경찰국장은 편지가 바로 옆에 있어도 보지 못한다. 왕비는 아무도 편지를 보지 못할 거라고 생각하며 안심한다. 그러나 장관은 그 편지를 보고 그걸 훔쳐낸다. 뒤팽 탐정은 장관이 아무렇게나 던져놓음으로써 감추어 놓은 편지를 보고 그걸 다시 훔쳐낸다.

심리 분석 문학비평은 문학 작품의 해석을 풍요롭게 해주었고, 문학의 지평을 현저하게 넓혀주었다. 심리 분석 문학비평은 독자의 배경과 심리와 문화의 차이를 중요시하기 때문에, 저자가 의도한 고정된 텍스트의 의미를 인정하지 않는다. 그런 의미에서 심리 분석 문학비평은 포스트모던적 인식을 갖고 있다고 볼 수 있다. 심리 분석 문학비평에서 텍스트의 의미는 독자의 심리 상태에 따라서 각기 다를 수 있다. 얼핏 그것은 무질서와 혼란을 야기하는 것처럼 보이지만, 사실은 절대적 진리의 횡포를 허용하지 않는다는 점에서 민주적이고 바람직하다고 할 수 있을 것이다. 단 하나의 절대적 진리나 고정된 의미는 언제나 필연적으로 권력으로 변질되거나 폭력으로 전락하고 말기 때문이다.

제19장

새로운 형태의 문학이 나타나다

중류소설 · 라이트 노블 · 테크노 스릴러

레슬리 피들러의 중류소설 이론

포스트모더니즘은 문학과 예술을 고급문화와 정전에 속하는 지고하고 순수한 것으로 보았던 모더니즘의 귀족주의와 엄숙주의를 비판하며 등장하여 예술의 일상화와 문학의 대중화를 지향하고 옹호했다. 그 결과, 서브 장르소설과 중류소설이 부상했고, 라이트 노블과 테크노 스릴러가 생겨나게 되었다.

'중류소설middlebrow literature'을 주창한 문학평론가는 레슬리 피들러였다. 1960년 초에 처음으로 모더니즘 계열의 고급문학과 '소설의 죽음'을 선언하고, 대중문화시대의 도래를 천명했던 피들러는 시대를 앞서간 진정한 선각자였다. 컬러텔레비전이 집집마다 보급되고, 사람들이 소설보다 더 재미있는 드라마에 빠져들자 피들러는 조이스의 《율리시즈Ulysses》나 《피네간의 경야Finnegans Wake》같은, 대학의 강의실에서나 읽는 난해한 예술소설은 이제 죽었다고 보았다. 그 대신, 재미있으면서도 감동적이고 유익한 중류소설만이 전자 매체와의 경쟁에서 살아남을 것이라고 보았다. 피들러는 대표적인 중류소설로 수많은 독자들을 감동시킨 《엉클 톰스 캐빈Uncle Tom's Cabin》,《바람과 함께 사라지다Gone with the Wind》,《반지의 제왕》,《앵무새 죽이기》,《갈매기의 꿈Jonathan Livingston Seagull》같은 작품들을 예로 들었으며, 전자 매체와 경쟁하기 위해서는 앞으로도 작가들은 중류소설을 써야 한다고 주창했다. 피들러는 위 중류소설을 읽은 후 감동을 받아 인생에 변화를 경험한 사람들은 있어도, 난해한 예술소설 《율리시즈》를 읽고 그렇게 된 사람은 없다고 말한다. 그래서 각주가 원작만큼이나 길게 붙어 있는 난해한 예술소설은 더 이상 아무도 읽지 않아 죽을 수밖에 없다는 것이다. 만일 피들러가 살았다면, 전 세계 사람들을 감동시킨 《해리 포터》도 중류소설의 좋은 예로 꼽았을 것이다. 피들러가 말하는 중류소설은 엘리트를 위한 난해한 고급 예술소설도 아니고 저급한 통속소설도 아닌, 그 중간에 위치하고 있으며 재미와 유익을 둘 다 갖춘 바람직한 소설이다.

피들러는 자신이 평론가이면서 동시에 SF 소설가여서, 추리소설과 판타지 등 서브 장르소설을 순수문학과 같은 반열에 올려놓았다. 그는 SF나 판타지나 추리소설은 전자 매체와도 경쟁할 수 있다고 보았다. 그래서 루이스 캐럴의 《이상한 나라의 앨리스 Alice's Adventures in Wonderland》나 J. R. R. 톨킨의 《반지의 제왕》이나 C. S. 루이스의 《나니아 연대기》 같은 판타지의 가치를 인정했고, 메리 셸리의 《프랑켄슈타인》이나 브람 스토커의 《드라큘라》, 스티븐 킹의 《캐리》 같은 호러 픽션을 옹호했으며, 아이작 아시모프의《바이센테니얼 맨》과《파운데이션Foundation》같은 소설을 높이 평가했다. 또한 코난 도일의《셜록 홈스》시리즈나 애거서 크리스티의《포와로Poirot》시리즈, 또 모리스 루블랑의《뤼팽》시리즈도 전자 시대에 경쟁력 있는 문학 장르로 보았다. 만일 피들러가 아직 살아 있다면, 댄 브라운의《다빈치 코드》와《천사와 악마》, 매슈 펄의《단테 클럽》, 제드 루벤펠드의《살인의 해석》같은 역사추리소설도 새로운 가능성으로 보았을 것이다.

'라이트 노블'과 '칙릿'

'라이트 노블'은 '비주얼 노블'처럼 일본에서 시작된 새로운 문학 장르이다. 청소년들이 부담 없이 읽을 수 있는 분량과 내용으로 되어 있으며, 문고본 사이즈에 삽화가 들어가 있는 소설이다. 오늘날의 전자세대 청소년들은 진지하거나 고통스럽거나 무거운 문학 작품은 이제 더 이상 읽으려 하지 않는다. 그들에게는 프린트 매체보다는 영상 매체가 훨씬 더 익숙하고, 즐겁고 속도감도 있기 때문이다. 그래서 그들은 문학 작품보다 만화나 영화를 더 선호한다. 그림이 들어가고 경쾌하며 짧은 '라이트 노블'은 바로 그런 세대를 위한 소설이다. 만화처럼 가볍게 부담 없이 읽을 수 있으면서 동시에 글로 된 문학의 정취를 맛볼 수 있기 때문이다. '라이트 노블'은 대개 표지에 삽화가 들어가 있어서 얼핏 보기에는 만화책처럼 보이기도 한다. '라이트 노블'은 일본에서는 1970년부터 시작되었으나, 한국에서는 2000년대 중반에야 수입

되었다.

《조선일보》에 의하면, '라이트 노블'은 일본 전체 문학시장 판매량의 20%를 점유하고 있을 만큼 서점가에서는 무시하지 못할 존재가 되었다. 《조선일보》가 보도한 예스 24의 집계에 의하면, 일반 문학 도서의 판매는 해마다 27.5% 가량 감소하고 있는 데 반해, '라이트 노블'의 판매량은 해마다 약 14.7%씩 증가하고 있다. '라이트 노블'은 스릴러, 호러, 로맨스, 로맨틱 코미디 등 다양한 종류의 소설 양식으로 출시되고 있는데, 2000년대 중반부터는 미국시장에서도 출간되기 시작했다. 미국 영화 〈엣지 오브 투모로우〉는 일본의 '라이트 노블'인 《올 유 니드 이스 킬All You Need Is Kill》을 영화한 것으로 알려져 있다.

'라이트 노블'과 더불어 떠오르고 있는 새로운 장르가 '칙릿'이다, '칙릿'이라는 용어는 여성을 지칭하는 미국 속어인 '칙chic'과, 영어로 문학literature의 약자인 '릿lit'의 합성어이다. '칙릿'이라는 용어가 처음 사용된 것은, 1995년 크리스 마자와 제프리 드셸이 편집한 단편선집 《칙릿: 포스트페미니즘 픽션Chic Lit: Postfeminism Fiction》에서이고, 원조가 되는 작품은 1996년 영국 작가 헬렌 필딩의 《브리짓 존스의 일기》라고 알려져 있다.

'칙릿'은 1990년대 후반에 영미에서 시작되었는데, 주인공은 대도시에 사는 20대 후반이나 30대 초반의 싱글 여성이고, 내용은 그녀의 로맨스나 친구 관계나 직장 생활 등 사소한 일상사에 대한 것이다. 포스트페미니즘과 더불어 급부상한 이 새로운 장르는 출판계에 돌풍을 일으켜서 '칙릿'만 전문으로 출간하는 대형 출판사의 자회사들도 생겨났다. 유명한 텔레비전 드라마인 〈섹스 앤 더 시티〉, 〈위기의 주부들〉, 〈가십 걸Gossip Girl〉, 〈멜로즈 플레이 스Melrose Place〉, 〈그레이 아나토미Grey's Anatomy〉 등도 '칙릿'을 원작으로 해서 대성공을 거둔 경우로 알려져 있다.

미국에는 원래 여성의 로맨스를 다룬 인기 소설인 '할리퀸 Harlequin 시리즈'가 있었는데, '칙릿'은 그보다 덜 감상적이고 더 세련된 현대적인 감각으로 차가운 도시 여자들의 일상을 그려낸 다. '칙릿'의 주인공들은 굳이 한 남자에게만 집착하지 않고, 레즈 비언끼리의 관계도 마다하지 않으며, 자유롭게 살고 있는 싱글 우먼인 경우가 많다.

테크노 스릴러

'테크노 스릴러'는 스릴러 소설에 과학 기술이나 전쟁·스파이 소설이 가미된 혼종 소설이다. 화석에서 공룡의 DNA를 추출해 코스타리카에 인공 공룡 서식지로 쥬라기를 재현했으나, 컴퓨터에 대한 맹신과 인간의 탐욕으로 인해 사고가 나는 과정을 묘사한 마이클 크라이튼의 《쥬라기 공원》은 대표적인 테크노 스릴러라고 할 수 있다. 또 테크놀로지를 이용해 사실을 조작한 NASA의 음모를 폭로한 댄 브라운의 처녀작 《디지털 포트리스Digital Fortress》도 베스트셀러 테크노 스릴러이고, 생화학 무기 유출 문제를 다룬 넬슨 드밀의 《플럼 아일랜드Plum Island》도 유명한 테크노 스릴러 중하나이다.

영국 작가 로버트 헤리스의 《어느 물리학자의 비행The Fear Index》은 헤지펀드 투자 알고리즘 VIXAL-4를 개발하여 거부巨富가 된 미국인 물리학자 알렉산더 호프만이 어느 날 갑자기 전 재산을 잃고 나락으로 떨어지는 이야기이다. 이 소설은 디지털 시대의 자본주의는 오직 컴퓨터 스크린의 숫자놀음일 뿐이고, 그 숫자가 사라지면 하루아침에 빈털터리가 될 수도 있다는 허망한 현실을 잘 보여주고 있는 테크노 스릴러이다.

테크노 스릴러인 릭 얀시의 《제5 침공The Fifth Wave》은 지구를 침공한 외계인들이 네 단계의 침공으로 지구인들을 말살한다는 내용이다. 첫 번째 침공에서는 전자기 충격파로 50만 명의 지구인이 죽고, 제2 침공에서는 거대한 쓰나미로 인해 30억 명이 죽으며, 제3의 침공인 전염병으로는 40억의 인류가 멸망한다. 가장 무서운 제4의 침공은 외계에서 온 '소리 없는 자들'이 인간의 모습으로 변신해 인간인 척하며 접근해 인간들을 죽인다. 즉, 제4의 침공에서는 누가 인간이고 누가 '소리 없는 자'들인지 구분할 수가 없고, 인간의 신뢰를 무너뜨리는 그 방법이 가장 무섭다는 것이다. 그렇다면 최후의 침공인 제5의 침공은 과연 무엇일까, 하는 의문으로 이 소설은 끝난다.

미스터리 테크노 스릴러인 블레이크 크라우치의 《웨이워드 Wayward》는 사라진 두 명의 동료 요원의 행적을 수사하던 비밀정보부 요원인 이산 버크가 교통사고를 당한 후에 깨어나 보니 자신이 아이다호주의 웨이워드 파인즈라는 작은 마을에 들어와 있다는 것을 발견한다. 그는 실종된 동료 요원 중 하나는 죽었고, 또 하나는 그 마을에 정착해서 살고 있다는 것을 알게 된다. 그리고 엄격한 독재자가 지배하고 있는 그 마을에서는 아무도 탈출할 수 없다는 사실도 알게 된다. 나이트 샤말란 감독에 의해 텔레비전 드라마로도 제작된 이 소설은 좀비들이 돌아다닌다는 외부의 위험으로부터 마을을 지켜주겠다는 핑계로 주민들을 통제하고 억압하는 독재자와 그에 의문을 품는 소수의 저항을 스릴 있게 그리고 있다.

영화로도 만들어져 히트를 한 또 다른 디스토피아 테크노 스릴러인 제임스 대쉬너의 《메이즈 러너》는 글레이드라는 폐쇄된 장소에 갇힌 20명의 청소년들의 이야기이다. 매달 한 명씩 새로운 소년들이 엘리베이터에 실려 끌려오다가, 어느 날 처음으로 테레사라는 소녀가 끌려 들어온다. 글레이드의 밖은 메이즈(미로)인데다가 그리버스라는 살인 괴물들이 살고 있어서 위험하지만, 이들은 빠져나가는 길을 찾기 위해 메이즈로 들어간다. 그러다가 이들은 세상이 태양열에 의해 멸망했고, 뇌를 파괴하는 전염병으로 인해 인류가 거의 전멸하게 되었다는 것을 알게 된다. 그리고 항체를 개발하기 위해 면역을 갖고 태어난 자기들이 위키드라는 조직의 실험 대상이 되었다는 사실도 알게 된다. 온갖 고난과 사투 끝에 이들은 구출되지만, 그들을 구출해주는 척 연극을 한 사람들도 사실은 '위키드'에 속한 악당들이라는 것이 드러난다. 이 작품과 대쉬너의 후속작인 《메이즈 러너: 더 스코치 트라이얼》은 영화로도 제작되었다. 《메이즈 러너》의 세 번째 후속작은 《메이즈 러너: 죽음의 치료약》이다.

베로니카 로스의 과학소설 테크노 스릴러 《다이버전트 Divergent》는 '1. 이타심, 2. 평화, 3. 정직, 4. 용감, 5. 박식'의 다섯 분파로 나누어진 미래의 시카고가 배경이다. 여주인공 비어트리스 프라이어는 중앙 정부를 맡고 있는 이타심 분파에서 태어났지만, 사실은 체질상 그 어느 분파에도 속하지 않는 다이버전트(일탈)이다. 문제는 다이버전트는 정부로부터 위협 요소로 취급되어 제거된다는 것이다. 청소년들은 16세가 되면 적성 검사를 통해서 각 분파로 배정되는데, 비어트리스의 검사관 코리 우는 조사 과정에서 비어트리스가 다이버전트라는 사실을 알게 되지만, 그 사실을 감춰주고 비어트리스를 이타심 분파로 보낸다. 그러나 그녀가 다이버전트라는 사실이 밝혀지면서 문제가 발생한다. 《다이버전트》는 분파에 속해야만 하며 다양성과 일탈을 허용하지 않는 미래의 통제 사회를 통해 현재의 문제점들을 보여준다. 현대인의 사고방식을 비판하고 있는 테크노 스릴러라고 할수 있다.

좀비 소설

테크노 스릴러의 형태로 최근에 많이 쏟아져 나오고 있는 것이 좀비 소설이다. 좀비 소설의 시효는 미국 작가 리처드 매드슨의 《나는 전설이다》인데, 이 소설에 등장하는 괴물은 좀비와 흡혈귀가 뒤섞인 특이한 종이다. 최근 텔레비전 드라마로 제작되어 인기를 끌고 있는 〈워킹 데드〉는 동명의 그래픽 노블을 원작으로 하고 있다. 전 세계가 바이러스의 확산으로 인해 좀비화된 미래의 디스토피아 세상을 그리고 있는 맥스 브룩스의 소설《세계 대전 Z》도 유명한 테크노 스릴러이다.

좀비 영화의 시효는 조지 A. 로메로 감독이 필라델피아에서 만든 인디 영화 〈살아 있는 시체들의 밤〉이다. 〈살아 있는 시체들의 밤〉이 대히트를 하자, 로메로 감독은 후속편인 〈시체들의 새벽Dawn of the Dead〉과 〈시체들의 날Day of the Dead〉을 만들었고, 최근에는 〈시체들의 땅Land of the Dead〉과 〈시체들의 일기Diary of the Dead〉를 만들었다. 로메로의 영향으로 오늘날 좀비는 많은 영화에 등장하게 되었다. 예컨대 〈웨이워드파인즈〉에도 울타리 너머에는 좀비와 비슷한 무리들이 살고 있고, 기회만 있으면 마을로 들어오려고 하며, 〈메이즈 러너〉에서도 메이즈에는 좀비와 닮은 괴생명체가 살고 있다. 또 〈레지던트 이블〉에도 위협적인 좀비들이 도처에서 등장한다. 또한 〈28일 후28 Days later〉나 〈28주 후28 Weeks Later〉도 좀비의 런던 장악을 그린 유명한 영화들이다.

그렇다면 왜 요즘 이렇게 좀비 소설들과 좀비 영화들이 성행하고 인기가 있는가? 좀비는 두 가지 면에서 극도의 공포를 자아낸다. 우선 그들에게는 이성과 분별이 없고, 따라서 대화나 타협이 불가능하다. 그들에게는 영혼이 없어서 쉽게 조종당하며, 무리지어 다니면서 폭력을 행사하고 횡포를 부린다. 좀비들은 오직 본능에 의해서만 행동하는데, 이는 요즘 정치 이데올로기에 의해 세뇌된 사람들의 행태와도 비슷해서 호소력이 있다.

좀비가 무서운 또 하나의 이유는, 그게 우리의 가족일 수도 있다는 것이다. 사랑하는 남편이나 아내가, 또는 믿었던 부모나 자녀가 어느 날 갑자기 좀비로 돌변하여 자기를 죽이려 들면, 그 보다 더 무서운 것은 없을 것이다. 예전의 공산주의 이데올로기나 지금의 테러 집단의 정치 이데올로기가 우리의 배우자나 자녀를 세뇌시키면, 그들은 이데올로기가 다르다는 이유로 갑자기 가족도 적으로 돌리고 공격한다. 그런 변화는 우리를 공포에 떨게 한다. 또 좀비로 변하기 전 까지는 도대체 주위의 누가 좀비에게 물려서 감염이 되었는지 모르기 때문에도 우리를 두렵게 한다. 근본적인 불신이 사람들 사이에 퍼지게 되기 때문이다.

그러나 그와 동시에 좀비가 우리에게 주는 또 하나의 교훈은, 어쩌면 좀비보다도 좀비를 사냥하는 인간이 더 사악하고 더 무서울 수도 있다는 점이다. 좀비는 본능에 따라 움직일 뿐이지만, 인간은 이기적이거나 나쁜 생각으로 아무런 거리낌 없이 좀비를 잔인하게 학살할 수도 있기 때문이다. 또는 좀비의 위협으로부터 살아남아야 한다는 구실로 동료 인간을 살해하거나 그를 버리고 도망치기도 하기 때문이다.

요즘 우리가 살고 있는 세상은 난해하지 않은 중류소설, 가벼운 라이트 노블, 그리고 추리기법과 과학소설 기법이 뒤섞인 테크노 스릴러를 요구하고 있다. 물론 그러한 현상이 바람직하다고만은 할 수 없다. 그런 것에는 우리가 전통적인 소설에서 발견하는 진지함과 무거움이 결여되어 있기 때문이다. 그럼에도 불구하고 테크노 스릴러의 등장은 간단하게 부인할 수만은 없는 시대적 변화이자 시대적 요구가 되었다.

그렇다면, 전자세대의 경박함과 얄팍함을 개탄할 것만이 아니라, 그러한 장르에 문학의 진지함과 무거움, 그리고 예술성을 최대한 집어넣으려 시도해보는 것이 바람직할 것이다. 부정적인 탄식보다는 긍정적인 사고방식이 위기를 기회로 바꿀 수 있기 때문이다. 재미있고 부담 없는 내용에 중후하고 좋은 주제가 들어 있어서, 그것을 읽은 우리의 젊은 독자들이 감동을 받고 인식의 변화를 경험한다면, 바로 그것이 문학의 기능이라고 말할 수 있을 것이다. 그렇다면 중류소설이나 라이트 노블이나 테크노 스릴러를 저급하다고 폄하하는 대신, 그것들의 수준을 높이고 예술적으로 형상화하려고 노력하는 것이 바람직할 것이다.

런던과 파리의 젊은이들이 지하철에서 책을 읽는 것을 보고, 지하철에서 스마트폰을 내려다보고 있는 우리의 청소년들과는 달라서 감동한 적이 있었다. 그러나 사실은 그게 아니었다. 영국이나 프랑스에서는 지하철에서 휴대폰이 터지지 않아 책을 본다는 것이다. 이것을 나중에 현지인에게서 듣고 실소하고 말았다.

오늘날 스마트폰은 급속도로 종이책을 대체하고 있다. 그리고 예전에 문학이 하던 일을 이제는 다양한 매체들이 대행하고 있다. 마찬가지로 요즘 젊은 사람들이 두껍고 난해한 예술소설은 읽지 않지만 쉽고 재미있고 얇은 책은 읽는다면, 독자들을 필요로 하는 문학도 이제는 변해야만 할 것이다.

변화는 물론 전통적인 문학에 익숙한 우리에게 고통을 수반한다. 그러나 변화는 필연적이다. 평론가 레슬리 피들러는《종말을 기다리며Waiting for the End》에서 '인식의 변화'를 주창했다. 경직된 우리의 인식이 유연해지면, 그래서 '문화적인 변종'을 포용한다면, 문학은 전자 시대에도 대중문화시대에도 여전히 살아남을 수 있을 뿐 아니라 오히려 융성해질 수도 있다는 것이다. 우리는 모두 우려의 시선과 무거운 심정으로 시대의 변화와 문학의 퇴조를 바라보고 있다. 그러면서 문학의 미래는 앞으로 우리의 인식의 변화와 적극적인 대처에 달려 있다는 것을 새삼 절감하게 된다.

제20장

문학과 과학이 만나다
증강 현실 · 인공지능 · 유전자 변형 소설

모바일 혁명과 스마트폰

세계는 지금 모바일 혁명 속에 살고 있다. 팜사이즈 컴퓨터인 스마트폰 때문에 탁상용 PC 판매량이 급속도로 줄어들고 있으며, 지구상의 모든 사람들은 하루 종일 스마트폰을 손에 쥐고 살고 있다. 사람들은 이제 더 이상 인터넷에 연결되기 위해 PC 앞에 앉을 필요가 없어졌다. 언제 어디서나 스마트폰만 켜면 모바일 인터넷에 연결되기 때문이다. 그래서 PC는 이제 주로 워드프로세서 역할만 하게 되었다. 스마트폰은 그동안 전화기, 카메라, 전화번호부, 메모장, 스케줄 관리용 플래너, 편지, 신문, 잡지, 사전, TV, 스테레오, 게임기, 계산기, 그리고 책을 대체해왔는데, 최근에는 신용카드 기능과 모바일 은행 업무까지 가능하게 되었다.

그래서 요새는 스마트폰 하나면 모든 것이 해결되지만, 동시에 스마트폰이 없으면 아무것도 할 수 없는 세상이 되었다. 스마트폰을 집에 놓고 오면, 하루 종일 모든 정보와 연락이 두절되기 때문에 반차를 내고서라도 기어이 집에 돌아가서 다시 갖고 나와야만 한다. 사람들은 하루 종일 스마트폰으로 문자를 보내고, 카톡을 하고, 각종 정보를 검색하고, 수신된 메시지를 확인하고 있다. 그래서 오늘날 인류는 마치 신을 향해 고개를 숙이듯이 스마트폰을 향해 고개를 숙이고 있다. 이제 인간의 마음과 정신은 스마트폰에 사로잡혀 있는 것처럼 보인다.

그래서 〈터미네이터 제니시스〉에서는 스마트폰을 하느라 고개 숙인 수많은 사람들의 모습을 보여주며, 지금 우리는 모두 자신도 모르는 사이에 인터넷을 장악하고 있는 제니시스라는 인공지능의 지배와 조종을 받고 있다고 말한다. 사실 인터넷을 장악하는 세력이 있다면 전 지구인을 조종하는 것은 그리 어렵지 않을 것이다. 스티븐 킹 역시 《셀》이라는 소설에서 휴대폰으로 우리를 조종하는 세력이 있을 수 있다는 것을 시사하고 있다. 모바일 인터넷은 편리하지만, 그러한 위험성도 잠재해 있다는 것을 부인할 수는 없다.

가상 현실과 증강 현실

그러나 전문가들은 이제 모바일 시대는 막을 내리고, 가상 현실virtual reality, 증강 현실augmented reality, 그리고 인공지능artificial intelligence의 시대로 접어들었다고 말한다. 최근 일본에서 열린 '동경 추계 정보통신 박람회'에서도 가상 현실과 증강 현실이 주를 이루었다. 미국의 3위 통신업체인 스프린트Sprint Corporation를 소유하고 있는 재일교포 손정의 회장도 최근 영국의 ARM을 인수하면서, "모바일 시대는 이미 끝이 났다. 이제는 '인공지능'과 모든 것이 인터넷에 연결되는 '사물 인터넷Internet of Things' 시대가 도래했다"고 선언했다. 그리고 그는 "이제 곧 인공지능이 인간의 지능을 넘어서는 시대가 온다"라고 예언했다.

우리말로 옮겼을 때 '가상 현실'이라는 말은 정확한 것은 아니다. virtual이라는 말은 '가상'이라는 뜻이라기보다는 '진짜와 거의 똑같은'이라는 의미이기 때문이다. 그래서 가상 현실 세계로 들어가면 실제 현실과 구분이 되지 않는다. 예컨대 최초의 가상 현실 영화라 불리는 〈토탈 리콜Total Recall〉에서 주인공은 가상 현실 여행사를 찾아간다. 가상 현실 여행 프로그램을 가동시키면 실제로 다른 곳에 가 있는 것과 똑같은 경험을 하게 되기 때문에, 굳이 힘들게 비행기를 타고 다른 장소에 직접 다녀올 필요가 없게 된다.

최근에 출시된 '가상 현실 책'은 특수 안경을 착용하고 읽으면 마치 종이책처럼 페이지도 넘길 수 있을 뿐 아니라, 독자가 책 속으로 몰입해 들어가서 책의 내용을 직접 경험할 수 있게 되어 있다. 전자책은 종이책과는 달리 페이지를 넘길 수 없어서 책의 분위기가 나지 않는다는 말은 이제 더 이상 유효하지 않게 되었다. 요즘 전자책은 글자가 커서 나이든 사람도 쉽게 읽을 수 있고, 검색도 용이해서 편리하다. 그뿐 아니라 종이책처럼 들고 누워서 읽을 수도 있게끔 되었다. 그러므로 앞으로 사람들은 가상 현실이 제공하는 놀라운 세계에 빠져들게 되리라는 게 전문가들의 예측이다. 마치 물질에 반하는 반물질의 무한한 가능성을 스위스의 CERN에서 연구하고 있듯이, 컴퓨터공학자들은 최근 가상 현실의 놀라운 가능성에 대한 연구 결과를 속속 내놓고 있다.

가상 현실과 더불어 새롭게 등장한 개념이 '증강 현실'이다. 증강 현실은 원래 야간비행 시에 바다를 하늘로 착각하기 쉬운 조종사의 착시현상을 예방하기 위해 창안되었다. 1990년 보잉사의 토머스 코델이 제시한 '증강 현실'은 눈에 보이는 현실을 증강해 보다 더 잘 보이게 해주거나 보이지 않는 현실의 일부를 보여주기 위해 만들어진 것이다. 즉, 증강 현실은 현재 보이는 현실 장면에다가 주위 환경에 대한 정보를 더해서 한 단계 더 증강된 리얼리티를 만들어내는 것이다.

'증강 현실'은 스포츠 중계나 컴퓨터 게임에도 활용되고 있다. 예를 들면, 마지막 라인을 넘어 터치다운을 했는지가 불확실할 때 컴퓨터 이미지로 현실장면을 보강하고자 '증강 현실'이 사용된다. 증강 현실은 현실 장면을 보다 더 선명하게 해주는 역할도 하고, 현실 장면이 결여하고 있는 것을 보충해주기도 한다.

얼마 전, 증강 현실의 권위자인 브라운대학교의 마크 스쿠워렉 교수는 황량한 한반도의 휴전선 풍경을 증강 현실을 이용해 통일 후의 평화로운 장면으로 바꾸어 한국의 문예지 《21세기 문학》에 발표했다. 그 증강 현실 장면에는 통일과 평화를 바라는 한국인의 마음이 잘 반영되어 있었다. 그러므로 '가상 현실'이 현실을 대체하는 개념이라면, '증강 현실'은 현실을 보완해주는 개념이라고 할 수 있다. 그래서 컴퓨터를 이용하는 증강 현실은 문학에도 사용되고, 의사의 수술에도 사용된다. 즉, 증강 현실은 문학에서는 사물의 보이지 않는 측면을 보게 해주며, 수술의 경우에는 시야를 확대해 수술 부위가 잘 보이도록 해준다.

'증강 현실'은 1997년에 로널드 아즈마가 〈증강 현실의 개관A Survey of Augmented Reality〉에서 본격적으로 소개했는데, 그는 불완전한 리얼리티를 컴퓨터 그래픽과 사운드를 이용해 증강enhance 하는 것을 제안했다. '증강 현실'은 불완전한 현실 장면을 지운 후, 컴퓨터의 비주얼 이미지나 음향을 사용해 보다 나은 리얼리티를 보여주기 때문에 리얼리티를 조작하는 것이 아니냐는 비판을 받기도 한다. 그러나 증강 현실을 옹호하는 사람들은, 문학도 사실은 불완전하고 불확실한 리얼리티를 보다 더 선명하고 더 나은 리얼리티로 증강해서 보여주는 것이기 때문에 결과적으로 문학과 증강 현실은 같은 기능을 하는 것이라고 주장한다.

그런 의미에서 보면, 리얼리티와 픽션 사이를 오가는 문예창작에서 증강 현실은 리얼리티의 또 다른 확장 가능성을 보여주고 있다고 말할 수 있다. 전문가들은 앞으로 특히 리얼리티를 그려내는 소설문학이 '증강 현실'의 개념에 크게 도움을 받게 될 것이며, 그 결과 새로운 개념의 소설 양식이 창출되리라고 예측한다. 증강 현실은 요즘 인공지능 및 3D 테크놀로지와 더불어 텔레비전과 게임기의 필수 사양으로 자리 잡아가고 있다. 머지않아 문예창작에도 원용될 전망이어서 새로운 양식의 소설이 출현하게 될 것으로 기대된다.

인공지능

인공지능은 이미 오래전부터 있어 왔지만, 최근 미래 테크놀로지의 새로운 가능성으로 급부상하기 시작했다. 한국에서도 바둑 경연에서 인공지능 알파고와 이세돌 기사의 바둑 경연으로 화제가 되었다. 사실 인공지능은 이미 우리의 냉장고와 텔레비전, 그리고 자동차와 컴퓨터, 또는 아이패드와 스마트폰에도 들어가 있다. 다만 앞으로는 인공지능이 고도로 발달해서 인간을 능가하고, 심지어는 인간을 지배하는 시대가 오지 않나 하는 우려가 알파고 사건 이후에 생겨난 것이다.

그래서 최근 인공지능의 위험성을 경고하는 영화들이 제작되고 있다. 예컨대 〈어벤져스: 에이지 오브 울트론〉에서는 동유럽에서 가져온 인공지능이 토니 스타크의 지구방위 프로그램인 울트론을 장악한 다음, 지구를 구한다는 명목으로 인간을 말살하려고 한다. 또 다른 영화 〈터미네이터 제니시스〉에서는 스카이넷이라는 인공지능이 지구의 컴퓨터 전산망을 장악한 다음, 핵전쟁을 일으켜 지구를 파멸시킨다.

그러나 인공지능이 인간보다도 더 나은 존재로 그려지는 경우도 있다. 예컨대 〈터미네이터 2〉에서 인공지능 사이보그는 주인공 존 코너의 완벽한 아버지 노릇을 하며, 마지막에는 인류 문명의 보존을 위해서 자살까지 한다. 그렇다면 인공지능이 인간보다 더 훌륭할 수도 있다는 가설이 성립된다. 〈써로게이트Surrogates〉에서는 인간은 집에서 쉬고, 대신 똑같이 생긴 인공지능인 써로게이트(대리인)가 직장에 나가서 일을 하며, 텔레비전 드라마인 〈올

모스트 휴먼Almost Human〉에는 인공지능 형사가 인간형사와 같이 범죄 사건들을 해결한다. 스필버그의 영화 〈AI〉에는 죽은 아들을 대신해 어느 가정에 입양되는 인공지능 소년의 이야기가 나온다. 소년의 모습을 한 인공지능은 그 집의 죽은 아들을 대신해 최선을 다하려고 부단히 노력하지만, 인공지능에 대한 가족들의 편견으로 인해 차별받다가 결국은 버림받는다.

영화에는 이미 등장하고 있지만, 미래에는 인공지능이 인간의 모습을 하고 다니는 때가 오는지도 모른다. 이미 〈터미네이터〉 같은 영화에서는 그런 인공지능 사이보그들이 등장하고 있으며, 인간보다도 더 능력 있고 더 나은 존재로 제시된다. 과연 인공지능이 인간보다 더 선할 수 있는가 하는 의문도 제기된다. 인공지능은 인간이 입력하는 대로 행동하기 때문에 인간보다 더 선할 수는 없다는 것이다. 그러나 평론가 강유정 교수는 "입력이란 무엇인가? 교육도 결국은 입력이 아닌가? 그렇다면 입력/교육을 통해 인공지능도 인간만큼 또는 인간보다 더 선할 수 있을 것이다"라고 말한다. 교육이란 마음과 정신과 감정이 아직 굳어지지 않는 아이들에게 지식과 교양을 입력하는 것이다. 그렇다면 인공지능에게도 선함을 입력하는 것이 가능할 것이다.

인공지능에 대한 저서를 집필하고 있는 이어령 교수는 최근 필자에게 인공지능은 우리의 민담인 '우렁이 각시 이야기'에도 나온다고 알려주었다. 위 민담에 보면, 혼자 사는 청년 농부가 하루 일을 마치고 집에 돌아오면 우렁이 각시가 나타나서 청소와 밥을 해놓는다. 그런데 요즘에는 현대인들에게도 우렁이 각시가 생겼

다. 집에 들어가기 전에 미리 리모컨을 이용해 로봇 청소와 전자
밥솥 가동이 가능해졌기 때문이다. 놀랍게도 우리 조상은 인공지
능의 원리를 잘 알고 있었던 것처럼 보인다.

또 우렁이 각시 이야기에 의하면, 고을 원님이 우렁이 각시의
빼어난 미모를 보고 욕심을 내어 데려간다. 원님의 수청을 거부한
우렁이 각시는 투옥된다. 옥사로 찾아간 남편에게 우렁이 각시는,
원님을 찾아가면 내기 바둑을 두어서 농부가 이기면 아내를 돌려
주겠다고 할 텐데, 자기가 시키는 대로만 하라고 말한다. 농부는
바둑을 둘 줄 몰랐으나, 아내가 나비로 변해 이리저리 움직이는
대로 바둑돌을 놓아서 이기게 되고, 결국 아내를 되찾아간다. 바
둑의 달인인 원님이 인공지능과의 대국에서 지고만 것이다.

인공지능은 아직까지는 주로 과학소설에서 즐겨 다루고 있는
소재이지만, 머지않아 순수소설로도 확산될 것이다. 미래에는 인
공지능이 인간의 모습을 하고 우리와 더불어 사는 날이 오게 되는
지도 모르기 때문이다. 인공지능은 언젠가는 공상과학소설에서
나와 엄연한 현실이 될 것이다.

리처드 파워스의 《골드버그 변주곡》과 DNA 소설

포스트모더니즘 이후 등장한 새로운 문예사조 중 하나는 이처
럼 컴퓨터가 창조하는 가상 현실이나 증강 현실, 인공지능, 그리
고 유전자 변형에 대한 성찰과 그 위험에 대한 경고일 것이다. 그
런 문제를 다루는 작가들은 컴퓨터를 이용한 DNA 암호 해독과

유전 공학 및 생명 공학의 부작용이 초래할 수도 있는 부정적 측면을 생태주의적 시각으로 비판한다. 이들은 과학 기술을 추상적으로 비판하는 것이 아니라, 정보 이론이나 인공지능 이론 등에 대한 해박한 지식을 활용해 구체적인 비판을 시도하고 있다. 컴퓨터에 능숙해서 컴퓨터 테크놀로지에 대한 지식을 소설에 이용하고 있는 이들은 '정보 시스템 작가'라고도 불린다.

리처드 파워스는 바로 그런 작가들을 대표하는 소설가이다. 파워스는 DNA의 암호를 해독하는 유전학자들과 컴퓨터 프로그래머들이 등장하는《골드버그 변주곡》이라는 유명한 소설을 썼다. 인공두뇌학과 심리학을 차용하고 있는 이 소설에서 파워스는 바흐의〈골드베르크 변주곡〉과 에드거 앨런 포의 추리소설〈골드 버그〉를 원용하고 있다. 바흐의 변주곡은 30개의 변주곡 및 서장과 종장을 이루는 두 개의 아리아로 되어 있다. 이 소설에서 파워스는 바흐의 변주곡을 '유전자의 변이'에 비유하며, 자신의 소설도 그렇게 구성하고 있다. 또한〈골드 버그〉에서 포의 주인공이 숫자 해독을 통해 보물을 찾듯이, 파워스의 주인공 역시 숫자 해독을 통해 유전자의 암호를 해독하는 작업을 한다. 파워스는 생명 공학과 유전 공학이 초래하는 윤리적 문제들을 성찰한다는 점에서 미래의 문학이 지향해야 할 한 방향을 예시해주고 있다.

리처드 파워스의《골드버그 변주곡》은 DNA 변형의 위험성을 경고하는 소설로 1957년 DNA 분자의 암호를 해독하는 일리노이 대학의 저명한 분자생물학자 스튜어트 러슬러가 기혼자 동료인 지넷 코스와 사랑에 빠지는 이야기로 시작한다. 지넷으로부터 바흐의 〈골드베르크 변주곡〉을 선물 받은 후, 그는 DNA 분자의 암호 해독을 포기한다.

소설의 배경은 1950년대에서 1980년대 중반으로 이동한다. 뉴욕의 브루클린에서 살고 있는 잰 오디는 남자친구 프랭클린 코드와 함께, 이제는 이름 없는 컴퓨터 프로그래머가 된 스튜어트 러슬러가 왜 성공 직전의 유전자 암호 해독을 중단했는가, 하는 미스터리를 풀려고 노력한다. 그러면서 스튜어트가 바흐의 변주곡을 들으면서, 삶의 복합성과 다양성에 비하면 유전자 암호 해독은 중요하지 않다는 사실을 깨달았기 때문이라는 것을 알게 된다.

이와 같은 새로운 문예사조는 그동안 대립 항으로만 생각했던 문학과 과학 기술 사이의 경계를 해체하고, 그 둘 사이의 조화와 화해를 모색하는 긍정적 효과를 창출했다는 점에서 중요하다. 파워스는 《골드버그 변주곡》에서 DNA 염색체 지도, 정보 이론, 커뮤니케이션 이론 등에 대한 전문 지식을 활용해 문학과 테크놀로지의 융합 가능성을 탐색하고 있다. 《골드버그 변주곡》에서 변주곡 또는 변이는 곧 열림과 다양성, 그리고 변화와 조화를 의미한다. 그와 동시에 변주곡은 불협화음과도 연관되어 있어서 테크놀로지가 시도하고 있는 '유전자 변형'이 초래할 수도 있는 부정적 결과도 경고하고 있다.

파워스의 《골드버그 변주곡》이 연상시키는 또 하나는 에드거 앨런 포의 〈골드 버그〉다. 이 추리 단편소설의 주인공은 암호를 해독해 보물을 찾는데, 파워스의 주인공도 DNA의 암호 해독을 통해 현대 과학 기술의 보물을 찾으려 한다. 그 연구결과가 보물인

'골드'가 될는지, 아니면 컴퓨터의 오류를 뜻하는 '버그'가 될는지, 혹은 매력적인 변주곡이 될는지 아니면 듣기 거북한 불협화음이 될는지는 알 수가 없다.

《골드버그 변주곡》의 화자인 잰 오디는 도서관 사서인 파워스의 딸을 모델로 했다고 알려져 있다. 잰은 수많은 사람들로부터 날아오는 질문에 답을 해주기 위해 날마다 컴퓨터로 수많은 정보를 검색하는 뉴욕의 도서관 사서이다. 파워스에 의하면, 도서관 사서는 '정신의 주유소 직원'과도 같다. 자신의 소설에서 파워스는 이 세상을 끝없는 미궁으로 보는 보르헤스의 '도서관 이론'과 '정보 이론'을 연결시키고 있다. 잰은 도서관에서 스튜어트 레슬러라는 수수께끼 같은 컴퓨터 프로그래머를 만나게 되고, 남자친구 프랭클린 토드와 함께 정보 검색을 통해 스튜어트의 과거를 추적한다. 그들은 스튜어트가 1950년대의 저명한 분자생물학자로서 유전자 변형의 권위자이며, 동료 유전학자 지넷 코스를 사랑하다가 갑자기 사라졌다는 사실을 알게 된다. 이 시점에서, 각기 다른 두 시대에 사는 두 쌍의 남녀는 서로 긴밀히 연결되면서 삶의 의미와 과학 기술과의 관계를 조명한다.

《골드버그 변주곡》은 과학소설이라기보다는 궁극적으로는 사랑의 소중함을 강조한 '로맨스 소설'이라고 할 수 있다. 사랑은 이성적으로는 설명이 불가능한 논리적 오류이자 혼돈이다. 그러나 사랑은 삶에 의미와 질서와 새로운 생명을 부여해주는 신비한 힘을 갖고 있다. 그런 의미에서《골드버그 변주곡》은 '혼돈이론chaos theory'과도 연관된다. DNA 변형은 인류에게 재앙이 될 수도 있고,

축복이 될 수도 있다. 파워스는 지금 우리가 그 분기점에 서 있으며 선택은 우리에게 달렸다고 말한다.

《골드버그 변주곡》은 과학과 테크놀로지를 포용하면서 동시에 그것의 문제점들을 성찰하고 있는 새로운 문예사조를 대표하는 새로운 개념의 소설이다. DNA 변형이 초래할 수도 있는 위험에 대해 문학은 침묵해서는 안 되고, 부단히 경고해주어야 한다. 문학과 과학은 이제 더 이상 이분법적 가치판단에 의해 대립하는 배타적인 것이 아니라, 서로 긴밀하게 연결되어 있는 상호 보충적인 것이 되었다. 오늘날의 작가들이 과학에도 관심을 갖고, 과학기술의 문제점에 대한 작품을 써야 하는 이유도 바로 거기에 있는 것이다.

문화로 보는 **세상**
문화로 읽는 **미래**

1판 1쇄 인쇄 | 2017년 12월 14일
1판 1쇄 발행 | 2017년 12월 20일

지은이 | 김성곤
펴낸이 | 임지현
펴낸곳 | (주)문학사상
주소 | 서울특별시 송파구 중대로 38길 17 (05720)
등록 | 1973년 3월 21일 제1-137호

전화 | 02)3401-8540
팩스 | 02)3401-8741
홈페이지 | www.munsa.co.kr
이메일 | munsa@munsa.co.kr

ISBN 978-89-7012-976-1 (03300)

이 도서의 국립중앙도서관 출판예정도서목록(CIP)은 서지정보유통지원시스템 홈페이지
(http://seoji.nl.go.kr)와 국가자료공동목록시스템(http://www.nl.go.kr/kolisnet)에서
이용하실 수 있습니다. (CIP제어번호 : CIP2017030205)